कर्तव्य बोध हृषीकेश गीता

सफल जीवन के सारगर्भित सरल सूत्रों का अद्भुत संकलन

AF094003

हृषीकेश

BlueRose ONE.com
Stories Matter
NewDelhi • London

BLUEROSE PUBLISHERS
India | U.K.

Copyright © Hrishikesh Mishra 2024

All rights reserved by author. No part of this publication may be reproduced, stored inA retrieval system or transmitted in any form or by any means, electronic, mechanical, photocopying, recording or otherwise, without the prior permission of the author. Although every precaution has been taken to verify the accuracy of the information contained herein, the publisher assume no responsibility for any errors or omissions. No liability is assumed for damages that may result from the use of information contained within.

BlueRose Publishers takes no responsibility for any damages, losses, or liabilities that may arise from the use or misuse of the information, products, or services provided in this publication.

For permissions requests or inquiries regarding this publication,
please contact:

BLUEROSE PUBLISHERS
www.BlueRoseONE.com
info@bluerosepublishers.com
+91 8882 898 898
+4407342408967

ISBN: 978-93-6783-165-6

Cover design: Daksh
Typesetting: Tanya Raj Upadhyay

First Edition: December 2024

मंगलाचरण

श्री गणेश इह विश्रुत नामा।
कृष्ण नाम महिमांचित धामा।।
भक्त चित वांछितकृत पूर्तिः।
मंगलायतन प्रभु मंगल मुर्तिः।।

माँ वागेश्वरी वन्दना

या कुन्देन्दुतुषारहार धवलाया शुभ्रवस्त्रावृता
या वीणावरदण्डमण्डितकराया श्वेतपद्मासना।
या ब्रह्माच्युतशंकरप्रभृतिभिदेवैःसदा वन्दिता
सा मां पातु वागेश्वरीभगवती निःशेषजाड्ड्यापहा।।

भगवान् वेदव्यासजी का सुमिरण

अचतुर्वदनोब्रह्माद्विबाहुरपरोहरिः ।
अभाललोचनः शम्भुर्भगवान् बादरायणः।।
व्यासाय विष्णुरूपाय व्यासरूपाय विष्णवे।
नमो वैब्रह्मनिधये वसिष्ठाये नमोनमः।।
वेदव्यास जी ब्रह्मरूप हैं, पर नही आनन् चार।
द्विबाहु साक्षात् विष्णु द्विलोचन शिव अवतार।।
विष्णु व्यास के रूप हों या व्यास विष्णु अवतार।
ब्रह्मनिधि वसिष्ठ वंशज करें सुमिरण स्वीकार।।

शुभकामना

परमपूज्य शंकराचार्य द्वारकापीठाधीश्वर
श्री स्वरूपानन्द सरस्वती जी के लेखनी से

श्रीमद्भगवद्गीता उपनिषदो का सार है। संसार के प्राणी शोक मोह से पीड़ित होकर कर्तव्यविमुख न हों,इसी उद्देश्य से अर्जुन को निमित मानकर भगवान श्री कृष्ण ने सभी सुधीजन हेतु गीता रूपी अमृत तुल्य उपदेश दिया। यह उपदेश उस समय अर्जुन को दिया गया जब कौरव और पाण्डव की सेनाओं के मध्य खड़े होकर अर्जुन ने उस सेना को देखा जिसमें युद्ध के लिये उसके ही स्वजन बन्धु–बान्धव और भीष्म द्रोण कृपाचार्य ये सब पूज्य महानुभाव प्रस्तुत थे। यह देखकर अर्जुन का ह्रदय कंपित हो गया, वे गााण्डिव को नीचे रखकर रथ के पीछे बैठ गये। भगवान श्री कृष्ण ने अर्जुन की यह दशा देखकर उनकी मानसिक स्थिति को कलैव्य बताया और उनके पौरूष को उत्तेजित किया। अर्जुन को भगवान श्री कृष्ण पर पूर्ण विश्वास था। ऐसी स्थिति में वह सर्वात्मना उनकी शरण में जाकर अपने कर्तव्य को जानने के लिये उनकी ओर देखने लगा।

साधारण रूप से यह प्रतीत होता है कि, गीता का उपदेश अर्जुन को युद्ध के लिये उकसाने के लिये ही दिया गया था। परन्तु गहराई से सोचने पर प्रतीत होता है। कि अर्जुन युद्ध के लिये तो प्रस्तुत ही थे, परन्तु शोक और मोह से अभिभूत हो जाने के कारण युद्ध से विमुख होना चाहते थे। भगवान श्री कृष्ण ने आत्मा के अमरत्व का उपदेश देकर अर्जुन के शोक को दूर किया तथा अपने विश्वरूप का दर्शन कराकर यह बतला दिया कि भीष्म द्रोण दुर्योधन तथा अन्य कई वीर ईश्वर के द्वारा पहले ही मारे जा चुके हैं, ऐसी स्थिति में मोह करना व्यर्थ है । सम्पूर्ण गीता उपदेश के पश्चात् अर्जुन ने कहा।

नष्टो मोहः स्मृतिर्लब्धा त्वत्प्रसादान्मयाच्युत।
स्थितोस्मि गत सन्देह करिष्ये वचनं तव।।

भगवान श्री कृष्ण,अर्जुन को जो उपदेश दिये थे, उसी वृतांत को ही महर्षि व्यास के द्वारा दी गई दिव्य दृष्टि के माध्यम से संजय द्वारा धृतराष्ट्र को

सुनाया गया, तथा अन्त में संजय के द्वारा यह निष्कर्ष निकाला गया कि,जिस ओर योगेश्वर कृष्ण और अर्जुन जैसे धनुर्धार हैं,वहीं पर श्री, विजय,ऐश्वर्य और शाश्वत् नीति है।

अर्जुन जोश तथा कृष्ण होश के प्रतीक हैं,जीवन संग्राम में जोश और होश दोनों की आवश्यकता होती है,तथा दोनों की उपस्थिति से ही हमें कामयाबी प्राप्त होतीहै, यही गीता का संदेश है।

श्रीमद्भगवद्गीता देववाणी संस्कृत में है, आज के समय में संस्कृत का ज्ञान सीमित लोगों तक रह गया है। अतः उसे सर्व सुलभ बनाने के सुउद्देश्य से हृषीकेश मिश्र ने श्रीमद्भगवद्गीता के श्लोकों को राष्ट्रभाषा हिन्दी के दोहा चौपाई के रूप में अनुवादित किया है। श्रीमद्भगवद्गीताके माध्यम से सर्वआत्मना भगवान श्री कृष्ण ने अर्जुन को उनके कर्तव्यों का बोध कराया है। इसलिये हृषीकेश मिश्र द्वारा प्रस्तुत इस रचना को कर्तव्यबोध हृषीकेश गीता की संज्ञा दी जाती है। इस प्रस्तुती के माध्यम से श्रीमद्भगवद्गीता के विचार संदेश प्रसार के लिये हमारी सतत् शुभकामना है।

परमपूज्य शंकराचार्यद्वारकापीठाधीश्वर,
श्री स्वरूपानन्द सरस्वती जी

आशीर्वचन

मनुष्य एक समाजिक प्राणी है। मनुष्य प्रकृति प्रदत्त एक विषेश गुण के कारण अन्य सभी प्राणियों से अलग है, और वह गुण है जिज्ञासा। जिज्ञासा मनुष्य को कर्म के लिये प्रेरित करती है। प्रत्येक मनुष्य का आचरण समय–समय पर उत्पन्न होने वाली मनोवृत्तियों के प्रबलता के अनुसार दृष्टिगोचर होता रहता है। शान्ति के समय जो उसका कर्म करने का तरीका होगा वह क्रोध के समय बदल जाता है । कर्म से होनेवाला अनुभव मनुष्यके लिये एक सीमा का निर्धारण करता है,जिसके अर्न्तगत किया गया कर्म सदा कल्याणकारी पाया जाता है। इसी सीमा को भारतीय ऋषि मुनियों ने मर्यादा की संज्ञा दी है। जिज्ञासा और मर्यादा मनुष्य को उसके कर्तव्य का बोध कराती है। श्रीमद्भगवद्गीता भी मानव को उसके कर्तव्यों का बोध कराती है। कर्तव्य कर्म करने के लिये मनोवृतियों पर नियंत्रण अति आवश्यक है। मानव जिसकी मनोवृत्तियों की प्रबलता का नियंत्रण मर्यादा के द्वारा संभव है, वह मनुष्य कहलाता है । तथा वैसा मानव जो मनोवृत्तियों के प्रबलता के कारण मर्यादा की सीमा का उल्लंघन कर जाता है, वह अपराधी माना जाता है। तथा ऐसे मनुष्य के नियंत्रण (जिससे वह मर्यादा के सीमा का उल्लंघन न करे) के लिए पाश की आवश्यकता होती है, इसलिए ऐसे मनुष्यका जीवन पशुतुल्य माना जाता है। जिसके नियंत्रण के लिये पाश की आवश्यकता हो उसे पशु कहते है। मेरे ज्येष्ठ आत्मज हृषीकेशकी मर्यादित जिज्ञासा का प्रतिफल कर्तव्यबोध हृषीकेशगीता की प्रस्तुति हमारे मानव कल्याण भावना को गौरवान्वित किया है । इस प्रकार के कल्याणकारी प्रयासों के लिये हमारा सतत् आशीर्वाद सदैव उनके साथ है।

राधाकान्त मिश्र

अलौकिक बन्धन

सनातन धर्म में माँ को ही प्रथम गुरु का स्थान प्राप्त है। माँ और संतान के बीच अलौकिक बन्धन होता है जिसके द्वारा माँ अपनी सन्तानों में संस्कार प्रवाहित करती हैं । अगर संतान कोई भी अच्छा कार्य करता है, तो माता का आंनदित होना स्वाभाविक है। संघर्ष ज्ञान का अनुभूत माध्यम है। संघर्ष से प्राप्त ज्ञान ही अनुभव कहलाता है, जो सफलता के मार्ग को प्रशस्त करता है। मेरे विचार से गीता का उद्देश्य भी यही समझाने का रहा है, कि मानव जीवन का उद्देश्य (मुक्ति की प्राप्ती), परमात्मा के साथ अलौकिक बन्धन में रहकर किये गये संघर्ष के द्वारा ही संभव है। जिसकी शिक्षा जीवन की प्रथम पाठशाला की गुरु माँ के आचरण एवं विचार के द्वारा ही उसके संतान को प्राप्त होती है। परमात्मा के साथ बन्धन को मजबुत करने के लिए भक्ति की आवश्यकता होती है। भक्ति के लिए सन्यास ग्रहण करना आवश्यक नहीं है, परन्तु परमात्मा के साथ अलौकिक बन्धन का होना अनिवार्य है। यही अलौकिक बन्धन मुक्ति (मनुष्य का परम लक्ष्य) का अनुभूत साधन है।

सम्पूर्ण गीता मे भगवान कृष्ण ने अर्जुन को संसार से मुक्त होने के युक्ति के बारे में एक हीं बात कहते हैं कि भौतिक बन्धन मुक्ति के पथ में बाधा है। जबकि अलौकिक बन्धन निष्काम कर्म के लिये प्रेरित करता है, जो मुक्ति का अनुभूत साधन है।

कर्तव्यबोध हृषीकेशगीता, श्रीमद्भगवद्गीता का हीं अति सरल हिन्दी रूपान्तरण है, जिसमें सनातन धर्म के सार को सुलभ कराया गया है। मैं कामना करती हूँ कि, मानवकल्याणकारी इस पुस्तक का अध्ययन कर, गीता ज्ञान के द्वारा परमात्मा के साथ अलौकिक बन्धन को मजबुत कर मानव जीवन के परम लक्ष्य को प्राप्त करें ।

जयमन्ति देवि

अभिनन्दन

श्रीमद्भवद्गीता काव्यग्रन्थ है। यह रसमय है। यह गति और लय से युक्त है। यह जीवनरस से परिपूर्ण जीवन. यात्रा का मार्गदर्शक ग्रन्थ है। इस पावन ग्रन्थ में समाहित जीवनरस का पान करके यह पुरुषरूप कभी अघाता नहीं। यह ग्रन्थ "ज्ञान की पावन गंगा" है, जिसका निर्मल नीर पीकर यह मनुष्य अमृतपुरुष को प्राप्त करता है,और फिर इस मरणधर्मा मनुष्यलोक में लौटकर नहीं आता,इस प्राणीलोक में पुनर्जन्म को नहीं प्राप्त करता है **"गीतागङ्गोदकं पीत्वा पुनर्जन्म न विद्यते"।**

श्रीमद्भगवद्गीता के प्रत्येक अध्याय के अन्त में दी गयी पादटिप्पणी आधारित "पुष्पिका" में इस लघु ग्रन्थ की "ज्ञान संयोजना" को प्रकट करते हुए सर्वप्रथम इस गीताज्ञान को "उपनिषद् ज्ञान" की संज्ञा प्रदान की गयी है। फिर इसे "ब्रह्म विद्य्" और "योग शास्त्र" का ग्रन्थ कहा गया है। चतुर्थ क्रम पर इसे "श्रीकृष्णार्जुनसंवाद" का ग्रन्थ होना कथन किया गया है तथा पाँचवें क्रम पर सम्बन्धित अध्याय की विषय सामग्री को अपनाकर उस अध्याय का शीर्षक दिया गया है। इस प्रकार श्रीमद्भगवद्गीता में कुल पाँच ज्ञान सरिताएँ एक साथ प्रवाहित हो रही है। अर्थात्"उपनिषद् ज्ञान" को जानकर यह मनुष्य ज्ञानवान होता है, और ज्येष्ठता प्राप्त करता है ,"ब्रह्म विद्या" को जानकर यह ब्रह्म ही हो जाता है , "ब्रह्मवेद ब्रह्मैव भवति"(मुण्ड.उप. ३.२.६)।"योग विद्या" को जानकर तथा नित्य–जीवन में अपनाकर यह मनुष्य भगवान श्रीकृष्ण द्वारा किये गये अनुशासन–"योगी भवार्जुन"(गीता ६.४६) का अनुपालन करता है , और तपस्वी, ज्ञानी तथा कर्मयोगी पुरुषों में वरिष्ठता प्राप्त करता है।

श्रीकृष्णार्जुनसंवाद को जानकर यह अपनी समस्त जिज्ञासाओं का समाधान प्राप्त करता है। इस प्रकार का यह इस लघुग्रन्थ का चतुर्दिक् विराट महान् चिरस्थायी स्वरूप, प्रत्येक अध्याय के अन्त में दिये गये शीर्षक से सम्बद्ध होना कथन किया गया है, जिसमें अवगाहन करके यह मनुष्य सुखमय अवस्था में अपनी जीवनयात्रा पूर्ण करता और मोक्ष रूपी फल को प्राप्त करता है।

श्रीमद्भगवद्गीता विश्व साहित्य में एक मात्र ऐसा ग्रन्थ है,जिसका विश्वधरा पर अन्य अनेक देशों की भाषाओं में सर्वाधिक अनुवाद हुए हैं,तथा भारतीय

भाषाओं में यह कार्य बृहद् पैमाने पर किया गया है,और आज भी निरन्तर जारी है। "कर्तव्य बोध हृषीकेश गीता" इस रूपान्तरण श्रृंखलामें सुरभि से भरा हुआ एक नवीन पुष्प है। यह सुवास से परिपूर्ण है। यह मात्र शब्द प्रवर्तित न होकर भावमय ऊर्जा से समृद्ध है। मानसरोवर, सेवटा, जिला रामगढ,झारखण्ड निवासी श्री हृषीकेश मिश्र द्वारा किया गया अतिसरल और गेय रूपान्तर जीवन उष्मा से प्रवाहमय बना हुआ है। इसमें दोहा और चौपाई पद्धति को अपनाया गया है, और यह गेय (गान योग्य)है। यह इस अनुवाद कृति की विशेषता है। यहाँ इस कृति में प्रत्येक अध्याय गेय रूपान्तरण के बाद गद्य में उस अध्याय का भावार्थ दिया जाकर उसकी विवेचना की गयी है, और इसके साथ–साथ ही उपसंहार स्वरूप आगामी अध्याय से तारम्यता का उल्लेख किया गया है। एकादश अध्याय में वर्णित भगवान श्री कृष्ण का विश्वरूप दर्शन के उपरांत अर्जुन द्वारा की गई प्रार्थना इस कृति में विशेष प्रार्थना के रूप में प्रस्तुत की गई है, जिसका गायण परम आनन्ददायक है। इस कारण यह एक पूर्ण अनुवाद कृति हो गयी है। इस प्रसंशनीय कार्य हेतु मैं श्री हृषीकेश मिश्र का हृदय से अभिनन्दन हूँऔर शुभासंशा प्रदान करता हूँ। यह आदरणीय श्रीहृषीकेशजी मिश्र की प्रथम कृति है। अतः मैं परमप्रभु परमेश्वर से कामना करता हूँ,कि उनकी लेखनी सतत् प्रवाहशील बनीं रहे।

हार्दिक शुभकामनाओं के साथ .....

शुभेच्छु,

गिरीशकुमार चौबे (गोवर्द्धन)
द्वारा (अक्षर अनुसंधान एवं ब्रह्म योग साधना केन्द्र)
(अनुपम अमृत विद्यापीठ)
३७ए क्षपणक मार्ग, दशहरा मैदान,
उज्जैन (मध्यप्रदेश) पिन.४५६१०
अनन्त चतुर्दशी, विक्रम संवत् २०८०,
उज्जैन, १७.०६.२०२४

आत्म निवेदन

कुछ ग्रन्थों के अध्ययन एवं विद्वानों के सत्संग के दौरान जीवन संघर्ष के बारे में अप्रतिम विद्वानों के मतों से परिचित होने का अवसर प्राप्त हुआ, उसके उपरान्त मेरे मानस पटल पर कुछ विचार उभरे, जिसका प्रतिफल कर्तव्यबोध हृषीकेशगीता के रूप में प्रकट हुआ।

विद्वानों के अतुलनीय प्रयासों के कारण श्रीमद्भगवद्गीता सनातन धर्म के ध्वजावाहक के रूप में सारी दुनिया में ज्ञान का परचम लहरा रहा है। समय के साथ भारतीय संस्कृति में कई अन्य संस्कृतियों के समावेश के कारण सनातन धर्म के मूल स्वरूप में कुछ विकार परिलक्षित होना स्वभाविक है।

आज के सामाजिक परिवेश में देवभाषा का ज्ञान साधारण लोगों के पास बहुत कम है , जिसके कारण हमारी सनातन धरोहर साधारण लोगों के पहूँच से बाहर हो गया है , इससे मेरी इच्छा जागृत हुई कि सनातन धरोहर श्रीमद्भगवद्गीता साधारण जनमानस तक आसानी से पहूँचे । सौभाग्यवश प्रभुकृपा से श्रीमद्भगवद्गीता हिन्दी दोहा एवं चौपाई के रूप में अनुवादित हो पाया। कर्तव्यबोध हृषीकेशगीता मूल रूप से श्रीमद्भगवद्गीता के श्लोकों का पद्यानुवाद है। साथ हीं साथ प्रत्येक अध्याय का भावार्थ , तत्व विवेचना एवं उपसंहार सनातन धरोहर के विषय को समझने हेतु प्रस्तुत किया गया है।

श्रीमद्भगवद्गीताके इस पद्यानुवाद का नामकरण कर्तव्यबोध हृषीकेशगीता परमपूज्य शंकराचार्य,द्वारकापीठाधीश्वर, श्री स्वरूपानन्द जी सरस्वती के द्वारा उनके चाईबासा प्रवास के दौरान सन्२०१० में उनके आशीर्वाद स्वरूप प्रदान किया गया है।

इस पुस्तक के परिमार्जन में श्री गिरीश जी (गोवर्धन)के अमूल्य योगदान के लिये एवं परिवार के लोगों तथा मित्रों के द्वारा उत्साह वर्धन के लिए मैं सबका हृदय से आभारव्यक्त करता हूँ। मेरा यह सादर निवेदन है कि शाश्वत कल्याणकारी, सनातन धर्म के अमूल्य धरोहर श्रीमद्भगवद्गीता के पद्यमय सरल प्रस्तुति कर्तव्यबोध हृषीकेशगीता को अपना स्नेह प्रदान कर हमें कृतार्थ करें ।

हृषीकेशमिश्र

महाशिवरात्री दिनांक २०.३.२०१०

विषय अनुक्रम

श्रीमद्भगवद्‌गीता प्रसार का संक्षिप्त इतिहास 1

प्रथम षड़क अध्याय 1 से अध्याय 6 तक स्वधर्म........ 5

प्रथम अध्याय अर्जुन विषादयोग 6

द्वितीय अध्याय साङ्ख्ययोग........ 17

अध्याय –तृतीय कर्मयोग 42

अध्याय –चतुर्थ ज्ञानकर्म संन्यासयोग........ 56

पंचम अध्याय कर्मसन्यासयोग........ 74

षष्टम् अध्याय आत्मसंयमयोग........ 83

द्वितीय षड़कअध्याय ७ से अध्याय १२ तक भक्ति........ 95

सप्तम् अध्याय ज्ञान विज्ञानयोग 96

अष्टम् अध्याय अक्षरब्रह्म योग........ 105

नवम् अध्याय राजविद्या राजगुह्यय योग........ 114

दशम् अध्याय विभूति योग........ 123

एकादश अध्याय विश्वरूपदर्शन योग........ 133

द्वादश अध्याय भक्तियोग........ 144

तृतीय षड़क अध्याय १३ से अध्याय १८ तक चिन्तन........ 150

त्रयोदश अध्याय क्षेत्रक्षेत्रज्ञ विभाग योग 151

चतुर्दश अध्याय गुणत्रय विभाग योग 161

पंचदश अध्याय पुरूषोत्तम योग........ 168

षोड़श अध्याय दैवासुरसम्पद्विभाग योग........ 174

सप्तदश अध्याय श्रद्धात्रयविभाग योग........ 181

अष्टदश अध्याय मोक्ष सन्यास योग 188

परिशिष्ट– सप्तक........ 207

परिशिष्ट–१ श्रीमद्भगवद्‌गीता का नामकरण........ 208

परिशिष्ट–२ कर्मण्येवाधिकारास्ते मा फलेषु कदाचन्........ 209

परिशिष्ट—३ शोक किसके लिए...210
परिशिष्ट—४ राधा —कृष्ण..212
परिशिष्ट—५ मानसिक संवेग और शारीरिक रोग...........................218
परिशिष्ट—६ श्रीमद्भगवद्गीतामें प्रस्तुत योग एवं अष्टॉंग योग..............219
परिशिष्ट—७ सनातन धर्म के गूढ़ सिद्धान्त..................................223
संदर्भ ग्रन्थ..225

श्रीमद्भगवद्गीता प्रसार का संक्षिप्त इतिहास

भारत के लगभग सभी विद्वान् श्रीमद्भगवद्गीता को सनातन धर्म (हिन्दू धर्म) की आधार स्तम्भ मानते हैं। इस अध्याय में हम भारत में श्रीमद्भगवद्गीता को साधरण जनमानस तक पहुंचने की यात्रा की कुछ ऐतिहासिक तथ्यों पर प्रकाश डालेंगे।

श्रीमद्भगवद्गीता में कुल 700 श्लोक है। जो मुख्यतः महाभारत के चार पात्रों द्वारा प्रस्तुत किया गया है।

क्रमसंख्या	पात्र	श्लोंको की संख्या
1	भगवान श्री कृष्ण	574
2	अजुर्न	84
3	संजय	41
4	धृतराष्ट्र	1
कुल		700

सनातन संस्कृति में भगवान श्रीकृष्ण को विष्णु का अवतार माना जाता है। तथा ऐसा माना जाता है कि, भगवान् श्री कृष्ण ने द्वापर युग में श्रीमद्भगवद्गीता के ज्ञान को,महाभारत युद्व के समय अर्जुन को मार्गशीर्ष शुक्ल एकादशी को प्रकट किया था, इसलिए **मार्गशीर्ष शुक्ल एकादशी** को भारत में **गीता जयन्ती** मनाया जाता है।

द्वापर युग से वर्तमान समय तक काफी समय बीत चुका है। परन्तु इसकी प्रासंगिकता आज भी कम नहीं हुई है। आदि शंकराचार्य सम्भवतः भारत के पहले संत है ,जिन्होंने आठवीं शताब्दी में श्रीमद्भगवद्गीता को सनातन धर्म के आधार स्तम्भ के रूप में स्वीकार करके सनातन धर्म को पुनःस्थापित करने का सार्थक प्रयास किया था। ऐसा माना जाता है, कि उस समय भारत में अन्य कई मतों(बौद्ध मत इत्यादि) के प्रभाव के कारण सनातन धर्म विलुप्त होने की कगार पर थी। इस समय भारत में बौद्ध धर्म के साथ–साथ इस्लाम का भी प्रसार बहुत तेजी से हो रहा था। भारत का पहला मस्जिद् केरल के मालावार में सातवीं शताब्दी में ही बना था। लोग सनातन धर्म छोड़ने लगे थे। आदि शंकराचार्य और मण्ड़न मिश्र की शास्त्रार्थ की कथा भी इस सत्य की पुष्टि करता है कि, मण्डन मिश्र (जो सनातन धर्म छोड़कर

बौद्ध धर्म स्वीकार वाले थे) आदि शंकराचार्य से शास्त्रार्थ के उपरांत फिर से सनातन धर्म को स्वीकार किये थे।

11वीं सदी में तमिलनाडु के श्री रामानुजम् ने बहुत ही प्रभावी ढंग से श्रीमद्भगवद्गीता का प्रचार कर सनातन धर्म को विलुप्त होने से बचाया।11वीं सदी में इस्लाम का प्रसार भी बहुत तेजी से हो रहा था, तथा भारत के अधिकतर हिस्सों में इस्लाम को राज संरक्षण भी प्राप्त था।

13वीं शताब्दी में कर्नाटक के श्री माधवाचार्य ने श्रीमद्भगवद्गीता को प्रभावी ढंग से प्रचारित कर सनातन धर्म को भारत के दक्षिण राज्यों में जनमानस तक पहुँचाया, उस समय दक्षिण के राज्यों में सनातन धर्म में बहुत ही ज्यादा पाखण्ड आ रहा था। 13 वीं शताब्दी में ही संत ज्ञानेश्वर ने श्रीमद्भगवद्गीता का अनुवाद मराठी भाषा में करके इसे मराठी जनमानस के लिए सुलभ करने का सार्थक प्रयास किया, इस समय भारत के करीब–करीब सारे राजे महॉराजे एवं प्रजा विदेशी आक्रमण (सांस्कृतिक एवं राजनैतिक) से जूझ रहे थे।

14 वीं शताब्दी में श्रीमान् माधव पणिकर ने श्रीमद्भगवद्गीता का अनुवाद मलयालम भाषा में करके सनातन धर्म के संदेश को पूरे दक्षिण भारत के साधारण जनमानस के लिए सुलभ करने का सार्थक प्रयास किया।

15 वीं शताब्दी में महान विद्वान् श्रीमान् तिरूमलाचार्य ने श्रीमद्भगवद्गीता का अनुवाद तेलगु भाषा में तथा श्रीमान् बलरामदास ने श्रीमद्भगवद्गीता का अनुवाद उड़िया भाषा में करके इसे भारत के तेलगुभाषी एवं उड़ियाभाषी भू–भाग में जन सामान्य की भाषा में सुलभ करने का सार्थक प्रयास किया।

16वीं शताब्दी में श्रीमद्भगवद्गीता का अनुवाद असमी भाषा में भी किया गया। भारत के अन्य भागों में इसका संस्कृत स्वरूप ही प्रचलित रहा। इन शताब्दियों में भारत में धर्मान्तरण बहुत तेजी से हो रहा था। भारत में सनातन धर्म को बचाये रखने में श्रीमद्भगवद्गीता का योगदान अतुलनीय रहा है।

17 वीं शताब्दी में भारत में इस्लाम के अलावा कई मत (इसाई मत इत्यादि) का प्रचार–प्रसार जोर–शोर से होने लगा था। परन्तु सनातन धर्म के आधार स्तंम्भ श्रीमद्भगवद्गीता ने संसार को इतना प्रभावित किया कि ***18** वीं* ***शताब्दी में चार्ल्स विकलिस और एडविन अर्नाल्ड ने श्रीमद्भगवद्गीता का अनुवाद युरोपीय भाषाओं में करके,युरोप को श्रीमद्भगवद्गीता से परिचित कराया।***

भारतीय स्वतंत्रता संग्राम के दौरान 19वीं और 20वीं शताब्दी में श्रीमद्भगवद्गीता के महत्व को समझाते हुए कई स्वतंत्रता सेनानियों ने, जैसे श्री अरबिन्दो, श्री लोकमान्य बालगंगाधर तिलक, महात्मा गाँधी, आचार्य विनोबा भावे आदि साधारण लोगों को समझने के लिए जनभाषा हिन्दी इत्यादि में श्रीमद्भगवद्गीता को सुलभ कराया। गाँधीजी ने तो यह भी स्वीकार किया है कि ,भारत के स्वतन्त्रता संग्राम में श्रीमद्भगवद्गीता का अमूल्य योगदान रहा है, और उन्होंने इसे गीता माता की संज्ञा दी है।

दूसरे विश्वयुद्ध के उपरांत तो श्रीमद्भगवद्गीता का महत्व इतना बढ़ गया कि संसार में शांति का संदेश देनेवाली एक धार्मिक पुस्तक के रूप में यह स्थापित हो गई। सनातन धर्म के धार्मिक गुरुओं ने श्रीमद्भगवद्गीता के संदेश को मुक्ति के सनातन साधन के रूप में स्वीकार किया है।

आजकल अधिकतर विद्वान् मानते हैं कि,श्रीमद्भगवद्गीता मानव के सुखी जीवन के लिए कुशल प्रबंधन का अद्वितीय अक्षय ज्ञान का भंड़ार है। यह मानव जीवन के प्रत्येक क्षेत्र में सफलता के लिए सहयोगी, उपयोगी एवं पथ प्रदर्शक है। आज यह कई भारतीय भाषाओं के अलावा कई अंतर्राष्ट्रीय भाषाओं में भी उपलब्ध है। कई प्रकाशनों के अथक प्रयास के फलस्वरूप श्रीमद्भगवद्गीता आज जनसुलभ हैं। विश्व में गीता के प्रचार प्रसार में कई संस्थाओ के साथ–साथ गीता प्रेस गोरखपुर एवं इस्कॉन आदि का योगदान एवं प्रयास सराहनीय है।

साधारण लोग यह मानते है कि, गीता केवल संन्यासियों के लिये हीं है। वे बालकों को भी इसी भय से इसका अभ्यास नही कराते कि कहीं श्रीमद्भगवद्गीता के प्रभाव में आकर बालक संन्यासी न हो जायें। जबकि सत्य यह है कि, भगवान श्री कृष्ण ने अर्जुन को गीता का उपदेश कुरुक्षेत्र में दिया था, अर्जुन तो गीता ज्ञान पाने के बाद अपने कर्तव्यपथ पर चलकर युद्ध हीं किये थे, जबकि युद्ध की विभीषिका की कल्पना कर वे संन्यास का मार्ग अपनाना चाहते थे।

अब लगभग सभी बुद्धिजीवी यह मानने लगे हैं कि, श्रीमद्भगवद्गीता केवल कोई धार्मिक पुस्तक न होकर सफल जीवन जीने के लिये सनातन धर्म के सारगर्भित सूत्रों की सरल व्याख्या हैं । यह हमारे मन में उठने वाले लगभग सभी गूढ़ आध्यात्मिक एवं भौतिक जिज्ञासा का समाधान देने में सक्षम है।

उपर्युक्त श्रीमद्भगवद्गीता का मानव कल्याण हेतु सतत् यात्रा के संक्षिप्त विवरण से यह प्रतीत होता है कि, इसकी उपयोगिता साधारण मानव जीवन के लिए सदैव बनी रहेगी। श्रीमद्भगवद्गीता मानव कल्याण हेतु जीवन पथ

प्रदर्शन का एक प्रमाणिक ग्रन्थ है,जो इतिहास काल से लोगों का विभ्रम नाश करके उचित पथ प्रदर्शित करता रहा है।

श्रीमद्भगवद्गीता के अष्टदश अध्याय में भगवान वेद व्यास ने भगवान श्री कृष्ण के माध्यम से यह उद्गार प्रकट किया है कि,श्रीमद्भगवद्गीता के संदेशों का अध्ययन एवं प्रसार मानव मात्र के लिये कल्याणकारक है। इसलिए इसके अध्ययन एवं प्रसार को ज्ञानयज्ञ के श्रेणी में रखा जाता है।

भारतीय विद्वानों ने श्रीमद्भगवद्गीता को अध्ययन की सुविधा के लिये अठारह अध्यायों को तीन षड़को में विभाजित किया है।

पहला षड़क – अध्याय 1 से अध्याय 6 तक– **स्वधर्म**

द्वितीय षड़क – अध्याय 7 से अध्याय 12 तक– **भक्ति**

तृतीय षड़क – अध्याय 13 से अध्याय 18 तक – **चिन्तन**

आज के समय में जब भी कोई मनुष्य परेशानी से गुजरता है तो, विद्वान उसे श्रीमद्भगवद्गीता का अध्ययन एवं अनुसरण करने की सलाह देतें है। श्रीमद्भगवद्गीता मानवधर्म की पूर्ण व्याख्या करती है, जिसका अनुसरण जीवन के प्रत्येक कदम पर मार्गदर्शन करता है।

पुस्तकस्था तु या विद्या, पर हस्त गतं धनम्।
कार्यकाले समुत्पन्ने न सा विद्या न तद्धनम्।

पुस्तक की विद्या और दुसरे के हॉथ में धन कार्यकाल में काम नहीं आता , कार्यकाल में पुस्तक से अर्जित विद्या एवं स्वअर्जित धन हीं काम आता है ।

प्रथम षड़क
अध्याय 1 से अध्याय 6 तक
स्वधर्म

प्रथम अध्याय
अर्जुन विषादयोग

श्रीमद्भगवद्गीता प्रथम अध्याय एक दृष्टि	
कुल श्लोकोंकी संख्या	४७
कुल श्लोक (धृतराष्ट्र)	1
कुल श्लोक (संजय)	२५
कुल श्लोक (अर्जुन)	२१
कुल श्लोक (श्री कृष्ण)	०
मूल विषय	युद्ध की प्रसांगिकता

श्री गणेशाय नमः

श्लोकः

प्रणमामि नमामि नमामि भवं,
भव जन्म कृति प्राणिषूदनकम्।
गुणहीनं अनन्तमितं शरणं,
जन तारण ताराय तापितकम्।।

दो0— धृतराष्ट्र चिन्तातुर कर धर्मक्षेत्र का ध्यान।
रणक्षेत्र सज गये जहाँ शस्त्र सहित बलवान।1।
दो0— कह कुरुराज संजय कहो कुरुक्षेत्र का हाल।
पाण्डुतनय का कर रहे करत का मोको लाल।2।

कह संजय सुनहूँ कुरूराजा। योद्धा तन मन तेज विराजा।।
देखी सुयोधन पाण्ड़व सेना। द्रोण निकट गये उत्सुक नैना।।
द्रुपदतनय तव शिष्य धीमाना। देखहूँ अरिचमु उदधी समाना।।
पाण्डव सैन्य सजी व्यूहकारा। धृष्टदूम्न वीर जाको सवाँरा।।
अरिचमु महूँ शूरवीर अनेका। भीम अर्जुन सम युद्ध विवेका।।
शूर सात्यकि विराट् घृष्टकेतु। तत्पर सकल वीर रण हेतु।।
नृपद्रुपद काशिराज चेकिताना। पराक्रमी मतिधीर बलवाना।।
पुरूजित शैब्य वीर उतमौजा। युधामन्यु शूर कुन्तीभोजा।।
सुभद्रासुमन अभिमन्यु रणधीरा। महाबली जिमी तीव्र समीरा।।
द्रोपदी पंचतनय रण योद्धा। महारथी युद्ध नीति पुरोधा।।

दो0— एही प्रकार अरिचमु महूँ बीर विपुल मतिधीर।
पार्थसारथी हृषीकेश अतिधीर वीर गंभीर।3।
दो0—वीर विशिष्ठ निज चमु महूँ देखहूँ हे द्विजश्रेष्ठ।
युद्धनिपुण मतिधीर अपि चमुनायक सब ज्येष्ठ।4।

आपहुँ गुरुवर निज चमु अंगा। अजेय कृपाचार्य निजसंगा।।
महारथी कर्ण केहरि समाना। रिपु मध्य को अस बलवाना।।
सोमदत्त तनय भूरिश्रवा वीरा। अश्वत्थामा कुशल रणधीरा।।
वीर विकर्ण रिपु मर्दनकारी। अस्त्र—शस्त्र पारंगत भारी।।
गुरुवर विजयविभूति दायक। भीष्म पितामह निजचमूनायक।।
करे प्राण मम हेतु बलिदाना। वीर अनेक निज चमू सयाना।।
युद्ध विशारद शास्त्र प्रवीणा। गुरुवर निजचमू अपि भयहीना।।
अगणीत सैन्य पितामह रक्षित। युद्ध महूँ निजजय परिलक्षित।।
निजअनि छाड़ि प्राणक्षय भीति। निश्चयी दृढ़ अटल पुरप्रीति।।
भीमरक्षित रिपूअनि बल थोरा। गिरि अपार सम निजचमु मोरा।।

दो0—सब प्रकार मम अनि प्रबल देखहूँ गुरु धरी घ्यान।
सुनिश्चत कौरव विजय दृष्ट न कछु व्यवधान।।5।।
दो0—युद्ध नीति निज ध्यान धरी रहहूँ सजग रणक्षेत्र।
चमूपति भीष्म सुरक्षा को रखहूँ चतुर्दिक नेत्र।।6।।
दो0—कौरव दल उर हर्ष बढ़े यतन किये कुरू बृद्ध।
शंखनाद करि सिंहसम युद्धोत्साह किए सिद्ध।।7।।

भीष्म पितामह परम प्रतापी। सुयोधन उर हर्ष अति व्यापि।।
बाजन लगे शंख चहूँ ओरा। राजन युद्ध की बजी ढिढोरा।।
रणभेरी बाजन लगे सारी। ढोल मृदंग शोर अति भारी।।
बजे नरसिघें दीर्घ नगाड़ा। सकलअनि उरहर्ष प्रगाढ़ा।।
रथी अर्जुन सारथी नन्दलाला। उत्साहित चमके दीर्घभाला।।
कपिध्वज स्यन्दन श्वेत पताका। अलौकिक शोभा है रणव्यापा।।
पाँन्चजन्य श्री कृष्ण बजाये। ध्वनि सकल ज्ञानेन्द्रीय भाये।।
अनन्तविजय बजाये युधिष्ठिर। धैर्य अनन्त भई मन स्थिर।।
भीम पौण्ड्र महाशंख बजाये। दिग् दिगन्त अरिचमु धबराये।।
पार्थ देवदत् शंख जो फूँका। अरिसैन्य हृदय गति रूका।।

दो0– शुभ घोषणा नकुल की कर रही सुघोष प्रचार।
सहदेव मणिपुष्पक बजा किये वाहित सुविचार।।8।।

कॉशीराज द्रुपद विराट् भूपाला। सात्यकि अरू द्रोपदीलाला।।
द्रुपद पुत्र धृष्टदूम्न महाबाहु। सुभद्रासुत अभिमन्यु अरिदाहु।।
परमलक्ष्य शिखण्डी नियराये। वीर सकल निजशंख बजाये।।
गगन महि महुँ शोर भयंकर। कुरूक्षेत्र लक्षित प्रलयंकर।।
कुरूराज भई शंख ध्वनि भारी। कौरव दल के ह्दय विदारी।।
युद्धारंभ महूँ काल बस थोरा। राजन रणसाज बजे चहूँओरा।।
देखी रणभुमि चमू व्यवस्था। अर्जुन की भई आद्र अवस्था।।
कुरूपक्ष लखी आत्मिय कुला। मन विषाद उपजा उरशूला।।
छाड़ि पार्थ सायक सन्धाना। कहे सखा सारथी सुजाना।।
द्वौ चमु मध्य हे देवकीनन्दन। करहूँ स्थापित निज स्यंदन।।

दो0–रणक्षेत्र एकत्रित महारथी अपि युद्धसेना भारी।
दुर्बुद्धि दुर्योधन प्रिये कौरव पक्ष हितकारी।9।
दो0–स्थिर रखहूँ स्यंदन करूं अवलोकन चमुवीर।
अरिपक्ष रणभागी सकल महारथी रणधीर।10।

कह संजय अब सुनहूँ महिपा। रथ स्थित भई द्रोण समीपा।।
कह ह्षीकेश हे वीर धनुर्धर। दृष्टिपात अब अरिचमु तु कर ।।
भीष्म अपि रण हेतु सब राजा। पार्थ लखे सब अरिसमाजा।।
पार्थ ज्यों देखे कौरव सेना। भाव विह्वल भर आये नैना।।
ताउ पितामह गुरु अरू भ्राता। पुत्र पौत्र सब रिश्ता नाता।।
रथ अश्व अरू गज आरूढ़ा। निज परिजन युवा अरू बुढ़ा।।
करजोरी पार्थ कहे ह्षीकेशा। अब न रही मम शक्तिशेषा।।
मम मन भ्रमित कँपे शरीरा। गांड़ीव गिरत उठत नही तीरा।।
रण परिणाम दीखत विपरीता। करे युद्ध कुल सकल अहिता।।
कह अर्जुन प्रभु कृपानिधाना। परिजन मारी कवन कल्याणा।।

दो0–सुखभोग विजय की ईच्छा अब न रही कछु शेष।
स्वजनहीन संसार में मनशान्ति कहाँ ह्षीकेश।11
दो0–चाहत जिन परिजन हेतु राज सकल सुख भोग।
छाड़ी सकल निज जीवनआशा रणभागी वही लोग।12।

पाँउ अगर त्रिलोक के राजा। तो नही मारूं स्वजनसमाजा।।
धरा हेतु परिजन नही मारूं। गुरुहत्या का पाप क्यों धारूं।।
मारू जो रिपुअनि संग कौरव। तो नही बढ़े मित जग गौरव।।
हत्या माधव जग पाप कहलाता। हो गैर सुजान या रिश्तानाता।।
परिजनमारी करूं सुखआशा। जहाँ सखा कुलधरम हो नाशा।।
भ्रष्टचित लोभी कुरूसेना। पाप–पुण्य इन्हें नही लेना।।
युद्ध उपरांत न शांति आशा। युद्धपरिणाम क्षत्रिय कुलनाशा।।
कुल नाश करे धरम के हानि। बाढ़े पाप धरा कहे ज्ञानी।।
कुलपाप सखा बढ़े जो भारी। दूषित हो जग कुलिन नारी।।
दुषित नारी कुलपाप भयंकर। उत्पन्न संतान करे वर्णशंकर।।
वर्णशंकर करे कुलधर्म नाशा। पितर को नही तर्पण आशा।।

दो0–वर्णशंकर हो कुलघाती चले जाति धरम विपरीत।
कुलधर्म का नाश करे रखे न निजकुल प्रीत।13।
दो0–पितर पाये अधोगति न होय जो तर्पण श्राद्ध।
युद्ध कदापि धर्म नही यह जग में बड़ा अपराध।14।

माधव जानी अस युद्ध परिणामा। न धर्मसम्मत न पुरनकामा।।
जाकर हो कुल धर्म के नाशा। काल अनन्त नरक करे बासा।।
सहस्त्र बार पुराण श्रुति गाये। पापी अधम नरक गति पाये।।
युद्ध सकल करें बुद्धिनाशा। यह शोकविषय कहाँ उल्लासा।।
स्वजन मारी कवन कल्याणा। उद्दत रणक्षेत्र लिये शस्त्रनाना।।
निजसुख राज हेतु युद्ध भारी। अति अधर्म यह पाप तैयारी।।
युद्ध शुभ नही कहे धीमाना। जामें जाये निर्दोष के प्राणा।।
अस जीवन ते मरण ही अच्छा। जामें हो जगधरम की रक्षा।।
शस्त्र सहित कौरव रण माही। हने मोको शोक कछु नाहीं।।
त्यागी शस्त्र न करूं प्रहारा। युद्ध परिणाम परिजनु संहारा।।

दो0–संजय बोले हे महिपति अर्जुन भये अधीर।
धनुष बाण तजि जा बैठे स्यंदन पीछे रणवीर।15।

।। इति प्रथम अध्याय।।

श्रीमद्भगवद्गीता प्रथम अध्याय

भावार्थ

श्रीमद्भगवद्गीता का प्रथम अध्याय अर्जुन विषाद योग के नाम से जाना जाता है। इस अध्याय में कुल ४७ श्लोक हैं । अध्ययन के सुविधा के लिए इसे ४ भागों में बांटा जा सकता है।

1.दुर्योधन द्वारा सैन्य सामर्थ्य विवरण (श्रीमद्भगवद्गीता–श्लोक ०१–११) :– महाराज धृतराष्ट्र कुरुक्षेत्र में उपस्थित युद्ध के लिये तैयार कौरव और पाण्ड़व सेनाओं के युद्धकर्म के बारे में दिव्य दृष्टियुक्त संजय से जानने को आतुर हैं, इसलिए वे संजय से अपने पुत्रों एवं पाण्डु के पुत्रों के युद्धक्षेत्र में क्रिया–कलापों को बताने के लिए कहते हैं। इसके उपरांत संजय अपने दिव्यदृष्टि से देखकर कुरुक्षेत्र के बारे में बताते हुए कहते हैं कि, पाण्डवों की सेना को देखकर दुर्योधन गुरु द्रोणाचार्य के पास जाकर दोनों सेनाओं के बारे में तुलना करते हुए बताते हैं,गुरुवर पाण्डव की सेना में अनेक प्रसिद्ध वीर हैं ,जैसे धृष्टदुम्न, द्रूपद, धृष्टकेतु, चेकितान, काशिराज, पुरूजित, कुन्तिभोज, शैव्य, युद्धामन्यु, उतमौजा, अभिमन्यु,तथा द्रोपदी के पाँचो पुत्र इत्यादि। परन्तु अपने पक्ष में भी वीरों की कोई कमी नही है। अपने पक्ष में पितामह भीष्म, कर्ण, विकर्ण, कृपाचार्य, भुरिश्रवा, के साथ–साथ आप स्वयं भी हैं। इसके अलावा युद्धनिपुण तथा अपने जीवन को दांव पर लगाने वाले अनेक शत्रुजित योद्धा हैं। अगर दोनों सेनाओं की तुलना की जाए तो पितामह भीष्म द्वारा रक्षित हमारी सेना भीम द्वारा रक्षित पाण्डव सेना को परास्त करने में सक्षम है। इसलिए सब लोगों को युद्ध योजना के अनुसार सब ओर से पितामह भीष्म की रक्षा करनी चाहिए।

2.दोनों सेनाओं का उत्साहवर्धन (श्रीमद्भगवद्गीता–श्लोक १२–१६):–दुर्योधन के उत्साह को बढ़ाने के लिए पितामह भीष्म ने अपने शंख को सिंहनाद के समान ध्वनि उत्पन्न करते हुए बजाया। इसके उपरांत ढ़ोल नगाड़े, मृदंग नरसिंघे भयंकर ध्वनी के साथ बजने लगे। इसके प्रत्युत्तर में पाण्डव पक्ष के योद्धा अपने अपने शंख बजाने लगे उनमें कई अलौकिक महाशंख भी शामिल थे। जैसे कृष्ण का पाँन्चजन्य, अर्जुन का देवदत्त, भीमसेन का पौण्ड्र,युधिष्ठिर का अनन्तविजय, नकुल का सुघोष, सहदेव का मणिपुष्पक इत्यादि। इसी प्रकार सब वीरों ने अपने अपने शंख को ध्वनित किया, एवं रणभेरियाँ भी बजने लगी , जिसके फलस्वरूप पृथ्वी और आकाश में भयंकर शोर हुआ। यह शोर कौरव सेनाओं के लिए ह्रदयविदारक था।

दोनों ओर की शंखध्वनी से प्रतीत होता है कि,दोनों ओर की सेना युद्ध के लिए सब प्रकार से तैयार थी। अतः अब युद्ध में कोई बाधा नही रही इसमें एक बात ध्यान देने योग्य है कि वेद व्यास ने लिखा है कि, रणभेरी बजने से उत्पन्न शोर से कौरव सेना के लिये ह्रदय विदारक था। इसका कारण यह प्रतीत होता है कि जब हमें लगता है कि, हम गलत का साथ दे रहे हैं,तो परेशान होना स्वभाविक है।

3.अर्जुन द्वारा अरि सैन्य निरीक्षण इच्छा (श्रीमद्भगवद्गीता–श्लोक२०–२७) :–
युद्ध में जब कोई बाधा नही रही तो कपिध्वज श्वेतअश्वयुक्त स्यंदन पर आरूढ़ अर्जुन ने अपने सारथी और सखा श्री कृष्ण से युद्ध शुरु होने के पूर्व अपने रथ को दोनों सेनाओं के बीच स्थित करने का निवेदन किया, जिससे वे युद्ध में खड़े विपक्षी अर्थात् दुर्योधन पक्ष के योद्धाओं को जान लें, जो कौरव पक्ष सें युद्ध में शामिल हैं। इसके पश्चात् श्री कृष्ण ने रथ को ऐसी जगह खड़ा किये, जहाँ से भीष्म एवं द्रोणाचार्य के सहित कौरव पक्ष के सारे योद्धाओं के साथ–साथ अपने पक्ष के योद्धाओं का अवलोकन किया जा सके। इसके बाद अर्जुन ने यह पाया कि युद्धक्षेत्र में तो अपने ताऊ, चाचा, दादा,गुरु, मामा, ससुर, साला, भाई, पुत्र, मित्र एवं अपने को चाहने वाले भले लोग ही उपस्थित हैं । युद्धक्षेत्र में आत्मीय लोगों को देखकर अर्जुन अत्यन्त परेशान हो गये एवं शोक से भर गये।

4.अर्जुन का विषाद (श्रीमद्भगवद्गीता–श्लोक २८–४७) :–*शोक से भरे अर्जुन कहने लगे अब मेरा अंग शिथिल हो रहा है, शरीर काँप रहा है ,एवं हाथ से गाण्डिव गिर रहा है,मेरा मन भ्रमित हो रहा है,मुझे खड़े रहने में भी कठिनाई हो रही है। मुझे युद्ध का परिणाम विपरीत प्रतीत हो रहा है,क्योंकि युद्ध में स्वजनों को मारकर कोई कल्याण प्रत्तित नही हो रहा है। हे कृष्ण! अब मैं न तो विजय चाहता हूँ , और न ही राज का सुख। स्वजनों जैसे गुरु,ताऊ, पुत्र, पौत्र, मामा, ससुर,साले इत्यादि के साथ ही राज सुख भोगने में आनन्द है। मेरे तो सब स्वजन समुदाय अपने जीवन की आशा त्यागकर युद्ध के मैदान में खड़े हैं। अतः हे माधव! मुझे तो लगता है कि अगर तीनों लोकों का राज प्राप्त करने के लिए ऐसे स्वजन समुदाय को मारना पड़े तो भी न मारूँ , तो पृथ्वी का छोटा सा भूखण्ड क्या चीज है। मुझे तो धृतराष्ट्र के आततायी पुत्रों को भी मारकर प्रसन्नता भी नही होगी, उलटा पाप ही लगेगा। तो बताएं कि उनके पक्ष में खड़े अपनें स्वजनों को मारकर हमें सुख प्राप्त कैसे हो सकता है। इस युद्ध में तो हमारा कुल का ही नाश हो जाएगा।*

भ्रष्टचित तथा लोभी कौरव कुलनाश और स्वजन विरोध से उत्पन्न दोषों को नही समझते है। परन्तु हमलोग तो इसको अच्छी तरह समझ रहें हैं , फिर हमलोगों को इस पाप से हटने का विचार क्यों नही करना चाहिए। कुलनाश से सनातन कुलधर्म का नाश हो जाता है। तथा सम्पूर्ण कुल में पाप भी बहुत फैल जाता है। अधिक पाप बढ़ने से कुल की स्त्रियाँ अत्यन्त दूषित हो सकती है , और स्त्रियों के दूषित होने से वर्णसंकर उत्पन्न होता है। वर्णसंकर कुलघाती होते हैं, एवं कुलघातीयों के कारण सम्पूर्ण कुल नरकगामी हो जाता है। उनके द्वारा पितरों के लिए श्राद्ध, पिण्ड और तर्पण भी नही किया जाता है। इससे पितर अधोगति को प्राप्त होतें है। इन वर्णसंकर के दोषों के कारण इन कुलघातियों का सनातन कुलधर्म एवं जातिधर्म नष्ट हो जाता है। तथा जिनका कुलधर्म नष्ट हो गया हो, वे अनिश्चित काल तक नरक में वास करते है, ऐसी मान्यता है। इसे हम अपने लोगों से सुनते रहे हैं , अगर हम बुद्धिमान होकर भी इस महान पाप को करने को उद्दत हैं, तो यह शर्मनाक है। मैं तो समझता हूँ,कि अगर इस पाप से बचने के लिए मैं शस्त्रत्याग कर दूँ , और कौरव मुझे मार दें, तो भी यह अधिक कल्याणप्रद होगा। इसके बाद रणभूमि में शोक से उद्विग्न मनवाले अर्जुन धनुष बाण को त्यागकर रथ के पिछले भाग में बैठ जाते हैं ।

नोट :– अर्जुन आजीवन युद्ध किये परन्तु उसमें उन्हें पाप और कुलनाश दिखलाई नहीं दिया। परन्तु महाभारत के युद्ध में उन्हें सामाजिक मान्यता दिखलाई देने लगी। आचार्य विनोबा भावे कहते हैं कि, अर्जुन की अवस्था उस न्यायाधीश के समान है, जो अनेकों अपराधियों को मृत्युदण्ड जैसी सजा सुना चुका है, और आज उसके सामने उसके अतिकरीबी है, जिसे न्यायाधीश को मृत्युदण्ड़ की सजा सुनानी है। इस अवस्था में मन का विचलित होना स्वभाविक हीं है।

(यहाॅ यह स्पष्ट करना आवश्यक है कि, आजकल सामान्य लोग वर्णसंकर का साधारण अर्थ मानतें हैं : दो भिन्न जातियों से उत्पन्न संतान जिसे भारतीय सामाज में उपेक्षा की दृष्टि से देखा जाता है। परन्तु यह विचार का विषय है , कि शान्तनु (क्षत्रिय) ने एक विवाह सत्यवती (एक मछुआरे की बेटी) से किया था। तो शान्तनु एवं सत्यवती का पुत्र वर्णसंकर माना जायेगा या क्षत्रिय। महाभारत में तो उन्हें क्षत्रिय माना गया है। इस्कोन के संस्थापक श्रील प्रभुपाद अपनी टिप्पणी में कहते हैं कि, वर्णसंकर का अर्थ यह है कि अगर कोई बच्चा समाज विरूद्ध आचरण के कारण उत्पन्न होता है, तो समाज में वह उपेक्षित होता है। उस बच्चे को न तो माता पक्ष का और न

ही पिता पक्ष का प्रेम मिल पाता है, जिससे उसका विचार समाज के प्रति अच्छा नही होता है। इसका उदाहरण महाभारत में कर्ण है।
सम्पूर्ण गीता में प्रथम अध्याय के अलावा वर्णसंकर एवं जाती के बारे में कहीं जिक्र नहीं किया गया है ।)

तत्व–विवेचना

प्रथम अध्याय में सम्पूर्ण श्रीमद्भगवद्गीता की भूमिका स्पष्ट की गई है। इस अध्याय को समझने के बाद श्रीमद्भगवद्गीता के सन्दर्भ के विषय का साधारण ज्ञान हो जाता है। महर्षि वेद व्यास ने मानव धर्म और कर्म को श्रीमद्भगवद्गीता के माध्यम से समझाने के लिए महाभारत युद्ध की परिस्थितियों को सामने रखा है। मानव धर्म की इतनी सटीक और स्पष्ट व्याख्या किसी भी अन्य ग्रन्थ में इतनी सरल भाषा में शायद उपलब्ध नहीं है। इसलिए सत्य ही कहा है कि ***गीता सुगीता कर्तव्या किमन्यैः शास्त्रविस्तरैः*** *अर्थात् गीता को अच्छी तरह समझकर व्यवहार में लाने के बाद किसी और शास्त्र को विस्तार से पढ़ने की आवश्यकता ही क्या है।*
इस अध्याय के प्रथम श्लोक में ***धर्मक्षेत्र*** *और* ***कुरुक्षेत्र*** *एक साथ आया है। साधारण अर्थ में कुरुक्षेत्र भारत के हरियाणा प्रदेश का एक भूभाग है, जहाँ महाभारत का युद्ध द्वापर युग के अन्त में लड़ा गया था। अब प्रश्न उठता है कि, धर्मक्षेत्र का क्या अर्थ है ? इसके उत्तर के लिए हमें श्रीमद्भगवद्गीता के अनुसार ही धर्म और क्षेत्र के बारे में अच्छी तरह से समझना होगा।*
धर्म *:–श्रीमद्भगवद् गीता के आगे के अध्यायों में धर्म के बारे में विस्तार से बताया गया है। इसका सारांश यह है कि चराचर में उपस्थित जो कुछ भी है, वह प्रकृति के त्रिगुण (सत्व,रजस तथा तमस) से प्रभावित होतें हैं , इसलिए मनुष्य में भी प्रकृति के त्रिगुण का प्रभाव जन्म से हीं परिलक्षित होता है। सनातन धर्म की मान्यताओं में केवल परमात्मा को हीं त्रिगुणातीत कहा गया है। इसी त्रिगुण की विविधता के कारण प्रत्येक मनुष्य की अलग अलग रुचि होती है, जो प्रकृति के नियम के अनुसार अनुभवजन्य ज्ञान के अनुरूप बदलता भी रहता है। मानव के इन्ही गुणों के कारण मानव जाति का वर्गीकरण क्रमशः ब्राह्मण, क्षत्रिय, वैश्य एवं शूद्र के रूप में हुआ है। राजनितिक स्वार्थ के लिए इस वर्गीकरण का राजनीतिकरण करके समाज में विद्वेष फैलाया जाता है। जबकि श्रीमद्भगवद्गीता के चतुर्थ अध्याय के १३वें श्लोक में स्पष्ट है कि* ***चातुर्वण्य मया सृष्टं गुण कर्म विभागशः।*** *अतः गुण (त्रिगुण) और कर्म (कर्तव्यकर्म) के आधार पर चार वर्णो का वर्गीकरण किया गया है।*

धर्म मानव जाति की वह त्रिगुण धारण शक्ति है, जिसके कारण उसकी कर्म विशेष में स्वभाविक रूचि होती है। तथा अपने रूचि के अनुसार काम को करने में वह आनन्द का अनुभव करता है। अतः अपने प्राकृतिक गुणों के अनुसार कर्तव्य कर्म करने को धर्म कहते है। मानव का इस प्रकार का धर्म शाश्वत होता है। जो अलग–अलग मनुष्यों का अलग–अलग होता है। मानव तनधारी आजीवन प्राकृतिक रूप से अनायास इस धर्म का पालन करते ही हैं। इसलिए इसे सनातन धर्म या शाश्वत धर्म भी कहते हैं। अपने त्रिगुणजनित धर्म के अनुरूप कर्म करने में आनन्द की प्राप्ति होती है, इसलिए परमानन्द की प्राप्ति को सनातन धर्म की पराकाष्ठा माना जाता है। धर्म का अर्थ हैं स्वभाविक गुण ।

क्षेत्र :–अब हमें क्षेत्र के बारे में भी श्रीमद्भगवद्गीता के संदेश को जानना चाहिए। इसके लिए श्रीमद्भगवद् गीता के १३वाँ अध्याय में विस्तार से बताया गया है। इस अध्याय का द्वितीय श्लोक है–**इदं शरीरं कौन्तेय क्षेत्रमित्यभिधीयते।** इसका अर्थ है कि हे अर्जुन! इस शरीर को क्षेत्र नाम से जाना जाता है। जैसे किसी भी क्षेत्र में जिस प्रकार का बीज बोया जाता है, तद्नुरूप फल की प्राप्ति होती है। परन्तु फल केवल बीज पर ही निर्भर नहीं करता, इसके लिये क्षेत्र की गुणवत्ता की भी बड़ी भूमिका होती है, जो उस क्षेत्र–विशेष में समावेशीत होता है। उसी प्रकार इस क्षेत्र रूपी शरीर में कर्म रूपी बीज को बोया जाता है। जो कालान्तर में कर्मफल के रूप में प्राप्त होता है। श्रीमद्भगवद्गीता के १६ वें अध्याय में चैतन्य शरीर में समावेशित गुणों के बारे में विस्तार से बताया गया है। संक्षेप में कहा जा सकता है कि, जब प्राणी का जन्म होता है, तो उसे शरीर और चेतना दोनों प्राप्त होती है। शरीर प्रकट एवं चेतना अप्रकट होती है। इसी चेतना अथवा प्रारब्ध से प्राप्त गुण को श्रीमद्भगवद्गीता में सम्पदा के नाम से बताया गया है,यह सम्पदा दो प्रकार की होती हैं ।

१. दैवीय सम्पदा **2. आसुरी सम्पदा**

इसी सम्पदा के अनुसार हमें कर्म प्रेरणा प्राप्त होती है ,तथा इसी क्रियाशील सम्पदा के अनुसार एक ही कर्म को अलग–अलग लोग अपने–अपने अनुसार अलग–अलग ढ़ंग से करते हैं।

अतः क्षेत्र प्रारब्ध से प्राप्त सम्पदायुक्त हमारा चैतन्य शरीर है, जो उस उर्वर भूमि के समान है। जिसका प्रकट भाग हमारे शरीर के समान प्रकट है ,तथा उस भूमि में छुपी हुई उर्वरा शक्ति हमारे क्रियमान से प्राप्त चेतना अथवा सम्पदा के समान है। अतः धर्मक्षेत्र का अर्थ बहुत ही गूढ़ है। धर्मक्षेत्र चैतन्य शरीर की सांकेतिक संज्ञा है।

संक्षेप में हम कह सकते हैं कि भगवान श्री वेद व्यास ने श्रीमद्भगवद्गीता में कुरुक्षेत्र के माध्यम से धर्मक्षेत्र अर्थात् हमारे चैतन्य शरीर के लिए भी संदेश दिया है , जैसा कि श्रीमद्भगवद्गीता के प्रथम अध्याय के श्लोकों के माध्यम से ज्ञात होता है,कि, महाभारत के युद्ध के तात्कालिक सामाजिक व्यवस्था के अनुरूप युद्ध के उपरांत की स्थिति का कल्पना करके अर्जुन युद्ध करने से ज्यादा अच्छा युद्ध न करना अथवा संन्यास अपनाने को मानने लगते हैं। यह उनके मन के द्वन्द्व की स्थिति है, जिसके कारण वे अपने युद्ध करने से ज्यादा युद्ध न करने के विकल्प के बारे में चिन्तन करते हैं।

अगर हम अर्जुन के परिस्थिति पर ध्यान देते हैं,तो प्रथम दृष्टि में अर्जुन की प्रत्येक चिन्ता वास्तविक मानव धारणा प्रतीत होती है। परन्तु अगर धर्म की दृष्टि से अवलोकन करें तो यह स्पष्ट होता है कि, पार्थ क्षत्रिय गुणों के साथ जन्म लिए थे (इसे श्रीमद्भगवद्गीता के १६वें अध्यायमें स्पष्ट किया गया हैं ।) अतः उनकी प्राकृतिक गुण ही अन्याय के विरूद्ध लड़ना था। परन्तु संयोगवश उन्हें अपना धर्म गुणहीन लगने लगा था। जब अपना धर्म गुणहीन लगने लगे तथा दूसरे का धर्म गुणवान लगे तो भी अपना ही धर्म श्रेष्ठ है, क्योंकि दूसरे धर्म के पालन के लिए हमारी प्रकृति उपयुक्त ही नहीं होती है। इसलिए वेद व्यास कहते हैं कि **श्रेयान् स्वधर्मो विगुणः**। मन में उठने वाले संभवतः अधिकांश द्वन्द्व का कारण है, अपना धर्म गुणहीन प्रतीत होना, और दूसरों का धर्म गुणयुक्त प्रतीत होना। श्रीमद्भगवद्गीता में भगवान श्री कृष्ण अर्जुन को कई बार यह एहसास कराते हैं कि, वे (अर्जुन) अपने प्राकृतिक प्रवृत्ति के कारण युद्ध छोड़ ही नही सकते हैं। अगर अभी वे (अर्जुन) युद्ध छोड़ भी देंगें,तो अपने क्षत्रिय गुण के कारण वे (अर्जुन) अन्याय बर्दाश्त कर ही नही पायेगें।

अतः श्रीमद्भगवद्गीता के प्रथम अध्याय का स्पष्ट संदेश यह है कि, अगर किसी कारण से मानव अपनी प्राकृतिक गुण को छोड़कर किसी और के गुण को अपनाने की कोशिश करता है, तो मन में द्वन्द्व उत्पन्न होता है। जिससे वह अनिर्णय की स्थिति में आ जाता है। ऐसी अनिर्णय की स्थिति ही विषाद उत्पन्न करती है। लगातार अनिर्णय की स्थिति के कारण लगातार असफलता प्राप्त होती है। जो मानसिक बीमारी का कारण बन सकती है। तथा जब मानव सच्चे गुरु के शरण में जाता है, तो आदर्श गुरु अपने शरणागत को अपने आप के प्राकृतिक गुणधर्म को ढूढने में मदद करते हैं। वह सच्चा गुरू है स्वयं की आत्मा ।

धर्मक्षेत्र हमारा मन है जहाँ हमारे हीं विचारों के मध्य लगातार युद्ध चलता रहता है । जिसे हम द्वन्द की संज्ञा देतें हैं ।

उपसंहार

श्रीमद्भगवद्गीता का प्रथम अध्याय में धर्मक्षेत्र (भौतिक शरीर का मन) और कुरुक्षेत्र (युद्धक्षेत्र) दोनों की समानता पर प्रकाश डालता है।जिस प्रकार दो सेनाओं के बीच युद्ध होता है।ठीक उसी प्रकार मानसिक द्वन्द्व दो विचारों के बीच निरंतर चलता रहता है।इस अध्याय में यह बहुत खूबसूरती से बताया गया है कि अर्जुन खड़े तो युद्धक्षेत्र में हैं, परन्तु उनके मन में द्वन्द्व है, कि युद्ध उचित है,या अनुचित,अथवा युद्व करूं या युद्ध छोड़कर संन्यास ले लूँ। जब तक मनुष्य मानसिक रूप से तैयार नही होता है, उसका शरीर भी उसका साथ नही देता है। इसलिए अर्जुन धनुष–बाण त्यागकर रथ के पीछे बैठ जाते है।

इस अध्याय में अर्जुन के माध्यम से एक व्यवहारिक प्रश्न को जन साधारण के मानस पटल पर रखा गया है,कि **युद्ध उचित है अथवा अनुचित**। साधारणतः किसी भी युद्ध का मुख्य कारण, स्वार्थ, लोभ और वैचारिक मतभेद होता हैं। स्वार्थ, लोभ और वैचारिक मतभेद मनुष्य के अहंकार के कारण युद्ध का रूप ले लेता है। जबतक दोनों पक्षों में अहंकार रहता है। तबतक अपने अहंकार के पोषण तथा दूसरे के अहंकार के मर्दन हेतु युद्ध चलता हीं रहता है। अहंकार अज्ञान का ही एक स्वरूप है,जबतक समुचित ज्ञान के द्वारा अहंकार समाप्त नही होता तबतक युद्ध की संभावना बनी ही रहती है। इस अध्याय में सैन्य निरीक्षण के उपरांत दुर्योधन का अहंकार प्रदर्शित होता है। जबकि सैन्य निरीक्षण के उपरांत अर्जुन को युद्ध में कुलनाश प्रतीत होता है। आगे के अध्यायों में श्री कृष्ण द्वारा दिये गये उस ज्ञान के बारे में जानेंगे जिससे अर्जुन का विभ्रम समाप्त हो गया एवं अर्जुन मोह से मुक्त होकर युद्ध के लिए तैयार हो गये।

–:ऊँ तत् सत्:–

पाँन्चजन्य श्री कृष्ण बजाये। ध्वनि सकल ज्ञानेन्द्रीय भाये।।

द्वितीय अध्याय
साङ्ख्ययोग

श्रीमद्भगवद्गीता द्वितीय अध्याय एक दृष्टि	
कुल श्लोकोंकी संख्या	७२
कुल श्लोक (श्री कृष्ण)	६३
कुल श्लोक (अर्जुन)	६
कुल श्लोक (संजय)	३
कुल श्लोक (धृतराष्ट्र)	०
मूल विषय	**सनातन सिद्धान्त**

श्री गणेशाय नमः

श्लोक

आदौ देवकीगर्भजननं गोपीगृहेवर्धनम्।
मायापूतनजीवितापहरणं गोवर्धनोद्धारणम्।।
कंसच्छेदनं कौरवादिहननं कुन्तीसुतापालनम्।
एतद् भागवतं पुराणकथितं श्री कृष्ण लीलामृतम्।।

दो0— संजय विस्मित कह रहे अर्जुन भये युद्ध विरूद्ध।
मन विषाद अश्रुनयन व्याकुल कण्ठ अवरूद्ध।1।
दो0— देखी अर्जुन आर्तदशा सस्मित बोले भगवान।
उठो पार्थ त्यागो विषाद करो गांडीव संधान।2।

असमय पार्थ मोह केही हेतु। न कृतिवर्धक न हीं स्वर्गसेतु।।
श्रेष्ठ पुरुष आचरण न माया। आसक्ती सकल जगत भरमाया।।
करहूँ युद्ध मनमाया त्यागी। क्लिबता छाड़ी बनहूँ रणभागी।।
गुडाकेश कह जोरी युग पाणी। हे सखा मधुसूदन अतिज्ञानी।।
रणभूमि शस्त्र–अस्त्र सब धारे। गुरुद्रोण कृप पुज्य पधारे।।
भीष्म पितामह कुरूकुल नायक। रणभूमि खड़े लिये करसायक।।
गुरुपूजन करूं या रण भारी। निर्णयहीन मति सखा हमारी।।
युद्धकरी पूज्य पितामह मारूं। रूधिर बहा स्वजन संघारू।।
न रक्तपूरित मोको भोग ईच्छा। माधव उचित कही माँगु भिक्षा।।

पुज्य गुरु हति कवन कल्याणा। रिपु कौरव को भ्रात मैं जाना।।

दो0—जय पराजय यही युद्ध में कौन जाने क्या होए।
रूधिर बहे निर्दोष मरे गृह परिजन बच्चे रोए।3।
दो0— शान्ति हेतु रण छोड दूँ या करूं परिजन संहार।
धर्म अधर्म विचारी कहहूँ सखा कल्याणकारी व्यापार।4।

परिणाम ध्यान बिनु रण जड़ता। न धर्मसम्मत् ना हीं शुभकर्ता।।
जगयुद्ध नहीं पौरूष पहचाना। हत्या धरमविरूद्ध जगजाना।।
ज्ञानी कहे धर्म अर्थ अतिगूढ़ा। चित् मम मोहित कर्तव्यविमूढ़ा।।
शुभकर्म जामें सकल कल्याणा। संतापरहित धर्म कहहूँ धीमाना।।
मति मम भ्रमित शुभ्रता इच्छा। शिष्य तुम्हार प्रभु दीजै शिक्षा।।
ममशोक अपार इन्द्रीय सुखाने। कहहुँ उपाय जगधर्म सन्माने।।
भूमि निष्कण्टक देवत्व सुखदाई। तुच्छलगे मोहे कछु न सुहाई।।
हो धनधान्य अरू सम्पदा भारी। युद्ध प्रतीत न कछु उपकारी।।
मम शाँति ईच्छा यदि कायरता। धर्मसम्मत् कर्तव्य कह भर्ता।।
तुम ममसखा गुरु अरू भ्राता। ज्ञान देई भ्रम करहूँ निपाता।।

दो0—संजय आश्चर्यचकित कहा सुनहूँ महिपाल।
युद्ध मुझे करना नही विचलित कुन्तिलाल।5।
दो0—हृषीकेश मुसका रहे सुनी शव्यसाँची अभिलाष।
प्रेम सहित बोले वचन पार्थसारथी लिये विश्वास।6।

तर्क पार्थ तव ज्ञानी समाना। मरण सत्य क्यूं शोक मनाना।।
मृत्युलोक धरम जीवन मरना। मुरख सम क्युं तव आचरणा।।
सत्य स्वीकार सदा सुखकारी। सब्यसाँची तु ज्ञानी अपि भारी।।
अमर न कोई एही मृत्युलोका। करे ज्ञानी जीव हेतु न शोका।।
जीवित प्राणी तो निश्चित मरहीं। कबहू शोक ज्ञानी नही करहीं।।
तुम मैं अपि सब राज भुपाला। वर्तमान प्रकट जो थे भूतकाला।।
भविष्य संभव रहिहें इह लोका। कारण कछु पार्थ नही शोका।।
शिशु बाल युवा जरा अवस्था। पार्थ सकल दृष्ट देह व्यवस्था।।
जीवात्मा धरे जग भिन्न शरीरा। ध्रुव सत्य यही सखा मतिधीरा।।
धरि ध्यान धनंजय करहूँ विचारा। केही के जन्म मरण अधिकारा।।

दो0— जो आये हैं वे जायेंगे जगसत्य यही क्यूं शोक।
रण छोड़ पार्थ कभी कोई मृत्यु को पाया नहीं रोक।7।

पार्थ न कछु जगत अविनाशी। मतिभ्रम सकल हे वीर बलराशी।।
ना होय वहीं जो तवमन भावा। पार्थ व्यर्थ अपि तव पछतावा।।
न रहे सदा सुख काहु के संगा। न रहे सदा हीं विपत्ति प्रसंगा।।
जिमिप्रकट ग्रीष्म करे शितनाशा। नहीं अमिट यह निशा प्रकाशा।।
कालचक्र गुण सदा परिवर्तन। निश्चित लोप जो दृश्य यही क्षण।।
व्यथित न हो जगदू:ख पाये। कदापि नही अति सुख हर्षाये।।
रहे सर्वदा अविचल नर नारी। है जीव वही मुक्ति अधिकारी।।
अस्तित्त्व सदा जाकर जगमाहीं। संत विचार सत् विसरे नाहीं।।
अनित्य क्षणिक नश्वर जग जोई। अर्जुन असत् लोक में सोई।।
असत्त्वस्तु की नहीं जगसत्ता। सत्त् की कबहूँ न घटे महत्ता।।

दो0—सत्त् असत्त् को घ्यान रख सब ज्ञानी करे विचार।
निर्णय स्पष्ट सत्त् करे यही तत्वज्ञानी व्यवहार।8।
दो0—अर्जुन जाके सीमांकन को न कोई शास्त्र प्रर्याप्त।
अविनाशी परमात्मा एक है जो रहे चराचर व्याप्त।9।

यही देह असत् हो निश्चित नाशा। देही सत् मुनि दृढ़ विश्वासा।।
उठ करो युद्ध त्यागी मनमाया। भरतवंशी महाबली कुन्तीजाया।।
अनश्वर देही पार्थ है आत्मा। कबहूँ न मरे न मारे महात्मा।।
शरीरान्त होत आत्मा नही मरता।विश्वव्यापी परमसत्य यही भर्ता।।
शाश्वत अजन्मा नित्य पुरातन। पार्थ है आत्मा सत्य सनातन।।
जीवित प्राणी के निश्चित अन्ता। पार्थ कहे बहु भाँति मुनि संता।।
न जग जाके जन्म अवसाना। आत्मा अमरतत्व ज्ञानी जाना।।
आत्मा निर्लेप्य सर्वदा मृत्युहीना। कोई मार सके कब वीरप्रवीणा।।
जिमि जीर्ण परिधान के डारी। नूतन सुवसन धरत नर नारी।।
आत्मा छाड़ी पुरातन काया। धरे नूतन सकल प्रभु माया।।

दो0—पावक जाको न जला सके गला पाये नही नीर।
जाको पवन न सुखा सके वेध सके नहीं तीर।10।
दो0—जाको बुद्धि न जान सके देख पाये नही दृष्टि।
अचल सनातन आत्मा अद्भुत ईश्वर की सृष्टी।11।
दो0— शोक कबहू नही उचित आत्मा अचिन्त्य अव्यक्त।

कभी विकार इसमें नहीं क्यों होय शोक सन्तप्त।12।

पार्थ शोक का ना कछु कारण। नूतन तन आत्मा करे धारण।।
यदि आत्मा पड़े जन्म अबपाता। तबहूँ शोक से ना कोई नाता।।
जन्म जाके जग ताके अन्ता। जगसत्य यही पार्थ बलबन्ता।।
निश्चित जनम अपि अवपाता। निरूपाय विषय शोक तज भ्राता।।
जन्म पूर्व नही प्रकट शरीरा। जगसत्य यही सुनहूँ मतिधीरा।।
अवसान परे अपि लुप्त हो देहा। पार्थ करे क्यूं असीम सनेहा।।
जन्म मरण बीच प्रकटे काया। फिर केही हेतु शोक औ माया।।
आत्मा जगत अति विस्मयकारी। करे वर्णन ज्ञानी तत्त्व विचारी।।
सुनि अचरज कछु करे विचारा। कहे आत्मा है अगम अपारा।।
यत्नकरी अपि जान नही पाये। आत्मा अतिगूढ़ जग भरमाये।।

दो0—आत्मा सदा अवध्य है बसे सकल जीव देह।
शोक न कर अस देह का तजो सकल संदेह।13।

स्वधर्म स्मरण करो सब्यसाँची। धर्मयुद्ध क्षत्रियकर्म श्रुतिबाँची।।
पार्थ विषाद का ना कोई कारण। तुने किया क्षत्रिय कुल धारण।।
क्षत्रिय पाये जो धर्मयुद्ध अवसर। अति भाग्यवान पुनित धरापर।।
धर्मयुद्ध क्षत्रिय तजे जो देहा। मिले पावन स्वर्ग बिनु संदेहा।।
संशय व्यर्थ सब पार्थ तुम्हारा। धर्मयुद्ध खोलत है स्वर्ग द्वारा।।
यदि मोहित होय धर्मयुद्ध खोये। जगकृति नाशये पाप संजोये।।
कृतिबिसारी अपकृति जग गाये। अपकृति जगत काहु न भाये।।
मरण ते अधिक अपमान दुखदाई। धर्मयुद्ध सखा तुम्हरी भलाई।।
जाने जगत तुम्हरी प्रभुताई। तव वीरता की लोक बड़ाई।।
तजे युद्ध लिए शाँति आशा। भयभीत रणछोड़ कहिहें इतिहासा।।

दो0—स्वधर्म छोड़कर पार्थ कभी भी ना पायेगा चैन।
कृति अपि नष्ट होगी तेरी मोहन बोले मृदु बैन।14।
दो0—धर्मयुद्ध मुख मोड़ना क्षत्रिय हेतु महापाप।
अपकृति मरण ते दुखःदाई बने ये जीवन शाप।15।

रिपु करिहें तव शक्ति उपहासा। निन्दा करी करिहें परिहासा।।
परिहास पार्थ अत्यन्त दुखःदाई। त्यागी मोह करहुँ युद्ध भाई।।
धर्मयुद्धबलिदानी स्वर्ग करे बासा। जीती युद्ध जग आन्नदआशा।।

उभय परिणाम नही चिन्ताकारक। धर्मयुद्ध करहूँ हे धर्म उद्धारक।।
जय पराजय लाभ अपि हानि। सुखदुःख को सम जानेज्ञानी।।
करहूँ युद्ध राखी समभावा। धर्मयुद्ध है पाप अभावा।।
सांख्ययोग अपि ज्ञानयोग कहाये। सिद्ध ऋषि मुनिन के भाये।।
है देहि–देह स्वरूप गूढ़ ज्ञाना। ज्ञानयोग यही कहे धीमाना।।
समबुद्धि सांख्ययोग परिणीति। भ्रम मिटाई जन धारे नीति।।
सांख्य पार्थ अप्रकट वेद भाषा। प्रकट होई करे भ्रम नाशा।।

दो0–सांख्ययोग है पार्थ यही जो किया विषय व्याख्यान।
कर्मयोग विषय को सुनो सखा लगाकर ध्यान।16।

कर्मयोग पार्थ अति उत्तम युक्ति। दे कर्मबन्धन से अपि मुक्ति।।
कर्मयोग नही कर्मबीज नाशक। पार्थ यही फलदोष विनाशक।।
यदि कोई करे कर्मयोग प्रयासा। जनम मरण दुःख भय नाशा।।
कर्मयोगी विवेकी निश्चितबुद्धि। निष्काम कर्मरत विगत अशुद्धि।।
सकाम मनुज बुद्धि अनन्त शाखा। चित अस्थिर विवेकहीन भाषा।।
फल प्रशंसक कछु वेद वाणी। अज्ञानी भ्रमित करे मतिहानि।।
अल्पज्ञानी रखे फल से प्रीति। माने स्वर्ग परमप्राप्य कहे नीति।।
भोग एश्वर्य हेतु करे पाखण्डा। कहे मृदुवचन जोड़े भुजदण्ड़ा।।
मिथ्याभाषी कर्मकाण्ड करे नाना। निज प्रलाप करे वेद बखाना।।
भ्रमित चित्त उत्पन्न आसक्ति। हरे भ्रम निश्चयात्मक शक्ति।।

दो0–वेद धर्म को मानना पार्थ न अंधविश्वास।
मूढ़मति समझे नही करे वेद धर्म उपहास।17।
दो0–फल आसक्ति त्यागकर करे कर्म वेद अनुसार।
सदा समत्व का बोध हो कर्मयोग यही सार।18।

भौतिक जगत की त्रिगुण प्रकृति। सत्व रज तम कहे विभूति।।
त्रिगुण कार्यरूप भोग अरू साधन। वेद करे जिनका प्रतिपादन।
भौतिक आसक्ति त्रिगुण जाया। हर्ष–शोक द्वन्द्व त्रिगुणमाया।।
आसक्ति हो मनद्वन्द्व के कारण। करे मनुज योग–क्षेम धारण।।
अप्राप्त प्राप्ति योग कहे लोगा। भौतिक सकल संचय संयोगा।।
भौतिक संचित रक्षा आसक्ति। क्षेम व्यर्थ व्यतीत जन शक्ति।।
गुड़ाकेश सकल आसक्ति छोड़ो। योग क्षेम से अपि मुख मोड़ो।।

निजमन निर्द्वन्द्व कर प्रभुअधिना। अन्तर्मोह तजि बन स्वाधीना।।
पार्थ कहो कूप का क्या आशय। जब समीप पुर्णशुद्ध जलाशय।।
वेद कूपसम ब्रह्मज्ञान है पुस्कर।ज्ञान अविनाशी भौतिकता नश्वर।।

दो0—कर्म क्रिया वर्तमान का इसलिए इसपर अधिकार।
कर्मफल भविष्य गर्भ बसे नहीं जान सके संसार।19।
दो0—कर्म कभी छोड़ो नहीं करी चिन्तन फल आश।
फल आसक्ति को तजो न रखो विशेष अभिलाष।20।
दो0—कर्म सिद्धि की खुशी नहीं न विकल कर्म अवरोध।
समभाव कर्मफल में रहे पार्थ समत्व यही बोध।21।

दीन कृपण फल हेतु विचारे। सकाम कर्म करे भय के मारे।।
क्षणिकयोग यह भौतिक संचय। नित्ययोग समबोध धनंजय।।
कर्मफल में न कबहूँ आसक्ति।समत्व बोध की यही शक्ति।।
दूर रखहूँ सदा अवर जो कर्मा। चैतन्य योग ही पार्थ है धर्मा।।
करहूँ समर्पण चित प्रभुपाही। दुःखसुख कछु उर राखउ नाहीं।।
करहूँ कर्म सम बोध उरधारी।कर्मयोग सकल जगत हितकारी।।
करे कर्म हो समबोध युक्ता। एही लोक में हो पाप मुक्ता।।
कर्मकुशलता पार्थ कर्मयोगा। करे कर्मबन्धन से जो वियोगा।।
आसक्ति पुनर्जन्म का कारण। ईच्छाबस तन करे जीव धारण।।
समत्व बुद्धि रखे यदि जगप्राणी। हो कर्मफल आसक्ति हानि।।
आसक्तिहीन कर्मयोग की युक्ति। पाये जनम मरण से मुक्ति।।

दो0—कर्म तेरा कर्तव्य है वर्तमान हेतु अनिवार्य।
फल चिन्ता छोड़कर करो आवश्यक कार्य।22।
दो0—कर्मफल चिन्तन भविष्य का क्यों बने कर्म आधार।
भविष्य पर ना अधिकार कभी करो सत्य स्वीकार।23।
दो0—समत्वबोध का शरण ले कर्मबन्धन मुक्ति उपाय।
कर्मकुशलता योग परम सत्कर्म सदा करवाय।24।

समबुद्धि पार्थ जब बने सहारा। बुद्धि करे तब मोह पंक पारा।।
भोग कथित इहलोक परलोका। कर्मफल वैराग्य मिटाये शोका।।
तब बदले लौकिक दृष्टिकोणा। पार्थ सुनो जग में जो सलोना।।
भविष्य सुना—जाना जो लौकिक। दृष्टिकोण बनजाये अलौकिक।।
लोक वचन अति भाँति विभाँति। मन विचलित करे दिन राती।।

विचलित मन समबुद्धि स्थिरा। शाँत मनुज ना होय अधीरा।।
धीर मन प्रतिफल है योगा। नित्य आत्म परमात्म संयोगा।।
पार्थ कहे मम् सखा विलक्षण। बतलायें स्थितप्रज्ञ लक्षण।।
कैसे करत स्थितप्रज्ञ संवादा। कैसे करे कर्म निर्बाही मर्यादा।।
कैसे फिरे कैसे हो स्थिरा। समबुद्धि मनुज कैसे सहे पीरा।।

दो0—भौतिक कामना त्याग करे रखे आत्म संतोष।
धनंजय स्थितप्रज्ञ वहीं जा उर भय न रोष।25।

न उद्वेग कभी शूल के पाये। न हर्षित जो सिद्धि मिल जाये।।
भयराग मुक्त जाके व्यवहारा। स्थितप्रज्ञ वहीं कहे मुनि विचारा।।
जाके शुभाशुभ सकल उदासीना। वहीं स्थितप्रज्ञ ज्ञानी प्रवीणा।।
न द्वेष रखे न करे कभी निन्दा।स्थितप्रज्ञ लक्षण कहत् मुनिन्दा।।
जिमी कछुआ निज अंग सिकोड़े। योगी तिमि विषय मुख मोड़े।।
यदि हो इन्द्रिय विषय से मुक्ता। तौ निश्चित चित शाँतियुक्ता।।
इन्द्रिय विषय आसक्ति त्यागा।स्थितप्रज्ञ वहीं पाय सौभागा।।
योगी करे परमात्म साक्षात्कारा।मिटे आसक्ति यही सिद्धविचारा।।
उत्तेजन प्रथमन इन्द्रिय लक्षण। इन्द्रजीत सदा आसक्ति भक्षण।।
नाश न जाके फल आसक्ति। इन्द्रिय बलात् हरे संकल्पशक्ति।।

दो0—इन्द्रिय सकल बस करी परमात्मा का धरी ध्यान।
बुद्धि जब हो स्थिर तो सुख—दुख लगे समान।26।
दो0—यदि चिन्तन हो विषय की उत्पन्न हो आसक्ति।
आसक्ति कामना प्रकट करे हो अधीर तव व्यक्ति।27।
दो0—कामना पूर्ति विघ्न पड़े तो प्रज्जवलित हो क्रोध।
क्रोध भ्रमित करे स्मृति उत्पन्न विचार अवरोध।28।

बुद्धिनाश सकल मनद्वन्द्व करावे। उचित अनुचित विचार भरमावे।।
जाके इन्द्रिय द्वेष राग विमुक्ता। नियंत्रित सर्वदा हो बुद्धियुक्ता।।
करे मनुज प्रकट स्पष्ट विचारा।परमात्मा कृपा अपि अपरंपारा।।
पार्थ सन्तुष्ट यदि अन्तर भावा। हृदय सकल हो शूल अभावा।।
कर्मयोगी सदा रहे प्रसन्नचिता। रहे बुद्धि सदा परमात्म स्थिता।।
जो जन इन्द्रिय मन नही जिता। कैसे करे जग कर्म पुनिता।।
इन्द्रियबस बुद्धि नही निश्चिता। विमुख भाव स्थिर नही चित्ता।।
अस्थिर चित्त जन्में उलझन भ्रान्ति।असमानव जग पाये अशान्ति।।

शान्तिरहित जगसुख नही पावे। दुखी मनुज अपि जगभरमावे।।
विषयविचरण बुद्धि हरे कैसे।बुड़त जलयान तुफान में जैसे।।

दो0—सम्पूर्ण कामना त्याग करी रखे आत्म विश्वास।
न हो मृत्युभय विचलित न छोड़े जीवन आश।29।
दो0—कामना ही दुःख मूल है हो जीव इन्द्रिय अधीन।
जाके इन्द्रिय बस नही तो कैसे मनुज स्वाधीन।30।

जाके इन्द्रिय विषय पर निग्रह। पाये वह स्थिरमति अनुग्रह।।
पावन नश्वर लौकिक भोगा। सकल दिवस विचरे जगलोगा।।
चेष्टा करत सकल मुनिवृन्दा। मिले आनन्द मिटे जगद्वन्द्वा।।
परम विज्ञान स्वरूप परमेश्वर। भौतिक जग हर वस्तु नश्वर।।
दिवा करत सब लौकिक संचय। निशा करे योगक्षेम हेतु व्यय।।
संसारिक मनव हेतु जो रात्रि। स्थितप्रज्ञ हेतु निशा योगधात्री।।
वारिधी समात जिमि तारिणी निरा।जलधी कबहूँ का होय अधिरा।।
वारिधी सरिता मिलन के भाँती। भोग स्थितप्रज्ञ नहीं सताती।।
जाको नही भौतिक भोग सतावे। जग वहीं मनुज मनशाँति पावे।।
कामना छाड़ी करे जगहिता।मिटे मोहशूल मिली शाँतिपुनिता।।

दो0—स्पृहारहित ममतारहित अहंकार रहित जो लोग।
शान्ति रहे मन में सदा विचलित करे ना भोग।31।
दो0—योगी प्राप्त करे ब्रह्मको यदि मोह दूर हो जाये।
प्रयाणकरी जा ब्रह्ममिले ब्रह्मानन्द सुख पाये।32।

।। इति द्वितीय अध्याय।।

श्रीमद्भगवद्गीता द्वितीय अध्याय

भावार्थ

श्रीमद्भगवद्गीता के द्वितीय अध्याय को सांख्य योग के नाम से जाना जाता है । भारतीय गूढ़ ज्ञान के सांकेतिक भाषा में व्याख्या को सांख्य कहते हैं सांख्य = सांकेतिक+व्याख्या, कई विद्वान् गूढ़ ज्ञान को संख्या के भाषा में व्यक्त करने को सांख्य कहते हैं ,जैसे 1 ब्रह्म का प्रतिनिधित्व करता है, तो सहस्त्र अनगिणत का प्रतिनिधित्व करता है, इस अध्याय में कुल ७२ श्लोक हैं । अध्ययन के सुविधा के लिए इसे ५ भागों में बांटा जा सकता है।

*1. **अर्जुन की कायरता (श्लोक 01–10) :–** जैसा की हम प्रथम अध्याय में जान चुके हैं कि, अर्जुन स्वजनों को देखकर युद्ध नही करना चाहते और रथ के पिछले भाग में बैठ जाते हैं । संजय धृतराष्ट्र से कहते हैं कि, व्याकुल अर्जुन की आँखों में अश्रु को देखकर भगवान श्री कृष्ण कहते हैं , हे अर्जुन! तुझे असमय मोह क्यों उत्पन्न हो रहा है। इस प्रकार का आचरण श्रेष्ठ पुरुष नहीं करते। तथा इस प्रकार के आचरण से न तो कृति ही प्राप्त होती है ,और न ही स्वर्ग की ही प्राप्ती होती है। इस प्रकार के आचरण को नपुंसकता (पुरूषार्थहीनता) कहा जाता है। इस प्रकार का आचरण तुम्हारे लिए उचित नही है। इसलिए ह्रदय की दुर्बलता का त्याग करके युद्ध के लिए उठ खड़े हो जाओ।*

श्री कृष्ण के इन वचनों को सुनकर अर्जुन कहते हैं , हे कृष्ण! गुरु द्रोण, भीष्म पितामह आदि मेरे पूजनीय हैं , उनको मारकर खून से सने राज भोगने से अच्छा है कि, मैं भिक्षाटन करूँ। हम यह भी नही जानते की युद्ध में किसकी विजय होगी। धृतराष्ट्र के पुत्र भी तो मेरे भाई ही हैं , इन्हे मारकर सुख की कल्पना भी नहीं की जा सकती है। मैं अनिर्णय के स्थिति से ग्रस्त हो गया हूँ , मुझे धर्म के बारे में अधिक जानकारी नहीं है। अतः मैं आपकी शरण मे हूँ , आप बताएं कि मेरे लिए कल्याणकारक क्या है। क्योंकि धन–धान्य सम्पन्न देवतुल्य निष्कण्टक राज में भी मैं वह खुशी नहीं देख पा रहा हूँ , जो मेरी इन इन्द्रियों को सुखाने वाले शोक को दूर कर सके। संजय ने धृतराष्ट्र को बताया कि अर्जुन स्पष्ट रूप से यह कहकर चुप हो गये कि मैं युद्ध नहीं करूँगा।

(भगवान वेद –व्यास ने मानव धर्म के गूढ़ विषय को जनसाधारण को समझाने के लिए अर्जुन की व्याकुल अवस्था को ह्रदय की दुर्बलता बताते हुए , श्री कृष्ण द्वारा प्रदत ज्ञान के माध्यम से जीवन के मौलिक सिद्धान्तों का संकलन बहुत ही रोचक ढंग से किया है। इसलिए श्री कृष्ण, अर्जुन के अश्रुपूरित नेत्रों को देखकर अर्जुन से कहते हैं , कि अर्जुन का आचरण समयानुरूप नहीं है। युद्धक्षेत्र में इस प्रकार का आचरण योद्धाओं के लिए नपुंसकता माना जाता है। परन्तु अर्जुन पर श्री कृष्ण के इस वचन का कोई प्रभाव नहीं पड़ा, क्योंकि मोहवश वह मानव जीवन के मुलभूत महासिद्धान्त को नहीं समझ पा रहे थे। इसलिए श्री कृष्ण आगे जीवन का मुलभूत शाश्वत महासिद्धान्तों के बारे में बताते हैं।)

*2. **जीवन का प्रथम मुलभूत शाश्वत महासिद्धान्त–आत्मा की अमरता(श्रीमद्भगवद्गीता श्लोक ११–३०):–**इसके बाद श्री कृष्ण हॅसते हुए अर्जुन से कहने लगे,हे अर्जुन! तु तो पण्डितों जैसी बात कर रहा है , परन्तु तुम उनके लिए शोक कर रहे हो जो शोक के लायक ही नहीं हैं। क्योंकि ऐसा कोई काल नही था ,जब मैं ,तु या ये राजा लोग नही थे। या ऐसा भी समय नही होगा,जब हमलोग नही रहेंगे। जैसे जीव को बचपन, जवानी,तथा बुढ़ापा आदि प्राप्त होता है, उसी प्रकार जीवात्मा को शरीर प्राप्त होता है। जैसे लोग सर्दी –गर्मी को सहन करते हैं । उसी प्रकार सुख–दुःख को सहन करना चाहिए। क्योंकि ये सब कुछ अनित्य है ,ये आते–जाते रहते हैं । सुख दुःख इन्द्रिय और उनके विषय के संयोग से प्राप्त होते हैं । जब शरीर और इन्द्रिय ही नित्य नहीं है , तो सुख–दुःख नित्य कैसे हो सकते हैं। यथार्थ के प्रमाण का कोई अभाव नही है। तथा अनित्य वस्तुकी कोई सत्ता नही है। नाशरहित संसार में केवल आत्मा ही है, जो सम्पूर्ण दृश्यवर्ग में व्याप्त है। सारा दृश्य वर्ग नाशरहित जीवात्मा का ही शरीर है। शरीर नाशवान है, जीवात्मा नहीं , इसलिए तु युद्ध कर। जीवात्मा न तो मरती है, और न ही मारती है, यह न तो जन्म लेती है और न तो मरती है। यह तो शाश्वत है,जैसे मनुष्य अपने पुराने कपड़े को त्यागकर नया कपड़ा धारण करते हैं ,ठीक वैसे ही जीवात्मा पुराने शरीर को छोड़कर नया शरीर धारण करती है। इसे न तो शस्त्र काट सकते हैं,न तो वायु सुखा सकती है, न आग जला सकती है , और न तो पानी गला सकती है। जीवात्मा तो अगोचर शाश्वत एवं विकाररहित है।*

(आत्मा की अमरता एवं अखण्डता भारतीय सनातन धर्म में जीवन का पहला मुलभूत शाश्वत सिद्धान्त है ,जो सनातन धर्म का मौलिक आधार है। पृथ्वी पर प्रचलित कई मत शरीर में जीवात्मा की उपस्थिति को स्वीकार नहीं करते परन्तु वे अपने मत के अनुरूप जीवात्मा की अनुपस्थिति का कोई सर्वमान्य तर्क भी नहीं दे पाते हैं, क्योंकि जीवात्मा अभौतिक है, ऐसी स्थिति में यह सांसारिक या भौतिक तर्कों से परे है। भगवान श्री कृष्ण को भी प्रतीत होता है, कि आत्मा जैसे अभौतिक संज्ञा साधारण लोगों के समझ में नही आ सकती, अतः वे अर्जुन को समझाने के लिए भौतिक परिपेक्ष्य प्रस्तुत करते हैं ।)

श्री कृष्ण कहते हैं ,हे पार्थ ! अगर तुम यह मानते हो कि जीवात्मा का जन्म और मरण होता है। तो भी शोक का कोई कारण नही बनता है, क्योंकि

जन्म से पहले भी यह शरीर नही रहता है, तथा मृत्यु के बाद भी शरीर नही रहेगा, तथा जन्म और मरण दोनों निश्चित तथा निरूपाय है। अतः जिसपर हमारा नियंत्रण ही नहीं है, वह अपना कैसे हो सकता है। आत्मा आश्चर्यजनक है, इसके स्वरूप को कोई नही जान पाता ,क्योंकि आत्मा सर्वव्यापी परमात्मा का ही अंश है , यह सभी के शरीर में विद्यमान है। इसलिए तुम्हें शोक नही करना चाहिए।

(किसी भी जीव के शरीर का मृत्युलोक – भौतिक संसार में जन्म और मरण दोनों ही निश्चित है, किसी का इसपर अधिकार नहीं है। इस दृष्टिकोण से भी केवल शरीर ही जन्म से मरण तक सदा बदलता रहता है , तो एक प्रश्न उठता है कि इस शरीर को धारण करने वाला कौन है ? शरीर धारण करनेवाले इसी अभौतिक की संज्ञा आत्मा है। इसलिए आत्मा पर कोई भी भौतिक सिद्धान्त लागू नही होता ।)

3. ***जीवन का द्वितीय मुलभूत शाश्वत महासिद्धान्त –स्वधर्म का पालन (श्लोक ३१–३८)*** *:–आगे भगवान श्री कृष्ण कहते हैं कि, हे पार्थ अगर तुम आत्मा की अमरता को नही समझ पा रहे तो तुम अपने स्वधर्म को देखो। तुम क्षत्रिय हो और क्षात्र धर्म अन्याय से लड़ने का ही है। अतः धर्मयुद्ध तेरा पावन कर्तव्य है। भाग्यशाली क्षत्रिय को ही धर्मयुद्ध में भाग लेने का मौका मिलता है। अतः अगर तुम अपने धर्म के अनुरूप धर्मयुद्ध नही करोगे, तो अपनी कीर्ति खोकर पाप के भागी बनोगे।*

(प्रत्येक जीव अपने प्रकृति के अनुसार गुण धारण करने की क्षमता होती है , जिसे स्वधर्म कहते हैं। साधारण लोग परमात्मा की कृपा दृष्टि पाने के लिए अपनाये जाने वाले मार्ग अथवा पंथ को धर्म मान बैठते हैं। परन्तु धर्म मार्ग नहीं है ,यह तो प्रकृति गुण को धारण करने की क्षमता है। धर्म का नाम आते ही पाप –पुण्यकी बात मन में आती है। स्वधर्म के अनुरूप कर्म पुण्य की श्रेणी में आता है, जबकि स्वधर्म के विपरीत कर्म करना पाप की श्रेणी में आता है। भगवान श्री कृष्ण आत्मा की अमरता के बारे में बतलाने के उपरांत क्षत्रिय धर्म के बारे में अर्जुन को याद दिलाते हैं । लेकिन धर्म भी अभौतिक है, अतः आगे श्री कृष्ण सांसारिक परिस्थियों के परिपेक्ष्य में अर्जुन को उसके कल्याणकारी कर्तव्य को समझाते हैं।)

भगवान श्री कृष्ण अर्जुन से कहते हैं, अगर धर्मजनित पुण्य–पाप की बात भी छोड़ दें, तो भी युद्ध छोड़ने से तुम्हारी अपकीर्ति सारे संसार में फैलेगी, और सम्मानित लोगों के लिए अपकीर्ति मरण से भी अधिक दुःखदायी होता है।

लोग तुझे शान्ति स्थापित करने हेतु युद्ध छोड़नेवाला नही समझेंगे, बल्कि वे यह मानेंगे की तुम भय के कारण युद्ध छोड़ रहे हो। जब तेरे वैरी लोग तेरी निन्दा करेंगे तो तुम्हे बहुत अधिक दुःख होगा। इसलिए हे पार्थ तुम युद्ध करो इसी में तुम्हारा कल्याण है, क्योंकि अगर तुम धर्मयुद्ध में मारे जाओगे तो तुम्हें स्वर्ग की प्राप्ति होगी। और अगर तुम युद्ध जीत जाते हो तो पृथ्वी का राज भोगोगे। हे पार्थ ! अगर तुम जय–पराजय, लाभ– हानि,सुख –दुःख सबको समान समझकर युद्ध करोगे तो तुम पाप के भागीदार नही बनोगे।

(सांसारिक बातें अनुभवजन्य होती हैं, जिसका प्रभाव साधारण मनुष्य पर आसानी से परिलक्षित होता है। अतः श्री कृष्ण अर्जुन को सांसारिक बातें समझाते हुए उसे यह विश्वास दिलाने की कोशिश करते हैं,कि स्वधर्म का पालन करनेवाला पाप का भागीदार नही होता है।)

4. जीवन का तृतीय मुलभूत शाश्वत महासिद्धान्त – निष्काम कर्म (श्लोक ३९–५३) *:– भगवान श्री कृष्ण अर्जुन से कहते हैं, हे पार्थ! ये पूर्वोक्त बाते ज्ञान की बाते हैं, जो प्रत्यक्ष रूप से प्रकट नही होती हैं । इसलिए अब मैं तुझको कर्म के विषय में बताता हूँ, जो आसानी से समझ में आनेवाला है। तथा इसे समझने के बाद पापकर्म और पुण्यकर्म के प्रति तुम्हारी विचारधारा बदल जायेंगी। अर्थात् तुम कर्मबन्धन से मुक्त हो जाओगे, क्योंकि कर्म के साथ पाप–पुण्य का समावेश ही कर्मबन्धन का कारण है। किसी भी कर्म को करने के लिए कर्मप्रेरणा की प्राथमिक भूमिका होती है। कर्मप्रेरणा को कर्म का बीज माना जाता है। धर्मग्रन्थों के अनुसार किसी भी कर्म के उपरांत फल तो प्राप्त होता ही है। परन्तु फल के प्रति आसक्ति ही कर्मदोष अथवा पाप का कारण बन जाता है। निष्काम कर्म करने से कर्म के आरम्भिक बीज अर्थात् कर्म प्रेरणा का नाश नही होता, साथ ही साथ कर्मफल से आसक्ति का नाश होने के कारण कर्मफल रूपी दोष का अभाव होता है। निष्काम कर्म का थोड़ा सा भी अभ्यास पाप–पुण्य रूपी महान भय से रक्षा कर लेता है। निष्काम कर्म में बुद्धि निश्चयात्मिक हो जाती है।*

(निश्चयात्मक बुद्धि से किया जानेवाला स्वधर्मानुरूप कर्म करने के समय ही अति आनन्द प्राप्त होता है। इसलिए कर्म करनेवाले को कर्मफल से प्राप्त होने वाले आनन्द के प्रति कोई विशेष रूचि नही होती है, इस प्रकार का काम ही निष्काम कर्म कहलाता हैं । उदाहरण के लिए किसी गायक को अपने गायन के दौरान ही इतना आनन्द प्राप्त होता है कि, उसे गायनोपरांत

प्राप्त होनेवाले श्रोताओं से प्राप्त सम्मान के प्रति विशेष रुचि नही होती है। इस अवस्था में गायक के लिए गायन निष्काम कर्म है , निष्काम कर्म ही आनन्द की अनुभूति देता है। निष्काम कर्म करनेवाले को कर्मयोगी कहते हैं जिसकी आसक्ति कर्मफल के प्रति होती ही नही है।)

अगर बुद्धि निश्चयात्मक नहीं हो तो बुद्धि अनन्त दिशाओं में अग्रसर होने की कोशिश करती है। कई वैदिक ग्रन्थों में त्रिगुण प्रभावित फलप्रशंसक बातें कही गई है। इससे मतिभ्रम की संभावना भी रहती है। क्योंकि इससे चित्त भोगों के प्रति आसक्त हो जाता है। फल प्रशंसक कई वैदिक ग्रन्थ स्वर्ग में भी भौतिक भोगों की भरमार बताते हैं, जिसके कारण विचलित बुद्धि के लिए स्वर्ग परमप्राप्य लगने लगता है। परन्तु कर्मयोगी के लिए कर्मफल में आसक्ति नही होने के कारण वे इन फलप्रशंसक बातों में उलझकर बुद्धि को अनन्त दिशाओं में नहीं भटकाते हैं। जिससे बुद्धि एकाग्र रहती है ,तथा बुद्धि योग (अप्राप्त की प्राप्ति) तथा क्षेम (प्राप्त वस्तुकी रक्षा) के चक्कर में नही फँसता, जिसके कारण उनका अन्तःकरण स्वाधीन रहता है। जिससे वह शाश्वत सत्य अर्थात् ब्रह्म को जान पाता है। तथा ब्रह्म को जानने वाले के लिए वेद का प्रयोजन उतना ही रहता है, जितना बड़े सागर के सामने एक छोटे जलाशय का। ***परम सत्य यही है कि हम सबका केवल कर्म पर अधिकार है, कर्मफल पर नही क्योंकि कर्म वर्तमान का विषय है, और कर्मफल भविष्य का विषय है। तथा भविष्य पर किसी का अधिकार हो ही नहीं सकता है। सिद्धि – असिद्धि में समान बुद्धि वाला बनकर कर्म करना ही कर्मयोग है।*** *समबुद्धि मे हीं सकल रक्षा का उपाय है, जब समबुद्धि से कर्तव्यकर्म किया जाता है। तो पाप पुण्य के बन्धन अथवा कर्मबन्धन से मुक्ति प्राप्त हो जाती है। इससे जन्म मरण के बन्धन से भी मुक्ति मिल जाती है। जिस काल में मनुष्य की बुद्धि समत्व भाव से एकाग्र हो जाती है, उसी समय मनुष्य मोह रूपी दलदल से मुक्त हो जाता है। उसकी बुद्धि स्थिर हो जाती है। वह कभी भी कर्तव्य कर्म करने से विचलित नही होता है। ऐसा माना जा सकता है, कि कर्मयोगी का उसके कर्तव्य कर्म के कारण नित्य परमात्मा से मिलन होता है। जिसके कारण वह प्रत्येक परिस्थिति में अपने कर्तव्य कर्म से अविचलित रहता है।*

(इस प्रकार भगवान श्री कृष्ण ने अर्जुन को जीवन के तीन मुलभूत सिद्धान्तों को बताते हुए अर्जुन के लिए युद्ध को ही कल्याणकारी बताते हैं। क्योंकि जीवन के मौलिक सिद्धान्तों के अनुसार, शरीर नश्वर हैं, स्वधर्म कर्मप्रेरणा

का श्रोत है, तथा स्वधर्म के अनुरूप किया जानेवाला कर्तव्य कर्म अथवा निष्काम कर्म पाप–पुण्य के परिधी के परे है।)

5. **सनातन धर्म की पराकाष्ठा – स्थिरबुद्धि होना (श्लोक ५४–७२):**–अब अर्जुन को कर्मयोग समझ में आने लगा है, अतः वे कर्मयोगी की सर्वोत्तम अवस्था स्थिरबुद्धि की पहचान को वह समझना चाह रहे हैं। इसलिए वे श्री कृष्ण से स्थिरबुद्धि होने का लक्षण को जानना चाहते हैं , और पूछते हैं कि, स्थिरबुद्धि के क्या लक्षण हैं ? वह कैसे बोलता है? वह कैसे बैठता है? तथा वह कैसे चलता है? इत्यादि।

तदोपरांत भगवान श्री कृष्ण , अर्जुन से स्थिरबुद्धि के बारे में विस्तार से बताते हैं। भगवान श्री कृष्ण कहते हैं कि स्थितप्रज्ञ की कर्मफल रूपी सारी कामनायें समाप्त हो जाती है , इसलिए वह सदा संतुष्ट रहता है , वह भय और क्रोध से मुक्त होता है , तथा दुःख में परेशान नही होता है ,साथ हीं साथ खुशी में अति उत्साहित भी नही होता है। वह इस संसार के अच्छे और बुरे के चक्कर में नही पड़ता है, तथा वह न ही किसी की निन्दा करता है, और न ही किसी की स्तुति करता है , स्थिरबुद्धि अपनी इन्द्रियों को इन्द्रियों के विषयों से अलग करने में उसी प्रकार सक्षम है, जैसे कछुआ अपने अंग को सिकोड़ कर अपने को बाहरी वातावरण से अलग कर लेता है। कई योगी अपनी इन्द्रियों पर अधिकार करके विषय मुक्त तो हो जाते हैं, परन्तु वे आसक्ति मुक्त नही हो पाते। लेकिन कर्मयोगी विषय मुक्त के साथ–साथ आसक्ति मुक्त भी हो जाते हैं, क्योंकि वे इन्द्रिय विषयों से मिलने वाले आनन्द से ज्यादा आनन्द आसक्तिहीन होकर प्राप्त करते हैं। तो फिर उन्हें इन्द्रिय विषयों से मिलनेवाले आनन्द की आवश्यकता ही महसूस नही होती है।

(काम–क्रोध, ईर्ष्या –द्वेष, सुख–दुःख आदि इन्द्रियों के कारण मन को प्राप्त होनेवाली अनुभूति है। परन्तु स्थिरबुद्धि अपने मन तथा इन्द्रियों पर नियंत्रण करने में सक्षम होते हैं,साधरण लोग कुछ प्रयास करके अपना नियंत्रण इन्द्रियों के विषय पर तो कर लेते हैं ,परन्तु वे फल आसक्ति से मुक्त नही हो पाते। जबकि स्थितप्रज्ञ फल आसक्तिमुक्त भी रहते हैं।)

जो आसक्त होते हैं,उनकी बुद्धि इन्द्रिय द्वारा बलात् हर ली जाती है। तथा उनके यत्न करने पर भी वे इन्द्रियों पर नियंत्रण नही कर पाते हैं । इसलिए हे पार्थ! स्थितिप्रज्ञ जब परमात्मा का ध्यान करते हैं, तो वे इन्द्रियों पर अधिकार करने के साथ–साथ आसक्ति मुक्त भी हो जाते हैं ।

जब मनुष्य इन्द्रियों के विषयों के बारे में सोचता है, तो उसे उस विषय से आसक्ति हो जाती है। इस आसक्ति के कारण कामना या काम उत्पन्न होता है। जब कामना की पूर्ति में कोई रूकावट आती है, तो क्रोध उत्पन्न होता है। क्रोध बुद्धि को ढक लेता है, और बुद्धि के ढकने से मतिभ्रम उत्पन्न हो जाता है। मतिभ्रम के कारण बुद्धि ठीक से काम नहीं कर पाती है। और जब बुद्धि ठीक से काम नही करती, तो बौद्धिक पतन शुरू हो जाता है। लेकिन जो व्यक्ति अनासक्त होता है। वह अपने इन्द्रियों को नियंत्रित कर लेता है, फलस्वरूप वह मतिभ्रम की स्थिति में नही आता है, और उसकी बुद्धि मुक्ति की और अग्रसर होती है, तथा इस स्थिति में उसे परमात्मा की दया प्राप्त होती है। इससे वह प्रत्येक स्थिति में सन्तुष्ट रहता है, तथा उनका ध्यान परमात्मा में स्थिर हो जाता है। परन्तु जिनका ध्यान परमात्मा में नही लगता वे प्रायः अशान्त रहते हैं, जिसके कारण वह सुखी नही रह पाते हैं, क्योंकि बिना शान्ति के सुख की कल्पना भी नही की जा सकती है। अशान्त मन बुद्धिमता को उसी प्रकार हर लेता है, जैसे अशान्त समुद्री विक्षोभ समुद्र में चलने वाले नाव को। अतः जिनकी इन्द्रियाँ नियंत्रण में है,उसकी बुद्धिमता हमेशा बनीं रहती है।

(आसक्ति, पूर्व में प्राप्त इन्द्रिय सुख की कामना को कहते हैं , आसक्ति के कारण ही मन में कामना उत्पन्न होती है, कामना की पूर्ति नही होने कारण क्रोध उत्पन्न होता है। क्रोध में बुद्धि को हरने की क्षमता होती है इसलिए क्रोध की स्थिति में किसी भी काम के बारे में लिया जानेवाला निर्णय नुकसानदेह होता है। स्थितप्रज्ञ आसक्ति से मुक्त होता है। इसलिए वह स्वधर्मानुरूप कर्तव्यकर्म सजग होकर करता है।)

साधारण लोग भौतिक सुख की प्राप्ति के लिए जागते हैं ,और भौतिक सुख हेतु की गई मेहनत के थकान से उबरने के लिए लिए सोते हैं ,लेकिन ठीक इसके विपरीत जितेन्द्रीय परमानन्द की प्राप्ति के लिए जागते हैं,एवं भौतिक सुख से अनासक्त होने के कारण वे उसपर ध्यान ही नहीं देते। इसलिए कहा जाता है, कि जब साधारण लोग सोते हैं, तो कर्मयोगी जागते हैं एवं जब साधारण लोग जागते हैं तो कर्मयोगी सोते है।

(कर्मयोगी और साधारण मानव में विशेष अन्तर यही है कि, साधारण लोग कर्म के उपरांत प्राप्त कर्मफल के भौतिक सुख को परम प्राप्य मानते हैं,जबकि कर्मयोगी की रुचि अपने कर्म में होती हैं, कर्मफल में उसकी रुचि नही होती है।अतः एक ही कर्म करने पर भी दोनों का लक्ष्य अलग—अलग

होता है।इसलिए ऐसा कहा जाता है कि दोनों का जागने और सोने का समय अलग–अलग होता है)

जो व्यक्ति लगातार उत्पन्न होने वाली इच्छा से उसी प्रकार विचलित नही होता जैसे समुद्र में लगातार आनेवाली नदियों के जल से समुद्र विचलित नही होता है,वैसे लोग हीं परमशान्ति एवं परमानन्द को प्राप्त करते हैं।परन्तु जो लोग अपनी इच्छा की पूर्ति हेतु लगातार संघर्ष करते हैं वे सदा अशान्त एवं दुःखी रहते हैं। अतः जिन्होने इन्द्रियजनित इच्छाओं का त्याग कर दिया है , उनका अहंकार समाप्त हो जाता है। तथा एसे लोग ही परमानन्द प्राप्त कर पाते हैं। हे अर्जुन! यह परमयोगी की स्थिति है। ऐसे योगी अपने अन्त समय में भी विचलित नही होते हैं, एवं आजीवन स्वतंत्र रहने के साथ–साथ मृत्यु के उपरांत भी मुक्त होते है।

(कई वैदिक ग्रन्थ इच्छानुरूप कर्मफल की प्राप्ती हेतु कई कर्मकाण्डों का वर्णन करते हैं। इससे भटककर साधारण लोग अपनें इच्छानुरूप कर्मफल प्राप्त करने के लिए अपने कर्म से विचलित होकर कई इस प्रकार के कर्मकाण्ड एवं अनुष्ठान में लग जाते हैं, इस प्रकार के उपाय सांकेतीक होता है, परन्तु अज्ञानतावश लोग इसे नहीं समझ पातें हैं । जिसके कारण इन उपायों का कोई साकारात्मक फल प्राप्त भी नही होता है। परन्तु कर्मयोगी इन बातों सें कभी विचलित नही होते है।)

तत्व विवेचना

श्रीमद्भगवद्गीता के द्वितीय अध्याय को सम्पुर्ण गीता का सारांश माना जाता है , क्योंकि श्रीमद्भवत्गीता का द्वितीय अध्याय सम्पूर्ण मानव के जीवन सिद्धान्त का आध्यात्मिक विश्लेषण है। साथ ही साथ अधिकतर विद्वान ये मानते हैं,कि गीता उपनिषदों का सार है एवं अधिकतर प्रबुद्ध लोग गीता में समाहित आध्यात्मिक ज्ञान को वैज्ञानिक या दार्शनिक दृष्टिकोण से समझना चाहते हैं। इसके लिए भारतीय ज्ञानकोष के वेदान्त का सहारा लिया जाता सकता है। अतः सम्पूर्ण गीता को समझने के लिए हमें वेदान्त के बारे में कुछ प्रमुख जानकारी की आवश्यकता होती है।

वेदान्त भारत के आध्यात्मिक ज्ञान तथा भारतीय संस्कृति को समझने का अनुपम श्रोत है। जिसमें जीवन से सम्बन्धित विचारों का वैज्ञानिक एवं दार्शनिक विश्लेषण किया गया है। वेदान्त के अनुसार विज्ञान और आध्यात्म के बीच कोई विरोधाभास नही है,बस एक छोटा सा अन्तर है, वैज्ञानिक विश्लेषण केवल भौतिक दृष्टिकोण से होता है, जबकि आध्यात्मिक विश्लेषण

में भौतिकता के साथ–साथ भावनात्मक दृष्टिकोण को भी समाहित होता है। अब हम वेदान्त के प्रमुख विषयों को संक्षेप में समझने की कोशिश करते हैं। वेदान्त मुख्यतः निम्नलिखित पाँच विषयों पर प्रकाश ड़ालता है:–

- परमात्मा–The God
- आत्मा–The Soul
- काल–The Time
- प्रकृति–The Nature
- कर्म–TheAction

❖ **जीवन ऊर्जा का मूल श्रोत – परमात्मा–The God**

मनुष्य ने विज्ञान के क्षेत्र में बहुत तरक्की की है । आज के वैज्ञानिक युग में साधारण भौतिक सिद्धान्त (Classical theory) और क्वान्टम सिद्धान्त (Quantum Theory)दो प्रमुख सिद्धान्त हैं, क्वान्टम सिद्धान्त के प्रणेता मैक्स प्लांक ने अपने एक वक्तव्य में कहा था कि **इस विस्तृत ब्रह्मण्ड़ में कोई एक बिन्दू है जहाँ विज्ञान का कोई सिद्धान्त लागू नही होता है। साथ ही साथ उसके गुणधर्म को तर्क की कसौटी पर भी नही कसा जा सकता है।** आध्यात्मिक दृष्टिकोण से वह बिन्दू है–महाचेतना । जो सूर्य के समान अपने चारों ओर चेतना की किरणों को बिखेरता है। वेदान्त के अनुसार यह महाचेतना ही इस ब्रह्मण्ड़ में जीवन ऊर्जा का मूल श्रोत है। परन्तु यह अमूर्त है। इसी महाचेतना को ईश्वर या परमात्मा कहा जाता हैं ।

भारतीय शास्त्रों में यह बताया गया है, कि ब्रह्मा ब्रह्मांड में सर्वप्रथम प्रकट हुये है। उनसे पहले कुछ भी प्रकट नही था। वे तीन आध्यात्मिक तत्वों से युक्त थे।

- सत् – शाश्वत (समय बन्धन से मुक्त)
- चित् – सर्व ज्ञान युक्त
- आनन्द –सदा चिन्तामुक्त

ब्रह्म ही ब्रह्मांड में प्रकट और अप्रकट सभी चीजों के मूल श्रोत हैं । वे ही सभी कारणों के कारण, वे ही मुख्य कर्ता एवं वे ही नियन्ता भी हैं । मूल रूप से ब्रह्म ब्रह्मांड की परम चेतना है । यह भौतिक ज्ञान से परे है। परन्तु उनके प्रभाव को अनुभव किया जा सकता है। इन्हें ही ईश्वर कहा जाता है।

भारतीय ग्रन्थों में प्रचलित शिव, आदिशक्ति एवं विष्णु को ब्रह्मांडके उत्पत्ति अथवा प्रकट होने से पहले का माना जाता है। अर्थात् उनको सत्–चित्–आनन्द का अमूर्त स्वरूप माना जाता है।

आज के वैज्ञानिक खोजों के आधार पर ब्रह्मांड की शुरुआत के बारे में बहुमान्य सिद्धान्त महाविस्फोट का सिद्धान्त (Big Bang Theory) है। परन्तु इस सिद्धान्त में केवल भौतिक प्रयोगों को आधार माना गया है जबकी संसार मे जीवन भी है जिसमें अभौतिक आत्मा का भी समावेश होता है ।

ऋगवेद के दशम् स्कन्ध के अनुसार ब्रह्मांडकी शुरुआत हिरण्य के अण्डाकार संरचना के दो भागों में बांटने के उपरांत ब्रह्म के प्रकट होने से हुआ है। इसे आध्यात्मिक दृष्टिकोण से महाचेतना प्राकट्य का सिद्धान्त कहते हैं। जिसमें अभौतिक चेतना को भी मान्यता दी गई है । संसार को चैतन्य माना गया है। तथा उस चेतनता का कारण ब्रह्म तत्व है। अतः ब्रह्मा की उत्पत्ति के बाद हीं संसार प्रकट हो पाया ।

ब्रह्मा की उत्पत्ति के उपरांत देवता (दिव्य गुणों से युक्त) प्रकट हुये। जिनके कार्यविभाग अलग–अलग हैं। देवताओं की संख्या को 33 कोटि कही गई हैं। संस्कृत में कोटि शब्द का अर्थ श्रेणी अथवा करोड़ दोनों होता है। जिसके कारण लोगों को विभ्रम उत्पन्न हो जाता है कि, क्या देवताओं की संख्या 33 करोड़ है,या देवताओं को 33 श्रेणी में बांटा गया है।

अथर्ववेद के एक श्लोक(**यस्या त्रयस्यत्रिदशम् देवाः अंगे सर्वसमाहिता**) के अनुसार ईश्वर की आज्ञा से ये 33 देवता संसार को धारण करते हैं । प्रत्येक देवताओं का गुणधर्म अलग–अलग है, इसलिए इन्हें 33 प्रकार के देवता माना जा सकता है।

संसार के किसी भी चैतन्य भौतिक रचना में निम्न अवयवों का होना अत्यावश्यक है।

1.भौतिक आकार 2. आध्यात्मिकचेतना 3. जीवनकाल 4. सतत् विकास 5.प्राकृतिक संतुलन

1.भौतिक आकार :–प्रत्येक भौतिक रचना को आकार देने के लिए ८ मौलिक दिव्य तत्त्वों की आवश्यकता होती है , इसलिए इन दिव्य तत्त्व से युक्त देवताओं की संख्या ८ हैं :–

१. पृथ्वी, २. जल, ३. अग्नि, ४. वायु, ५. अवकाश या आकाश ६. तेज (सूर्य), ७. करूणा (चन्द्रमा) ८. विचार (तारे)

*ये ८ देवता का बास प्रत्येक प्राणियों में होता ही है। इसलिए इन्हें **बसु** नाम से जाना जाता है।*

2.आध्यात्मिक चेतना :–उपनिषदों में एकादश प्राणों (दस इन्द्रियों और एक मन) को **एकादश रूद्र** कहा गया है।प्रत्येक चैतन्य जीव को चेतना से जुड़े रहने के लिए अर्थात् जीवित रहने के लिए एकादश आध्यात्मिक रूद्रों की आवश्यकता होती है यही एकादश रूद्र (दस इन्द्रियों और एक मन) ही सक्रिय जीवन की पहचान हैं ।

3.जीवनकाल :–पृथ्वी पर किसी भी जीव के जीवन काल का निर्धारण पृथ्वी की गति के अनुसार होता है।पृथ्वी की गति के कारण जीव को अलग अलग समय पर अलग अलग ऊर्जायें प्राप्त होती हैं। इसे **१२ आदित्य** के नाम से जाना जाता है।जो पृथ्वी द्वारा सूर्य के एक चक्कर लगाने में लगने वाले समय१२ महीनों को निरूपित करता है।

4.सतत् विकास :–जीवन चक्र को सतत् चलायमान रखने के लिए भोजन की आवश्यकता होती है तथा भोजन के उत्पादन के लिए तड़ित–वर्षा की सबसे अधिक आवश्यकता होती हैं। तड़ित–वर्षा के लिए एक देवता हैं जिन्हें **इन्द्र** कहा जाता हैं ।

5.प्राकृतिक संतुलन :–ब्रह्मांडके किसी भी रचना को पूर्णविनाश से बचाने के लिए प्राकृतिक संतुलन बनाए रखना आवश्यक है। इसके लिए सृष्टि और विनाश की प्राकृतिक प्रक्रिया लगातार चलती रहनी चाहिए। इस विशिष्ट कार्य के लिए जो देवता हैं उन्हें **प्रजापति** की संज्ञा दी जाती हैं ।

इस प्रकार सनातन देवताओं की कोटि ३३ (८+११+१२+१+१) बताई जाती है।

❖ आत्मा–The Soul

श्रीमद्भगवद्गीता के द्वितीयअध्याय में श्लोक ११ से ३० तक जीवात्मा के बारे में बताया गया है। इसके अनुसार सभी जीवित प्राणियों के शरीर में आत्मा का वास होता है। आत्मा अमर है, एवं शरीर मरणशील है। जबतक शरीर में आत्मा का वास होता है। तबतक शरीर जीवित रहता है, अन्यथा शरीर मृत हो जाता है।

वेदान्त के अनुसार आत्मा के मौलिक आध्यात्मिक तत्त्व भी वही है जो परमब्रह्म परमात्मा के हैं (सत्, चित्,आनन्द) । परन्तु परमब्रह्म परमात्मा अनन्त तक विस्तृत है, जबकि आत्मा अति सूक्ष्म है। आत्मा कर्म सिद्धान्त के

अनुसार अलग–अलग योनी का शरीर धारण करती रहती है। वेदान्त के अनुसार जीव की योनि को दो भागों में बांटते हैं:

1. भोग योनी एवं 2. मुक्ति योनी।

मनुष्य योनी को मुक्ति योनी माना जाता है क्योंकि इस योनी में कर्मयोग करके चेतना के स्तर को बढ़ाया जा सकता है, तथा जब आत्मा शरीर को छोड़ती है, तो आत्मा जीवनकाल में प्राप्त चेतना के साथ अपने आगे की यात्रा शुरू करती है। इसी प्राप्त चेतना को श्रीमद्भागवत् में सम्पदा कहा गया है। जन्म से प्राप्त चेतना रूपी सम्पदा के अनुसार जीव का गुण एवं व्यवहार होता है। मानव योनी में चेतना के स्तर को बढ़ाया जा सकता है, इसलिए उच्च चेतना के मनुष्य को लोग ईश्वर की श्रेणी में रखते हैं। उपर्युक्त विवेचना के अनुसार आत्मा एक मौलिक तत्व है, जिसके मुख्य मौलिक अवयव हैं, सत्, चित् और आनन्द है। इसमे चेतना धारण करने की शक्ति होती है , क्योंकि सत्, चित् और आनन्द के संयोग से चेतना ही उत्पन्न होती है। अलग–अलग जीवों में चेतना का स्तर अलग–अलग होता है। पद्मपुराण में वर्णित वैदिक सिद्धान्त के अनुसार चेतना के स्तर के आधार पर 84 लाख प्रकार के जीव–योनी संसार में पाये जाते हैं ,जो इस प्रकार हैं :–

- वनस्पति– 20,00,000
- जल जीव– 9,00,000
- कीट आदि– 11,00,000
- पशु– 30,00,000
- नभचर– 10,00,000
- मानव– 4,00,000

84 लाख योनीयों में मानव सबसे उच्च चेतना स्तर का प्राणी है , मनुष्य को वह क्षमता प्राप्त है, जिससे वह अपने चेतना के स्तर को बढ़ा सके। उसके लिए मनुष्य को कर्तव्यकर्म करना पड़ता है । संसार के सकल प्राणियों और ईश्वर का मौलिक आध्यात्मिक तत्त्व (सत्, चित्, आनन्द) समरूप है, इसलिए भगवान श्री कृष्ण ने आत्मा को परमात्मा का अंश बताते हुए शाश्वत कहा है। श्रीमद्भगवद्गीताके द्वितीयअध्याय में आत्मा के गुणधर्म का वर्णन किया गया है, जिसके अनुसार आत्मा न आग से जल सकती है, न जल से गल सकती है, न वायु से इसे सुखाया जा सकता है, और न ही किसी शस्त्र से नुकसान पहुँचाया जा सकता है। जिस प्रकार देवताओं को दिव्य शक्तियाँ

प्राप्त हैं,उसी प्रकार अन्य जीवों को भी कुछ शक्तियाँ प्राप्त हैं। आत्मा का शरीर धारण करना कारण और प्रभाव के सिद्धान्त पर आधारित होता है।

❖ काल या समय–The Time

ब्रह्मण्डमें सभी पिण्ड़ गतिशील है। किसी भी पिण्ड की गति को मापने के लिए समय का ज्ञान अत्यावश्यक है आधुनिक विज्ञान समय की शुरूआत महाविस्फोट के समय से मानता है, जबकि वेदान्त समय को शाश्वत मानता है, वेदान्त के अनुसार ब्रह्मण्ड की उत्पत्ति और विनाश का चक्र सतत् चलता रहता है, इसलिए ऐसा कोई निश्चित बिन्दू नही है, जिसे ब्रम्हाण्ड के शुरूआत का समय माना जा सके। भारतीय आध्यात्मिक ग्रन्थों में समय का परिचित मात्रक युग है। ब्रह्मा का एक दिन एक हजार महाँयुग के बराबर होता है । तथा ब्रह्मा का एक रात भी एक हजार महाँयुग के बराबर होता है। इस प्रकार ब्रह्मा का एक वर्ष 360 x 2000 महॉयुग अर्थात 720000 महाँयुग के बराबर होता है । ब्रह्मा की आयु 100 बर्ष माना जाता है । अतः ब्रह्मा की आयु 72000000 महाँयुग होता है । एक महायुग 43,20,000 पृथ्वी वर्षों का माना है। जिसके अनुसार ब्रह्मा का जीवनकाल 311.04×10^{12} पृथ्वी वर्ष प्राप्त होता है। ब्रह्म के जीवनकाल में ब्रह्मांड प्रकट अवस्था में रहता है। वैज्ञानिक गणना के अनुसार महा–विस्फोट लगभग 13.8×10^{9}वर्ष पहले हुआ था। जबकि वैदिक मतों के अनुसार ब्रह्मा की आधी आयु बीत चुकी है। तथा सातवें मनु के काल में कलियुग का लगभग 5000 वर्ष बीत चुका है। अर्थात् ब्रह्म लगभग 155.522×10^{12} वर्ष पहले प्रकट हुये थे। अर्थात् अब ब्रह्मांड की शेष आयु लगभग 155.518×10^{12}वर्ष है।

❖ प्रकृति –The Nature

वेदान्त के अनुसार प्रकृति और पुरुष के संयोग से चैतन्य शरीर की रचना होती है। प्रकृति के मूल स्वरूप को आदिशक्ति माना जाता है। एवं चेतना के मूल स्वरूप को पुरुषोत्तम की संज्ञा दी जाती है। परन्तु अद्वैत धारणा के अनुसार प्रकृति और पुरुष अलग–अलग नहीं हैं । श्रीमद्भगवद्‌गीताके अनुसार प्रकृति के दो रूप हैं

➢ **परा प्रकृति** :– यह प्रकृति का अव्यक्त रूप है,जैसे वायु में उपस्थित पवनऊर्जा।

➢ **अपरा प्रकृति** :– यह प्रकृति का व्यक्त या स्थूल रूप है,जैसे शरीर।

जब इन्हीं परा और अपरा प्रकृति में आत्मा के आध्यात्मिक मूल तत्त्व सत्–चित्–आनन्द का समावेश हो जाता है ,तो प्रकृति चैतन्य हो जाती है।

❖ **कर्म–TheAction**

चैतन्य आत्मा का शरीर धारण करने का कोई न कोई कारण अवश्य होता है। तथा जब चैतन्य आत्मा शरीर धारण कर लेती है, तो उसे कर्म करना हीं पड़ता है। भारतीय मनीषियों ने मानव कर्म को तीन प्रकार का बताया है।

- शरीर के पोषण हेतुकर्म।
- चेतना के स्तर को बढ़ाने हेतुकर्म।
- कर्तव्य कर्म – देव ऋण, गुरु ऋण और पितृ ऋण चुकाने हेतु कर्म।

वेदान्त के अनुसार मनुष्य ही एक ऐसा प्राणी है,जो कर्मयोग के द्वारा अपनी चेतना के स्तर को बढ़ा सकता है। जब चेतना का स्तर एक सीमा तक बढ़ जाती है, तो मनुष्य स्थितप्रज्ञ माना जाता है। तथा स्थितप्रज्ञ की अवस्था प्राप्त करने के बाद वह कर्मबन्धन से मुक्त हो जाता है।

उपर्युक्त वेदान्त के मुख्य विषयों के संक्षेपण के उपरांत श्रीमद्भगवद्गीता के द्वितीय अध्याय के प्रसंग पर ध्यान आकृष्ट करने पर एक प्रश्न उठता है कि,भगवान कृष्णअर्जुन के किस प्रश्न के उत्तर के लिए आत्मा, क्षात्रधर्म, कर्मयोग और स्थितप्रज्ञ जैसे गूढ़ विषय को समझाने की कोशिश करते हैं,प्रसंग के अनुसार अर्जुन तो युद्धक्षेत्र में अपने रिश्तेदारों और परिवारवालों को देखकर युद्ध नही करना चाहते थे। तथा इस प्रतिकूल परिस्थिति में वे युद्ध के प्रति भगवान श्रीकृष्ण का मार्गदर्शन चाहते थे। युद्ध के प्रति वह लगभग उदासीन हो गये थे।

इस अध्याय में ध्यान देने वाली बात यह है कि अर्जुन का प्रश्न क्या है ? अर्जुन का प्रश्न है कि युद्ध करना अथवा न करने में क्या उनके लिए कल्याणकारी हैं ?

इस प्रश्न के उत्तर के लिए भगवान ने जीवन के मुलभूत महासिद्धान्त के बारे में बताया, क्योंकि जब कोई भी मनुष्य किसी सिद्धान्त को समझ लेता है, तो वह स्वयं निर्णय लेने में सक्षम हो जाता है। जीवन के तीन मौलिक सिद्धान्त इस प्रकार हैं:–

१. **आत्मा अमर है एवं शरीर नश्वर है।**

आत्मा और शरीर के इस विश्लेषण के उपरांत कई ज्ञानी तर्कदेते हुए कहते हैं कि, श्री कृष्ण के कथनानुसार जब आत्मा अमर है,तो किसी के मारने से कोई मरता ही नहीं, इसलिए अगर अर्जुन युद्ध करते हैं, तो वे जिसके

जीवन के लिए चिन्तित हैं, वह चिन्ता का विषय ही नही है।इसे तर्कसंगत तो माना जा सकता है,परन्तु इसे व्यावहारिक नहीं माना जा सकता है, क्योंकि इस तर्क से तो लोग निजी स्वार्थ के लिए की जानेवाली हत्या को तो हत्या ही नही मानेंगे।

श्रीमद्भगवद्गीता के अध्याय 16 के अनुसार दैवीय सम्पदायुक्त लोग अहिंसा के पोषक होते हैं, तो फिर युद्ध में होनेवाली हिंसा धर्म कैसे हो सकती है ? युद्ध से किसी का भला नही होता है, न तो जीतने वाले का और न ही हारने वाले का। क्योंकि युद्ध सदा विध्वंसक ही होता है। तो फिर श्रीमद्भगवद्गीता में आत्मा के बारे में ज्ञान प्रस्तुत कर बार-बार भगवान श्री कृष्ण द्वारा अर्जुन को युद्ध करने की सलाह देने का औचित्य क्या है ?

कई ज्ञानियों के अनुसार आत्मा के बारे में ज्ञान का युद्ध से कोई लेना देना नहीं है,भगवान श्री कृष्ण ने तो अर्जुन को केवल यह समझाने के लिए आत्मा के बारे में बताया कि, अर्जुन का मोह युद्ध में उपस्थित परिजनों के शरीर के समान नश्वर चीजों से समाप्त हो जाए। आत्मा के ज्ञान का अभिप्राय कभी युद्ध के औचित्य को सही ठहराने का नही है।

२. स्वधर्म का पालन पाप- पुण्य के सीमा से परे हैं ।

व्यावहारिक दृष्टिकोण से सामाजिक जीवन के लिए विध्वंशकारी युद्ध आवश्यक नही है। परन्तु समाजिक अव्यवस्था को रोकने के लिए बल का होना आवश्यक है। श्रद्धेय राष्ट्रकवि रामधारी सिंह दिनकर अपनी विख्यात कविता शक्ति और क्षमा में लिखते हैं किः

> सहनशीलता, क्षमा, दया को तभी पूजता जग है।
> बल का दर्प चमकता उसके पीछे जब जगमग है।
> सच पूछो, तो शर में ही बसती है दीप्ती विनय की।
> सन्धिवचन सम्पूज्य उसी का जिसमें शक्ति विजय की।।

सामाजिक व्यवस्था बनाए रखना ही क्षत्रिय धर्म है, अतः आत्मा के बारे में अपने विचार बतला कर भगवान श्री कृष्ण अर्जुन का नश्वर चीजों के प्रति स्वभाविक मोह से दूर रहने की सलाह देते हैं । इसके उपरांत श्री कृष्ण क्षत्रिय धर्म के बारे में याद दिलाते हैं,जिससे परिस्थिति और स्वधर्म के अनुकूल अर्जुन स्वयं युद्ध करने अथवा नही करने का निर्णय ले सकें ।

३. निष्काम कर्म करने वाले कर्मफल में आसक्त नही होते हैं :-

इसके बाद भगवान श्री कृष्ण अर्जुन को यह बतलाते हैं कि, स्वधर्म के निर्वाह के लिए कर्म करने की आवश्यकता होती है, तथा स्वधर्म के अनुसार एकाग्रचित होकर कर्म करने से वह कर्म ही निष्काम हो जाता है क्योंकि उसे कर्म करने के दौरान ही इतनी आनन्द की अनुभूति होती है कि उसका कर्मफल के प्रति आसक्ति ही नही रहती है । निष्काम कर्म करने वाला मनुष्य स्थितप्रज्ञ अथवा कर्मयोगी कहलाता है।

इन जीवन सिद्धान्तों को समझने के उपरांत अर्जुन जो सरल स्वभाव वाले मानव जाति का प्रतिनिधित्व कर रहें हैं उनमें कर्मयोगी बनने की उत्कण्ठा जाग जाती है । इसलिए इस अध्याय के अंतिम भाग में अर्जुन की जिज्ञासा कर्मयोगी अथवा स्थितप्रज्ञ के व्यावहार आदि के बारे में जानने की होती हैं। तथा भगवान श्री कृष्ण अर्जुन को कर्मयोगी के व्यवहार के बारे में भी बताते है।

श्रीमद्भगवद्गीता के द्वितीय अध्याय की बातें साधारण मनुष्य के लिए आज भी मनुष्य के अन्तर्द्वन्द्व में दिशा निर्देश करने में सक्षम है। जिन्होंने श्रीमद्भगवद्गीताको नही पढ़ी है,वे ऐसा मानते हैं कि श्रीमद्भगवद् गीता सिर्फ आत्मा की बात करती है। परन्तु सत्य तो यह है कि श्रीमद्भगवद् गीता मनुष्य की विपरीत परिस्थियों में सही निर्णय लेने की क्षमता का विकास करती है।

उपसंहार

श्रीमद्भगवद्गीता के प्रथम अध्याय में हम देख चुके हैं कि अर्जुन के मन में एकद्वन्द्व उत्पन्न हो गया हैं कि **युद्ध करना उचित है अथवा नहीं**। इस द्वन्द्व का मौलिक कारण है, कि वे युद्ध के परिणाम की कल्पना करके परेशान हैं कि युद्ध कोई भी हो उसका परिणाम अबलाओं और बच्चों को भुगतना पड़ता है। इस दृष्टिकोण से युद्ध कभी भी कल्याणकारक नही हो सकता है। अतः युद्ध धार्मिक दृष्टिकोण से पाप है, अतः वे अपने सारथी और सखा श्री कृष्ण से कुछ तर्क के बाद सलाह मांगते है कि उनके लिए युद्ध करना उचित है अथवा अनुचित।

भगवान श्री कृष्ण अर्जुन के इसी प्रश्न का उत्तर देते हैं सबसे पहले वे अर्जुनके मानसिक द्वन्द्व का मौलिक कारण धार्मिक मान्यता के तीन मौलिक जीवन सिद्धान्त पर प्रकाश डालते हैं जो भारत में प्रचलित सनातन धर्म रूपी वृक्ष का मूल हैं । सिद्धान्त हैं :

1.आत्मा की अमरता   2. त्रिगुणजनित स्वधर्म   3.निष्काम कर्म

इन तीनों सिद्धान्तों को समझाने के उपरांत वे कर्मयोगी अथवा स्थितप्रज्ञ के लक्षण बतलाते हैं । इससे अर्जुन को सनातन धर्म की मान्यता के तीन मौलिक जीवन सिद्धान्त तो समझ में आ जाती है ,तथा अर्जुन यह भी समझ जाते हैं कि धार्मिक जीवन की पराकाष्ठा हैं स्थितप्रज्ञ होना। परन्तु अर्जुन को यह समझ नही आता कि स्थितप्रज्ञ तो ज्ञानप्राप्त व्यक्ति भी हो सकता हैं, तो श्री कृष्ण, अर्जुन को संन्यास की और प्रेरित न करके युद्ध के लिए क्यों कह रहें हैं ?

अर्जुन के इसी प्रश्न का उत्तर आगे के अध्यायमें श्री कृष्ण द्वारा प्रस्तुत किया गया हैं ।

—ःॐ तत् सत्ः—

मति मम भ्रमित शुभ्रता इच्छा। शिष्य तुम्हार प्रभु दीजै शिक्षा।।

अध्याय –तृतीय
कर्मयोग

श्रीमद्भगवदगीता तृतीय अध्याय एक दृष्टि	
कुल श्लोकोंकी संख्या	४३
कुल श्लोक (श्री कृष्ण)	४०
कुल श्लोक (अर्जुन)	३
कुल श्लोक (धृतराष्ट्र)	0
कुल श्लोक (संजय)	0
मूल विषय	**स्वधर्म**

श्री गणेशाय नमः

श्लोकः

पितासि लोकस्य चराचरस्य,
त्वमस्य पूज्यश्च गुरुर्गरीयान्।
न त्वत्समो सत्यभ्यमधिकः
कुतोन्योलोक त्रयेप्यप्रतिमप्रभाव।।

दो0—अतिभ्रमित अर्जुन भये सुनी ज्ञान कर्म की रीत।
ज्ञान कर्म से श्रेष्ठ तो क्यूं करूं युद्ध विपरीत।1।
दो0— योगेश्वर युक्ति बता हो जामे सकल कल्याण।
शस्त्र उठाकर युद्ध करूं या धरूं प्रभु का ध्यान।।2।।

कह हृषीकेशहे वीर धनुर्धर। ज्ञान कर्म द्वो साधन सुन्दर।।
सांख्ययोगी निज ज्ञान अपनाये। ज्ञान सकल जीव मोक्ष उपाय।।
कर्मयोगी करे कर्म व्यवहारा। कर्म स्थितप्रज्ञ साधन न्यारा।।
प्राणी जो कोई कर्म न करता। कैसे पाये वह निष्कर्मता।।
कर्मत्यागी कभी पाये न सिद्धि। बिना कर्म न अपि ज्ञानबृद्धि।।
परवश जीव प्रकृति के कारण। देह करे प्राकृत गुणधारण।।
रहे नहीं जीव क्षण बिन कर्मा। प्रकृति जनित कर्म जग धर्मा।।
हठीइन्द्रियरोधी विषय मनभारी। वह ढोंगी मूढ़ मति मिथ्याचारी।।
मन रखे यदि इन्द्रिय नियंत्रण। है योगी कर्म सदा शुभमंत्रण।।

कर्म करे निजज्ञान की वृद्धि। बिना कर्म नहीं हो कर्म की सिद्धि।।

दो0—कर्म हेतु है तन मिला कर शास्त्र विहित सतकर्म।
कर्म छाड़ी कल्याण कहाँ ना निर्बहे अपि देहधर्म।4।
दो0—बिना कर्म जग में कोई नहीं हुआ कभी प्रसिद्ध।
कर्म पहचान है जिवन का देव दानव मुनिसिद्ध।5।
दो0—कर्तव्यकर्म है यज्ञसम जो करे आसक्ति विहीन।
कर्तव्यकर्म जो मनुज करे हो कर्मबन्धन क्षीण।6।

कर्तव्यकर्म जाको नही भावा। कर्मबन्धन पड़ी वह पछतावा।।
कहे प्रजापति अतिहित बचना। सयज्ञ किये जबही जगरचना।।
यज्ञ है जगत उन्नति प्रदाता। यज्ञ सदा वांक्षित फल दाता।।
यज्ञ उन्नत करे देव संवृद्धि। देवन्ह करे मनोकामना सिद्धि।।
परस्पर देव मनुज करे वृद्धि। मंगलकारी यज्ञ देत प्रसिद्धि।।
संवृद्धि देव कृपा बिनु अन्तर। पाये जीव सदा वांक्षित वर।।
प्राकृतिक भोग बिनयज्ञ जो पाये। अस मानव हीं चोर कहलाये।।
यज्ञ अवशिष्ट भोग जाको भाये। सब पापन्ह ते मुक्त हो जाये।।
स्वार्थ हेतु बिनयज्ञ जो खाता।जग में वहीं पापी कहलाये।।
सकल प्राणी के अन्न आधारा। अन्न निमित जल वर्षा धारा।।
जगयज्ञ अपि मेघवर्षा कारण। बिना यज्ञ नहीं पाप निवारण।।

दो0—अन्न न उपजे मेघ बिना मेघ हेतु कर यज्ञ।
बिना यज्ञ बस चोर जिये कहे ऋषि मुनि सर्वज्ञ।7।
दो0—ब्रह्म बसतें यज्ञ में रचते विपुल सृष्टी का चक्र।
मूढ़ प्राणि बिन यज्ञ जिये रहे पूर्ण जीवन सुखवक्र।8।

है वेद अविनाशी ब्रह्म संतति। कर्म समुदाय है वेद व्युत्पति।।
व्याप्त सकल जगत सुखराशि। यज्ञ प्रतिष्ठित ब्रह्म अविनाशी।।
यज्ञ करे सृष्टीचक्र अनुकूला। रहे आत्मतृप्त जीवन बिनशूला।।
आत्मरमण संतुष्ट जग जोई। अस मनुज हेतु कर्तव्य न कोई।।
अस मनुज हेतु न कर्म अभिप्राया।अस कर्म देखी जगत भरमाया।।
निःस्वार्थ माने कुटुम्ब वसुधैवा। हो कर्तव्यकर्म परमात्मासेवा।।
गुडाकेश एही सत्य अभ्यंतर। निरासक्त करे जगकर्म निरंतर।।
कर्म अनासक्त की करे बृद्धि। जनकादिक कर्म से पाये सिद्धि।।
कर्तव्यकर्म के लोक गुण गाये। सब शुभअशुभ की शिक्षापाये।।

कर्तव्यकर्म सदा हो भक्तिमय। करो कर्म छाड़ि जग विनिमय।।

दो0—श्रेष्ठ पुरुष का आचरण अरू उत्तम व्यवहार।
श्रेष्ठ पुरुष कर्तव्यकर्म अनुसरण करे संसार।9।

पार्थ प्राप्य मोहे सकल संसारा। तौ जग मैं प्रकटूँ बारम्बारा।।
मम अनुसरण करे जग प्राणि। छोड़ूँ कर्म तो हो बड़ हानी।।
त्याग जो मैं करूं कर्म व्यापारा। हो नष्टभ्रष्ट जगजीवनसारा।।
कहलाऊँ मैं अपि धर्म विनाशक। सकल जीवसंकरता भाषक।।
आसक्त होई कर्म करे जो कोई। आसक्तिरहित ज्ञानी करे सोई।।
शास्त्रविहित अपि संग्रह कर्मा। करे अज्ञानी आसक्ति उरमर्मा।।
अनासक्त निजधर्म बस पाले। ज्ञानी कबहूँ न कछु भ्रम डाले।।
ज्ञानी कर्तव्यकर्म ज्यों करहीं। अज्ञानी सकल ताके अनुसरहीं।।
सम्पूर्णकर्म प्रकृतिगुण जनिता। त्रिगुण मायाबस है जगभ्रमिता।।
पंचभूत पार्थ अपि त्रिगुणमाया। त्रिगुणप्रेरित हीं कर्म करे काया।।

दो0—पंचभूत मन बुद्धि अपि अहंकार ज्ञानेन्द्रि पाँच।
पाँच कमेन्द्रिय तत्त्व सकल गुण विभाग के साँच।10।
दो0—माया गुणविभाग प्रेरित करे जग कर्म अनन्त।
कर्म चेष्टा ही कर्म विभाग जाने ज्ञानी मुनि संत।11।
दो0—सत् रज् तम है त्रिगुण जो करे प्रभावित कर्म।
ज्ञानी जाने गुढ़ता अनासक्त निर्बाहे निजधर्म।12।

कर्म करे मूढ़ धरि निजहिता। ज्ञानी कब**हूँ** ना करे विचलिता।।
प्रकृतिगुण मोहित होए अज्ञानी। करे कर्म स्वयं को कर्ता जानी।।
आत्मा पर हो न त्रिगुण प्रभावा। तत्त्वज्ञान यही श्रुति सब गावा।।
यह क्षणिक देह पावे अमरात्मा। संसय तज युद्ध करो महात्मा।।
करो कर्म त्यागी फल आशा। तज मायाबन्धन जनित निराशा।।
तन मन कर कर्तव्य समर्पण। कर्मफल कर सदा प्रभु अर्पण।।
सतकर्म रखी चित्त अन्तर्यामी। फल निश्चित करे जगस्वामी।।
सत्कर्म जग पुनित है युक्ति। कर्मबन्धनसे रहे चिन्तामुक्ति।।
फलत्याग विचारी कर्म नर करहीं।कर्मबन्धन में कबहूं न परहीं।।
हो जाके नहीं निजकर्म भरोसा। वही अज्ञानी चिन्तनयुक्तदोषा।।

दो0—जो माने निज को कर्ता समझ उसे चितभ्रष्ट।
अज्ञानी मोहित अति व्यथित वही चेतना नष्ट।13।
दो0—पार्थ ध्यान करो प्रभु का उर चित करके शुद्ध।
मोह शोक को त्यागकर सव्यसाँची कर युद्ध।14।

प्रकृतिवश कर्म करे सब कोई। सब ज्ञानी मूढ़ प्रकृतिवश होई।।
हठ प्रकृति कोई बदल न पाये। हठी मूढ़ विनष्ट हो जाये।।
इन्द्रिय करे निज विषय का गोचर। रागद्वेष बसे इन्द्रिय अगोचर।।
जाकर मन इन्द्रियवश होई। निजहित अपि कर सके न सोई।।
रागद्वेष मनु शत्रु प्रचण्डा। हितपथ यही हैं विघ्न अखण्डा।।
परधर्म प्रतीत जो हो गुणवाना। परधर्म धारी न हो कल्याणा।।
निज धर्मोचित मरण हितकारी। परधर्म पार्थ सदा भयकारी।।
पार्थ चकित कहे सखा मुरारी। मोको होत संशय अतिभारी।।
प्रकृतिवश कर्म करे सबकोई। सकल कल्याणकारी जग होई।।
मनुज पाप हैं किससे प्रेरित। न कबहूँ करे जो जग का हित।।

दो0—किससे प्रेरित हो करके मनुज करत जग पाप।
कहे अर्जुन हृषीकेशसे प्रभु भ्रम दूर करें आप।15।
दो0—कह भगवन हे पार्थ सुनो रजस उत्पन्न हैं काम।
काम विघ्नजनित संवेग क्रोध सकल पाप मूलधाम।16।

क्रोध सकल मानव सुख खाता। वैरी कदापि तृप्ती नही पाता।।
जिमि दपर्ण हो रेणु अच्छादित्। तिमि काम ढके ज्ञान मर्यादित।।
कामातुर ज्ञान करे जीव मोहिता। करे कर्म हो जामें निजहिता।।
इन्द्रिय मन काम वास स्थाना। करे भ्रमित बुद्धि विधि नाना।।
भ्रमित बुद्धि विफलता कारण। विफलता क्रोधरूप करे धारण।।
काम जगत में अत्यन्त पापी। विज्ञान विनाशक हैं सर्वव्यापी।।
धरे काम मोहिनी रूप अनेका। हरे ज्ञान बुद्धि अरू कर्मविवेका।।
जग पापी दुष्ट कामना सारी। ज्ञान सशंकित भ्रमित मनभारी।।
कामदमन पार्थ सच्चीवीरता। कर्मयोगीकभी न छोडे धीरता।।
करे पाप मनुज काम के कारण। कामत्याग अपि पापनिवारण।।

दो0— देहस्थूल इन्द्रिय सूक्ष्म हे पार्थ विशिष्ठ विज्ञान।
है मन इन्द्रियों से परे अति सूक्ष्म महाँबलवान।17।
दो0— बुद्धि मन से बलशाली मन का करता है नियंत्रण।

आत्मा बुद्धि से है अपर दे दिग्दर्शक शुभमंत्रण ।18।
दो०-अति श्रेष्ठ हैं आत्मा अतिसूक्ष्म सबसे बलवान।
आत्मबल प्रयोग से हो सकल जगत कल्याण ।19।
दो०-आत्मबल करे बुद्धि नियंत्रण बुद्धि मन अधिकार।
मन इन्द्रिय वश में कर करो दुर्जय काम संहार ।20।

।। इति तृतीय अध्याय ।।

श्रीमद्भगवद्गीता तृतीय अध्याय
भावार्थ

श्रीमद्भगवद् गीता के तृतीय अध्याय को कर्मयोग के नाम से जाना जाता है। इस अध्याय में कुल 43 श्लोक हैं । अध्ययन की सुविधा के लिए इसे ५ भागों में विभक्त किया जा सकता है।

1. अनासक्त भाव (श्लोक १-८)

द्वितीय अध्याय में श्री कृष्ण ने अर्जुन को जीवन के तीन मौलिक सिद्धान्तों के माध्यम से पहले ज्ञान की उसके बाद स्वधर्म की और अन्त में कर्म के बारे में बताया एवं स्थितप्रज्ञ या कर्मयोगी बनने की सलाह दी। परन्तु अर्जुन को यह प्रतीत होता है कि,स्थितप्रज्ञ होने के लिए ज्ञान से भी काम चल सकता है, जो कर्म से श्रेष्ठ है, तो फिर श्री कृष्ण मुझे युद्ध जैसा भयंकर कर्म में क्यों लगने को कह रहे हैं। अतः अर्जुन श्री कृष्ण से निवेदन करते हैं कि, ज्ञान और कर्म दोनों में से, एक को जो उनके (अर्जुन)लिए कल्याणकारक हो उसे निश्चित करके बताए।

भगवान श्री कृष्ण अर्जुन को समझाते हुए कहते हैं कि ,मुक्ति के लिए ज्ञान और कर्म दोनों साधन उपयुक्त है। अपनी निष्ठा के अनुसार साँख्ययोगी ज्ञान को केवल मुक्ति के साधन के रूप में प्रयोग करते हैं, परन्तु वे कर्म करना नहीं छोड़ते हैं। जबकि कर्मयोगी कर्म को मुक्ति के साधन के रूप में उपयोग में लाता है ,साथ ही साथ कर्म के कारण उसका ज्ञान भी बढ़ता ही जाता है। जिसके कारण कर्म अकर्म की अवस्था प्राप्त कर लेता है। अतः किसी कर्म के शुरू किए बिना अकर्म की अवस्था प्राप्त नहीं हो सकती है। सत्य तो यह है कि, मनुष्य प्राकृतिक कारणों से क्षणमात्र भी बिना कर्म के नही रह सकता है।

(कर्म और अकर्म दोनों साधारणतः एक ही समान प्रतीत होते है,परन्तु कर्ता कर्म करने की स्थिति में कर्मफल की चिन्ता के कारण परेशान अवस्था में रहता है, जबकि अकर्म की अवस्था में कर्ता को कर्मफल की चिन्ता नहीं सताती है अतः वह कर्म के दौरान ही अत्यन्त आनन्द का अनुभव करता है। कर्म और अकर्म के भेद को समझने के लिए एक उदाहरण का सहारा लिया जा सकता है। एक बच्चा जो तैरना नही जानता है, उसे अगर तैरने की जरूरत हो तो वह अपने डूबने की आशंका से तैरना नही चाहेगा, और परेशान हो जायेगा,परन्तु अगर वहीं बच्चा तैरना जान ले तो उसके बाद बच्चे को तैरने जरूरत पड़ने पर उसे तैरने में ही आनन्द का अनुभव होगा। तैरना जानने से पहले उस बच्चे के लिए तैरना कर्म की श्रेणी में था, परन्तु तैरना जानने के बाद उसी बच्चे के लिए तैरना अकर्म की श्रेणी में आ गया। इसलिए कहा जाता हैं कि कर्म करने से ज्ञान एवं अनुभव में वृद्धि होती है जिससे कर्म अकर्म में परिवर्तित हो जाता है।)

श्री भगवान आगे कहते हैं कि, हे पार्थ ! शरीर की प्रत्येक इन्द्रियों का अपना विषय होता है , कुछ मिथ्याचारी इन्द्रियों को उपर से हठपूर्वक तो रोक लेते हैं, परन्तु उसके विषयों का चिन्तन करते रहते हैं । श्रेष्ठ कर्मयोगी वही है, जो मन से इन्द्रियों को वश में करके उसके विषयों के प्रति अनासक्त रहता है। इसलिए अगर तुम अपना कल्याण चाहते हो, तो कर्म का त्याग नही बल्कि अनासक्त भाव से कर्तव्यकर्म करो क्योंकि कर्म के बिना शरीर का निर्वाह भी संभव नहीं है।

(व्यावहारिकरूप से हमारे शरीर को ११ इन्द्रियाँ प्राप्त हैं, जिनके अलग–अलग विषय हैं ।

पाँच–ज्ञानेन्द्रियाँ (चक्षु – देखना, जिह्वा – स्वाद लेना,कान– सुनना, त्वचा –स्पर्श का ज्ञान कराना, घ्राण – गन्ध महसूस करना)

पाँच –कर्मेन्द्रियाँ (वाक् इन्द्रिय– मुख, पाणी इन्द्रिये –हाथ, पद इन्द्रिय– पैर, पायु इन्द्रिय– मलद्वार, तथा उपेन्द्रिय– शिष्ण)

एक– मन

उपरोक्त सभी इन्द्रियों के अपने–अपने विषय है, जिसमें मन का विषय है, ज्ञानेन्द्रियों से प्राप्त संवेदना को नियंत्रित कर कर्मेन्द्रियों को उनके कार्य में लगाना। परन्तु मन का यह नियंत्रण बुद्धि के द्वारा होता है। अतः कई लोग बुद्धि का उपयोग कर मन पर तो नियंत्रण कर लेतें है , जिससे इन्द्रियों के

विषयों पर तो नियंत्रण प्राप्त हो जाता है परन्तु विषयों की आसक्ति पर नियंत्रण नही कर पाते हैं।

अनायास एक प्रश्न मन में आता है,कि आसक्ति क्या है ? जो इन्द्रियों के विषयों से अलग है। इसे एक उदाहरण से समझते हैं, मान लीजिये आप एक पुष्प वाटिका में हैं, और आपको पुष्पसमूह दृष्टिगोचर हो रहा है, जिससे आपको आनन्द की अनुभूति हो रही है, आप अपनी आँखों को बन्द करके या पुष्पवाटिका से दूर होकर आप अपने को पुष्प देखने से तो रोक सकते हैं,परन्तु पूर्व में अनुभव किया गया आनन्द आप नही भूल पाते हैं यहीं पुष्प के कारण पूर्व में अनुभूत आनन्द आसक्ति के श्रेणी में आयेगा।)

2. कर्तव्य कर्म(श्लोक ६–१६)

भगवान श्री कृष्ण कहते हैं कि, यज्ञ के निमित किये जाने वाले कर्म के अलावा जितने भी कर्म हैं, वे मनुष्य को कर्मबन्धन से बांधते हैं । इसलिए आसक्तिरहित होकर कर्तव्यकर्म अर्थात् यज्ञ ही करना चाहिए। प्रजापति ब्रह्म ने कल्पादि में यज्ञ सहित प्रजाओं की रचना की, एवं यह नियम बनाया कि मनुष्य के यज्ञ के द्वारा देवता पुष्ट होकर यज्ञकर्ता को मनोवांछित भोग प्रदान करेंगे। इस प्रकार मनुष्य और देवता एक दूसरे को उन्नत करेंगे। अगर कोई बिना यज्ञ के भोग को पाता है, तो वह चोर के समान है। नैसर्गिक सम्पदा को बिना क्षति पहुँचाए, जो नैसर्गिक सम्पदा का सेवन यज्ञ के अवशिष्ट प्रसाद के समान करता है, वह पापमुक्त रहता है। परन्तुजो अपने स्वार्थवस नैसर्गिक सम्पदा का दोहन करता है वही पापी है। क्योंकि सम्पूर्ण प्राणियों के पोषण के लिए अन्न की आवश्यकता होती है। अन्न के लिए वर्षा की आवश्यकता होती है। वर्षा के लिए नैसर्गिक सम्पदा का संतुलन आवश्यक है। तथा इस प्रकार के संतुलन के लिए यज्ञ या कर्तव्य कर्म की आवश्यकता है। यज्ञ के लिए ज्ञान की आवश्यकता है। ज्ञान वेद में निहित है। वेद का श्रोत परमात्मा है। इससे यह प्रमाणित होता है कि,परमात्मा कर्तव्यकर्म में प्रतिष्ठित है। हे पार्थ! जो मनुष्य अपना कर्तव्यकर्म नही करता है, वह पापी हैं , तथा वह व्यर्थ ही जीवित है।

(यज्ञ और कर्तव्य कर्म – भगवान श्री कृष्ण ने अर्जुन को स्पष्ट रूप से बताया कि प्रजापति ब्रह्माने मनुष्य को सयज्ञ उत्पन्न किया अर्थात् प्रत्येक मनुष्य के साथ–साथ उसका यज्ञ भी होता है।यहाँ यज्ञ का अर्थ है सत्कर्म या परमार्थ कर्म। वैसा कर्म जो सबकी भलाई के लिए हो तथा किसी का नुकसान न करे उसे सत्कर्म कहा जाता है। सनातन धर्म में यज्ञ का बहुत

ज्यादा महत्व है। यज्ञ कई प्रकार के होते है,जिसे श्री कृष्ण ने श्रीमद्भगवद्गीताके चतुर्थ अध्याय में विस्तार से बताया है। यज्ञ के निमित किए गये कर्म कर्तव्यकर्म कहलातें हैं। दुसरे शब्दों में मनुष्य को जीवन में कई प्रकार का प्रत्यक्ष एवं अप्रत्यक्ष सहयोग प्राप्त होता है , जिससे जीवन सुखी रहे जैसे गुरु ज्ञान, सामाजिक जीवन, नैसर्गिक सम्पदा (जल,वायु इत्यादि) इसलिए मनुष्य का कर्तव्य होता है कि, इनका सम्मान करते हुए अपना कर्म इस प्रकार करे कि इनका कोई नुकसान न हो। सनातन धर्म में ऐसा माना जाता है कि प्रत्येक मनुष्य पर तीन प्रकार का ऋण होता है : 1. देव ऋण, 2. गुरु ऋण एवं 3. पितृ ऋण। इन ऋणों से मुक्ती को ध्यान में रखकर जो कर्म किया जाता है , उसे कर्तव्य कर्म या यज्ञ कहते हैं)

3. लोकसंग्रहार्थ कर्म की आवश्यकता(श्लोक १७ –२४)

हमारे समाज में एक बात प्रायः मानी जाती है,कि जब जीवन ही अनित्य है , तो लोकसंग्रह की आवश्यकता क्या है?अतः लोकसंग्रह हेतु कर्म करने की आवश्यकता ही नही है। इस अध्यायमें लोकसंग्रहार्थ कर्म की आवश्यकता पर श्री कृष्ण बताते हैः

जो मनुष्य अपने जरूरत भर की उपलब्धि से संतुष्ट रहता है, उसके लिए कोई कर्तव्य नहीं है। उसे न तो कर्म करने से प्रयोजन होता है ओर न ही कर्म न करने का कोई असर उसपर पड़ता है,क्योंकि वह आसक्तिरहित होता है। आसक्तिरहित कर्तव्यकर्म मानव की चेतना के स्तर को बढ़ाता है, जिससे वह परमात्मा को पा लेता है। उदाहरण के लिए जनकादि ज्ञानी लोग आसक्तिरहित कर्म के द्वारा ही परमसिद्धि को प्राप्त हुये।

आसक्तिरहित कर्म करना अचानक से नहीं होता है,जैसे जैसे लोग कर्म करते हैं, वैसे वैसे उनके ज्ञान का स्तर बढ़ता जाता है। बुद्धिमानों का कर्तव्य है कि, लोगों को कर्म करने के लिए प्रेरित करे क्योंकि कर्म न करने से कर्म करना ही उचित है श्रेष्ठ लोगों के आचरण का अनुसरण साधारण लोग करते हैं । इसी बात को समझाते हुये भगवान श्री कृष्ण कहते हैं कि,हे अर्जुन! दुनियाँ में मेरे लिए सबकुछ प्राप्य है, परन्तु फिर भी मैं कर्म करता हूँ,क्योंकि मेरा अनुसरण साधारण लोग करते हैं। यदि मैं कर्म न करूँ तो सारी मनुष्य जाति नष्ट भ्रष्ट हो जायेगी। और संसार को बड़ी हानि हो जायेगी। प्रायः साधरण लोग लोकसंग्रह करतें है तो कर्म हीं करते हैं,कर्म करना कर्म न करने से ज्यादा आवश्यक है , क्योंकि कर्म करने से ही कर्म

की सिद्धि होती है। कर्म सिद्धि के दौरान प्राप्त ज्ञान कर्म को अकर्म की अवस्था में ले जाता है,जहाँ आसक्ति स्वयं नष्ट हो जाती है।

(लोकसंग्रह हेतु किया जानेवाला कर्म पाप की श्रेणी में नही आता है, अगर उस कर्म से किसी का नुकसान न हो। कर्म तो कर्म है चाहे वह मोक्ष की इच्छा से किया जाने वाला कर्तव्यकर्म हो अथवा लोकसंग्रह की इच्छा से किया जानेवाला लौकिक कर्म हो।)

4. अज्ञानी और ज्ञानवान(श्लोक २५ – ३५)

सनातन संस्कार के धार्मिक ज्ञानी गुरुओं का मानना हैं, कि अज्ञान के कारण मनुष्य अपने कर्मों के प्रति आसक्त होता है।जबकि ज्ञानी अनासक्त भाव से कर्म करते हैं। भगवान श्री कृष्ण अर्जुन से कहते हैं कि, लोकसंग्रह हेतु जो कर्म अज्ञानी करते हैं,उसे ज्ञानी को आसक्ति रहित होकर करना चाहिए। इससे अज्ञानी में भ्रम उत्पन्न नही होगा जिससे उसकी कर्मों के प्रति श्रद्धा बनीं रहेगी।

वास्तव में मनुष्य अपने प्राकृतिक गुण (सत्व, रजस, तमस) के अनुसार कर्म करता है,ज्ञानी इस रहस्य को जानते है,जबकि अज्ञानी अपने–आप को कर्ता मानते है।यही कारण है कि ज्ञानी आसक्त नही होता है जबकि अज्ञानी अपने कर्मों के प्रति आसक्त होकर स्वयं को कर्ता मान बैठते है। इसके बाद श्री कृष्ण अर्जुन को यह समझाने की कोशिश करते हैं कि, अज्ञान ही आसक्ति का कारण है, इसलिए तुझे अपने कर्म के प्रति अनासक्त होकर युद्ध करना चाहिए। इसका सबसे आसान उपाय यह है कि, तुम अपने सभीकर्मों को मुझमें अर्पण कर दो, और सन्तापरहित होकर युद्ध करो। ऐसा करनेवाले कर्मबन्धन से मुक्त रहते हैं । परन्तुजो स्वयं को कर्ता समझता है,वह अज्ञान के कारण मोहित होता है,और मुक्त होने के स्थान पर नष्ट हो जाता है, जब सभी प्राणी अपने प्राकृतिक गुणों के अनुसार ही चेष्टा करते हैं, तो चाहे वह ज्ञानी हो अथवा अज्ञानी, इसमें हठ का क्या काम।

शरीर को प्राप्त प्रत्येक इन्द्रियों के अपने–अपने विषय हैं । परन्तु उनके विषयों में राग और द्वेष छिपे रहते हैं, जो मनुष्य को अपने अधीन करने की कोशिश करते हैं। ये दोनों (राग और द्वेष) ही मनुष्य के कल्याण के मार्ग में विघ्न उत्पन्न करने वाले महान् शत्रु हैं।

मनुष्य जो गुण प्राकृतिक रूप से धारण करता है,वहीं उसके धर्म का निर्धारण करता है। प्रत्येक मनुष्य का अपना प्रकृति जनित धर्म (स्वाभाविक धर्म) ही कल्याणकारक होता है। दूसरे का प्रकृतिजनित धर्म (स्वाभाविक धर्म)

कल्याणकारक नही हो सकता है, भले ही वह देखने में गुणवान लगता हो परन्तु वह दूसरे के लिए भयकारक होता है। ज्ञानी अपने स्वाभाविक धर्म के अनुसार कर्म करते हैं। जबकि अज्ञानी अपने धर्म को या तो जानते ही नहीं है, या अपने स्वाभाविक धर्म को तुच्छ मानकर दुसरे के स्वाभाविक धर्म को अपनाने की कोशिश करते है।

5. पाप का कारण (श्लोक ३६ – ४३)

अब अर्जुन के मन में एक प्रश्न उत्पन्न होता है कि, अगर सभी लोग अपने धर्म (त्रिगुण के द्वारा निर्धारित) के अनुसार ही कर्म करते हैं ।तो पाप का क्या कारण है ? अतः अर्जुन प्रश्न करते हैं कि, मनुष्य किससे प्रेरित होकर पाप का आचरण करता है?

भगवान श्री कृष्ण समझातें हैं कि रजोगुण प्रधान लोगों में कामना की बहुलता होती है। तथा उसकी कामना कितने भी भोगों से समाप्त नही होती है, जब उनकी कामना में विघ्न उत्पन्न होता है, तो उनके मन में क्रोध उत्पन्न हो जाता है। यह क्रोध ज्ञान को उसी प्रकार ढक लेता है , जैसे धुआँ अग्नि को या धूलकण दर्पण को। मन, इन्द्रिय और बुद्धि, काम तथा क्रोध के बासस्थान कह गये हैं । इनसे आच्छादित होकर मन, इन्द्रिय और बुद्धि अपने स्वाभाविक धर्म से भटक जाते हैं, जिसके कारण वह स्वाभाविक धर्म के विपरीत पापकर्म करता है। जो दूसरोंके साथ अपने आप को भी कष्ट देता है। हे अर्जुन काम बहुत दुष्ट है, इसपर नियंत्रण आसान नहीं है, तथा संसार में पाप का मुख्य कारण यही है। परन्तु सत्य यही है कि, मनुष्य इसपर नियंत्रण कर सकता है। इसके लिए हमारा चैतन्य शरीर सक्षम है। अपने सामर्थ्य के अनुसार हमारे शरीर के घटकों को उत्तरोत्तर बढ़ते हुए क्रम में निम्न प्रकार रखा जा सकता हैं ।

1. स्थूल शरीर   2. ज्ञानेन्द्रिय   3. मन   4. बुद्धि   5. आत्मा

अर्थात् हे महाबाहु अर्जुन! बुद्धि, मन तथा इन्द्रिय में बसने वाले दुर्जय शत्रु को आत्मा के बल अर्थात् आत्मबल द्वारा नियंत्रित किया जा सकता है। इसलिए हे अर्जुन! अत्यन्त श्रेष्ठ आत्मा को जानकर बुद्धि द्वारा मन को बस में करके काम रूपी दुर्जय शत्रु को नियंत्रित कर ले। इससे तु पाप करने से बच जायेगा।

(संसार में पाप या बुरे कर्मों का मुख्य कारण है क्रोध, जो मनुष्य के कामनापूर्ति के मार्ग में रूकावट आने से उत्पन्न होता है। आज के वैज्ञानिक युग में क्रोध को मानसिक उन्माद की श्रेणी में रखा गया है, जो मनुष्य की

स्वयं की परेशानियों का मुख्य कारण है। तथा इसका एक ही उपाय है,ध्यान। तथा भगवान क्रोध न आने का एक सटीक उपाय यह भी बताते हैं कि अपने सभी कर्मों को मुझको अर्पित कर दो,जिससे न तो अपराध का बोध होगा और न ही कर्मफल के प्रति आसक्ति।)

तत्व–विवेचना

इस अध्याय में अर्जुन के मुख्यतः दो प्रश्नों की विवेचना प्रस्तुत की गई हैं ।

1. जब ज्ञान कर्म से श्रेष्ठ है तो श्री कृष्ण उन्हें संन्यास लेने की जगह युद्ध करने क्यो कह रहें हैं ?
2. जब मनुष्य का कर्म उसकी प्रकृतिके अनुसार संचालित होता है तो मनुष्य पाप क्यों करता है ?

पहले प्रश्न के उत्तर में भगवान स्पष्ट करतें हैं कि ज्ञान और कर्म दोनों ही श्रेष्ठ है। लोग अपनी निष्ठा के अनुरूप ज्ञान और कर्म का उपयोग करते हैं। अपनी निष्ठा के अनुरूप कर्म स्वधर्म कहलाता है। अतः अर्जुन के इस प्रश्न के उत्तर के लिये हमें स्वधर्म के बारेमें समझना होगा।

स्वधर्म :–साधारण जनमानस में स्वधर्म का अर्थ अपने धर्म को मानते हैं जो मानव निर्मित है, तथा जिसे मनुष्य अपने जन्म के कारण समाज से प्राप्त करतें हैं । अधिकतर विद्वान इस प्रकार के सामाजिक धर्म को पंथ मानते हैं, धर्म नहीं। अगर कोई बच्चा हिन्दू परिवार में जन्म लेता है, तो वह धर्म से अपने–आप को हिन्दू मानता है। अतः अगर किसी हिन्दू को उसका स्वधर्म पूछा जाए तो वह अपना स्वधर्म हिन्दू बताता है। श्रीमद्‌भागवत्‌गीता में स्वधर्म का अर्थ है, किसी भी मनुष्य की प्रकृतिक गुण (सत्व, रजस और तमस) की धारणशक्ति। जैसे जल का प्राकृतिक गुण शीतलता है तो शीतलता जल का गुणधर्म माना जायेगा । ठीक इसी प्रकार अगर किसी मनुष्य में तमस गुण की अधिकता है। तो उसमें तामसी प्रवृतिहोगी। मनुष्य के इसी प्रकार की प्रवृति को स्वधर्म कहते हैं । इस अध्याय में श्रीकृष्ण ने बताया है कि, कभी–कभी परधर्म स्वधर्म से ज्यादा अच्छा लगता है,जैसे तामसी प्रवृति वाले को राजसी प्रवृति अच्छी लग सकती हैं परन्तु परधर्म कितना ही अच्छा लगे उसे अपनाना काफी मुश्किल है,क्योकि हम अपनी प्रकृति के अनुसार दूसरेके धर्म को अपनाने के लिए उपयुक्त नहीं हैं। इसलिए परधर्म को भयकारी बताया जाता है। वास्तविकता यह है कि, परधर्म के बारे में अच्छी तरह से नही जानते हैं, क्योंकि सबकी धारण क्षमता अलग–अलग होती है। तो अगर हम परधर्म को अपनाना चाहेंगें और वह

हमारे धारणक्षमता से इतर होगा तो हम उसे अपना ही नही पायेंगे और परेशान भी रहेंगें। स्वधर्म के अनुसार कर्म करने का उद्देश्य है , अपनी क्षमता और कुशलता के अनुसार कर्म करना। मनुष्य अपने कर्मअभ्यास के द्वारा अपनी क्षमता एवं कुशलताको बढ़ा सकता है। अर्थात् तामसी प्रवृत्ति वाले मनुष्य अपने तामसी गुण को कम करके रजोगुण को बढ़ा सकते हैं, इसी प्रकार रजस प्रवृत्ति वाले मनुष्य अपने सत्वगुण को बढ़ा सकते हैं । सात्विक प्रवृत्ति वाले लोग तो सात्विक प्रवृत्ति के ही रहेंगे क्योंकि प्रकृतिवश कम से कम मनुष्य के अन्दर एक गुण तो होता हीं है। परन्तु सात्विक प्रवृत्ति के लोगों में अहंकार आने का खतरा रहता हैं । अतः उन्हें अहंकार से बचना चाहिए।

अर्जुन के दूसरे प्रश्न का उत्तर समझाते हुए कहतें हैं कि पाप प्रायः रजस प्रकृति के लोगों द्वारा ही किया जाता है। क्योंकि, रजोगुणी में भौतिक कामना की बहुलता होती है, तथा कामनापूर्ति के मार्ग में आनेवाले रूकावटों के कारण क्रोध उत्पन्न होता है। क्रोध मनुष्य की बुद्धि को ढ़क लेता है। जिससे मानव अपने स्वभाविक कर्मों से भटक जाता है। और पाप कर्म कर बैठता है।

श्री रामचरितमानस में भी गोस्वामी तुलसीदास बालकाण्ड़ के २७७ वें दोहा में श्री लक्ष्मण के माध्यम से परशुराम जी के क्रोध के लियेकहतेहैं :

लखन कहेउ हँसि सुनहु मुनि क्रोधु पाप कर मूल।
जेहि बस जन अनुचित करहिं चरहिं विश्व प्रतिकूल।।

मनोविज्ञान के अनुसार क्रोध एक प्रकार का संवेग (Emotion)है।संवेग मानव के आंतरिक भावों (Feeling) का प्रकटीकरण है। कोई भी भाव जब गतिमान होकर शरीर के द्वारा प्रकट होता है, तो इसे संवेग कहतेहैं ।

भाव दो प्रकार का होता हैः– 1. सकारात्मक तथा 2. नकारात्मक, तद्नुसार संवेग भी दो प्रकार का होता है : प्रेम, मैत्री, करूणा इत्यादि सकारात्मक संवेग के लक्षण हैं, जबकि क्रोध, भय, द्वेष, घृणा, अहंकार इत्यादि नकारात्मक संवेग के लक्षण हैं । ऋषि चरक, ऋषि सुश्रुत आदि आयुर्वेदाचार्य के अनुसार नकारात्मक संवेग, शारीरिक रोग उत्पन्न करता है, जबकि सकारात्मक संवेग शरीर को पुष्ट करता हैं। आयुर्वेद के अनुसार किसी भी शारीरिक रोग का मुख्य कारण है, शरीर में त्रिदोष (कफ, पित्त और वायु) का असंतुलन तथा आयुर्वेदाचार्ओं का मत है कि,भय, कफ को

असंतुलित करता हैं, अतः जो लोग किन्ही कारणों से भयभीत रहते हैं वे कफजनित रोग के शिकार आसानी से हो जाते हैं । जो लोग ज्यादा क्रोध करते हैं, वे पित्तजनित रोगों के शिकार आसानी से हो जाते हैं। तथा जो लोग निष्क्रिय रहकर बेकार की चिन्ता करते रहतें हैं, वे लोग वातजनित रोग के शिकार आसानी से हो जाते हैं ।कुछ वैद्य यह भी मानतेहैं कि शरीर में कफ के दूषित होने से लोग बिना किसी स्पष्ट कारण के भयभीत रहते हैं एवं भयंकर सपने भी देखते हैं । शरीर में पीत के दूषित होने से लोग चिड़चिड़े स्वभाव के हो जाते हैं,एवं बात–बात पर क्रोध करते हैं। तथा शरीर में वात के दूषित होने पर लोगोंमें आलस्य आ जाता है,एवं वे किसी भी काम को ठीक ढ़ग से करने में रूचि नही रखते है।

मनोविज्ञान के अनुसार, संवेग शरीर और मन दोनों को प्रभावित करता है। संवेगों का मूल कारण है भाव, संवेग तो केवल उनकी अभिव्यक्तिमात्र है जैसे क्रोध नकारात्मक भाव का प्रतीक है, तो विनम्रता सकारात्मक भाव का प्रतीक है । विद्वानों के अनुसार संवेगों को नियंत्रित करने के लिए भावों को नियंत्रित करना आवश्यक है भाव के बीज हमारे स्थूल शरीर में नहीं है,बल्कि वे हमारे सूक्ष्मतम शरीर में होते हैं । ये स्पन्दन के रूप में होते हैं तथा जब ये किसी उद्दीपक के कारण उत्पन्न तरंग के प्रभाव में आते हैं तो भाव उत्पन्न होता है। जो संवेग के द्वारा प्रकट होता है। संवेग तभी उत्पन्न होता है जब भाव अशुद्ध होता है,तथा भावशुद्धि का एकमात्र साधन है ध्यान, क्योंकि ध्यान से आत्मबल बढ़ता है अतः बिना ध्यान के केवल औषधि से भावशुद्धि संभव नहींहै। इसलिए भगवान, इस अध्यायके अंतिम में अर्जुन को सलाह देते हैं कि आत्मा के बल अर्थात् आत्मबल से ही काम रूपी दूर्जय शत्रु (जो उद्दीपक का काम करता है) को जीता जा सकता है। अतः अगर काम रूपी दुर्जय शत्रु के आघात से हम बच सकते हैं तो स्वाभाविक रूप से हम पाप से बच सकते हैं ।

उपसंहार

गीता के दूसरे अध्याय में अर्जुन को जो संदेह होता है, कि जब मानव जीवन की पराकाष्ठा स्थितप्रज्ञ होना है,जिसके लिये सिर्फ ज्ञान से भी काम चल सकता है, तो फिर कर्म करने की आवश्यकता क्या हैं?

अर्जुन के इस प्रश्न के उत्तर में भगवान श्री कृष्ण बताते हैं, कि संन्यासी अथवा ज्ञानी एवं कर्मयोगी दोनों ही कर्म करते हैं । क्योंकि बिना कर्म के जीवन संभव ही नही है। परन्तु सभी का कर्म उनके त्रिगुण के प्रभाव के

अनुसार होता है। अर्जुन को कर्मयोग और संन्यास दोनों ही समान है यह तो समझ में आ जाता है क्योंकि दोनों ही कर्म तो करते हैं, परन्तु कर्मयोगी के कर्म में आसक्ति का अभाव होता है, जबकि सांख्ययोगी अथवा सन्यासी के कर्म में कर्तापन का अभाव होता है।

लेकिन अब अर्जुनयह नही समझ पाते हैं कि ,सकल प्राणी त्रिगुण से प्रेरित होकर संसार में अपना कर्म करते हैं, परन्तु सब लोग धर्म का आचरण क्यों नही करते अथवा कुछ लोग पाप क्यों करते हैं ? अतः अर्जुन भगवान श्री कृष्ण से अपने इसी प्रश्न का उत्तर चाहते हैं ।

अर्जुन के इस संदेह के निवारण के लिए भगवान क्रोध को पाप का कारण बताते हैं। वे बताते हैं कि, रजोगुण प्रधान लोगों में कामना की बहुलता होती है, तथा जब मनुष्य के कामनापूर्ति में विघ्न उत्पन्न होता है, तो मनुष्य क्रोध का शिकार हो जाता है, क्रोध के कारण ही मनुष्य पापकर्म करता है,अतः वे अर्जुन को सलाह देते हैं कि कामरूपी दुर्जय शत्रु को जीतकर ही मनुष्य स्वधर्म का आचरण कर सकता हैं।

श्री कृष्ण के इस विचार से भी अर्जुन सहमत हो जाते हैं। लेकिन अब अर्जुन की जिज्ञासा यह जानने की होती है कि, वैसे कौन लोग हैं, जो कामरूपी दूर्जय शत्रु को जीतकर स्वधर्म के का आचरण अनुसार कर्म करते हैं ? अर्जुन की इसी जिज्ञासा का समाधान अगले अध्याय में हैं ।

—ःॐ तत् सतः—

क्रोध सकल मानव सुख खाता। वैरी कदापि तृप्ती नही पाता।।

अध्याय –चतुर्थ
ज्ञानकर्म संन्यासयोग

श्रीमद्भगवदगीता चतुर्थ अध्याय एक दृष्टि	
कुल श्लोकों की संख्या	४२
कुल श्लोक (धृतराष्ट्र)	0
कुल श्लोक (संजय)	0
कुल श्लोक (अर्जुन)	१
कुल श्लोक (श्री कृष्ण)	४१
मूल विषय	**सनातन अवधारणा**

श्री गणेशाय नमः

श्लोकः

त्वमादिदेवः पुरूषः पुराण
स्त्वमस्य विश्वस्य परं निधानम्।
वेत्तासि वेद्यं च परं च धाम
त्वया ततं विश्वमनन्तरूप।।

दो0– अविनाशी कर्मयोग का दिया प्रथम भानु को ज्ञान।
अति उत्तम कर्मयोग है कहे आनन्द कन्द भगवान।1।
दो0– आदित्य कहे कर्मयोग वैवस्त से जो हैं मन्वन्तराधिष।
ईक्ष्वाकु पाये ज्ञान विमल अपि जनक मनु आशीष।2।

अतिगोपनीय यह योगविज्ञाना। गुरू–शिष्य ऋषि–मुनि जाना।।
कर्मयोग ज्ञान बहु काल है बीता। लुप्तप्रायः यह योग पुनिता।।
तुम भक्त मेरे अपि प्रिय मिता। हित हेतु कहूं योगसुचिता।।
नतमस्तक पार्थ विनत करजोरी। हरहूँ सखा दीर्घसंशय मोरी।।
रवि प्रकटे हैं सृष्टि कल्पादि। अर्वाचीन आप हैं कैसे आदि।।
रवि सीखे आपसे कर्मयोगा। कालान्तर नहीं संभव संयोगा।।
कह भगवान सुन पार्थ रणधीरा। बहुबार हुये हम प्रकटशरीरा।।
शंकाछाड़ी कर पूर्वजन्म ध्याना।हम सब अपि कल्पादि पुराना।।

अजन्मा मैं त्रिगुणतीत अविनाशी। परमेश्वर अगजग सुखराशि।।
सकल प्रकृति कर निज अधिना। प्रकट हुआ दिव्यदेह प्रवीणा।।

दो0—मैं होऊँ प्रकट **योगमाया से कर सकल प्रकृति अधीन।**
साकार होऊँ सत्कर्म को प्रकट कई जन्म नवीन।3।
दो0—**अधर्म बढ़े जब धरती पर बढ़े अग जग मिथ्याचार।**
मर्यादा धर्म घटने लगे तो प्रकटूँ जग साकार।4।
दो0— **दुर्बुद्धि नाश साधु उद्धार सकल करूं सत्कर्म।**
युग युग प्रकट होता रहा रक्षित करने को धर्म।5।

जन्म कर्म मम दिव्य अलौकिक। माया से धरूँ काया भौतिक।।
प्राणी मोहे जो तत्त्व से जाना। प्राप्त मोहे पुर्नजन्म न पाना।।
राग रोष सब भय विलगावे। अविचलित मोसे नेह लगावे।।
भगवत्स्वरूप ध्यान की युक्ति। ज्ञानी तपस्वी पाये जग मुक्ति।।
सुमिरण मोहे भक्त करे जैसे। मैं अपि सुमिरू भक्त को तैसे।।
अनुसरण सदा मनुज करे मोरा। जगसत्य यही कहे चितचोरा।।
कर्मफल हीं है मनुज वासना। कर्मफल हेतु करे देव उपासना।।
पाये शीघ्र कर्म उत्पन्न सिद्धि। होए मनुज की आत्मबल वृद्धि।।
गुणकर्म सब ध्यान का प्रतिफल। होत विकास कर्म से प्रतिपल।।
चातुर्वर्ण जगत पार्थ मम रचना। विदित भुवन समाज संरचना।।

दो0—**रचनाकार मैं चातुर्वर्ण का पर मुझे अकर्ता जान।**
गुण कर्मानुसार है वर्ण सकल छोड़ जन्म अभिमान।6।
दो0—प्रकट **गुण है कर्मकौशल तमस रजस अरू सत्व।**
कर्म ज्ञान अपि करे प्रकट जो त्रिगुण के तत्व।7।
दो0—**कर्मकौशल अरू प्रकट ज्ञान जग चातुर्वर्ण आधार।**
कर्मकौशल ज्ञान प्रभाव हीं जगत करे स्वीकार।8।
दो0—**उच्च अधम कर्म नही जग गुण अनुसार सम्मान।**
जन्म से अधम उच्च न कोई पापी करे अपमान।9।

कर्मफल में नही मेरी आसक्ति। नही मैं लिप्त रहूँ कर्मशक्ति।।
यह तत्त्व जाने जो कुन्तिनन्दन। पड़े नही कबहूँ कर्मबन्धन।।
तत्त्वज्ञान कर्म मुक्ति हेतु। पूर्वापि रहा कर्म मुक्तिसेतु।।
सत्कर्म यज्ञ पूर्वज सिखलाये। सत्कर्म करने भुवन हम आये।।
वरण करो पूर्वज की युक्ति। नित्य सतकर्म से पाओ मुक्ति।।

कर्म अकर्म भेद अति सूक्ष्मतर। ज्ञानीभ्रमित अपि होवे प्रियवर।।
अब भेद कर्म अकर्म का जानों। अति शुभज्ञान मुक्तिप्रद मानो।।
परतंत्र कर्म करे फल अधीना। फल हेतु कर्म करे मतिहीना।।
विकर्म सदा कर्मयत्न को मानों। कुशलकर्म की पौड़ी जानों।।
अकर्म स्वतंत्र अपि आनन्ददाता। आसक्तिहीन श्रुति अस गाता।।

दो0—**कर्म की गति अति गहन अक्सर बदले रूप।**
कर्म अकर्म विकर्म का समझो मूल स्वरूप।10।
दो0—**निज कर्म से मिले खुशी कर्म से सबका हित।**
अकर्म अपि हैं कर्म सुखद पावन अति पुनित।11।
दो0—**मनुज धन्य वहीं जगत में जो करे निरंतर कर्म।**
करत करत अभ्यास सदा बनता कर्म अकर्म।12।

कर्तव्यकर्म संकल्पहीन अखण्डीत। निष्काम कर्म करे सो पंडित।।
भस्मकरे कर्म ज्ञान अग्निरूपा। पुरूषमुक्त न पड़े भवकूपा।।
पार्थ ना जाको कर्मफल प्रीति। सदा सन्तुष्ट न काहूँ से भीति।।
परमात्मातृप्त करे अनेक जगकर्मा। अनासक्त निर्वाहे निजधर्मा।।
जितेन्द्रिय समस्त भोग त्यागा। शुद्धअन्तःकरण चित् अनुरागा।।
करे कर्म शरीररक्षा मन व्यापी। अस मनुज जग कबहूँ न पापी।।
सदा सन्तुष्ट हर्ष शोक अभावा। ईर्ष्या द्वेष मन कबहू न भावा।।
मननिर्द्वन्द सम सिद्धि—असिद्धि। कर्मबन्धन मुक्त पाये प्रसिद्धि।।
अनासक्त देहाभिमान मुक्ता। अस मनुज परमज्ञान युक्ता।।
सकल कर्म लगे यज्ञ समाना। कर्मयोगी मिलन प्रभु विधि नाना।।

दो0—**ब्रह्म ब्रह्म सब ब्रह्म हैं यज्ञ—अग्नि—आहुति—दान।**
ब्रह्म कर्म अपि कर्मफल ब्रह्म कर्ता अपि ज्ञान।13।

कछु करे देवपुजन यज्ञ नाना।विधि सम्मत जो वेद बखाना।।
कछु परब्रह्म संग रहे एकीभावा। ज्ञान अग्नि आत्मरूप अभावा।।
कछु संयमानल इन्द्रिय आहुति। ज्ञान प्रज्वलित कर्म बने स्तुति।।
सकल विषय इन्द्रियानल युक्ति। अनासक्त पाये जग मुक्ति।।
इन्द्रिय प्राण क्रिया ज्ञानालोकित। संयम करे जगजीवन का हित।।
कछु करे यज्ञ हेतुद्रव्य दाना। तपरूप कछु करे यज्ञ नाना।।
कछु करे योगप्रणायाम अभ्यासा। कछु रखे स्वाध्याय ज्ञान आशा।।
कछु प्रण व्रत तीक्ष्ण अहिंसादि। कछु उपवास करे धीरज साधी।।

कछु करे अपान में प्राण आहूति। प्राण अपान कर पाये विभूति।।
प्रणायामी करे संयमित अहारा। रोके योगी प्राणापान घारा।।
प्राण में प्राण जो करे विसर्जन। साधक यज्ञ ज्ञान पुण्यअर्जन।।

दो0— पुण्यात्मा हेतु यज्ञशेष सुधासम अनुग्रह प्रभु विशेष।
नित्य मिलन परमात्मा भौतिक इच्छा रहे ना शेष।14।
दो0—बिना यज्ञ मनुज हो भ्रमित पाये न सुख इह लोक।
कल्याण नही अस प्राणी का जाये जब परलोक।15।

वेदवाणी यज्ञ विस्तार बखाना। अनुष्ठान हेतु इन्द्रिय नाना।।
यज्ञक्रिया सकल इन्द्रियमन युक्ति। तत्व जानी कर्मबंधन मुक्ति।।
ज्ञानयज्ञ द्रव्यमय यज्ञ ते उत्तम।ज्ञानविलीन कर्म सकल नरोत्तम।।
पार्थ तत्वदर्शी शरण तु जाओ। ज्ञानी संग तत्वज्ञान को पायो।।
कपट छाडी कर गुरू के सेवा। गुरू समर्थ यही धरा पर देवा।।
कर जिज्ञासा प्रकट गुरू पाँहीं। मिले तत्वज्ञान कछु संसय नाहीं।।
तत्वज्ञान पाई हो मोह से मुक्ति। तत्वज्ञान उपब्रह्म की युक्ति।।
आत्मसात तत्वज्ञान बढ़ाये विवेका। वसुधैव तत्त्व लागे एका।।
न हो प्रतीत भुत —ईश्वर अन्तर। जो हो तत्वज्ञान अभ्यन्तर।।
तत्वज्ञान जो अतिपापी अपि पाये। भवबन्धन से मुक्त हो जाये।।

दो0—प्रज्वलित अग्नि करतदहन संमिधा जेही प्रकार।
ज्ञानाग्नि तिमी दहन करे जग पाप—पुण्य कर्म भार।16।

ज्ञान समान न कछु जग पावन। करे शुद्ध अन्तःकरण मनभावन।।
कर्मयोग करे सकल ज्ञान शुद्धि। कालान्तर अपि निर्मल बुद्धि।।
सिद्धनीति यही सुनो महात्मा।ज्ञान से जाने मनुज निज आत्मा।।
श्रद्धावान जितेन्द्रिय साधनयुक्ता। प्राप्त ज्ञान हो मानुष मुक्ता।।
पाये तत्वज्ञान मिटे जग भ्रान्ति।बिना विलम्ब पाये ब्रह्मशान्ति।।
तत्वज्ञान सकल दे शान्ति अनुपा। जग शान्ति परमात्म स्वरूपा।।
विवेकहीन अपि परमार्थभ्रष्टा।श्रद्धारहित मनुज पाये जगकष्टा।।
संशसयुक्त सुखविहिन अवस्था।लोक परलोक की यही व्यवस्था।।
कर्मयोग ईश्वर कर्मफल अर्पण। संशयनाश मिले विवेक दर्पण।।
वशअन्तःकरण बुद्धि विवकेयुक्ता। निश्चित हो कर्मबन्धन मुक्ता।।
दो0—पार्थ छाड़ी के मोह को पकड़ विवेक तलवार।

हृदय जनित अज्ञानमय संशय कर संहार।17।
दो0—समत्वरूप कर्मयोग से पाकर ज्ञान करो चित् शुद्ध।
मोह पंक से पार निकल पार्थ करो धर्मयुद्ध।18।

।। इति चतुर्थ अध्याय।।

श्रीमद्भगवद्‌गीता चतुर्थ अध्याय

भावार्थ

श्रीमद्भगवद् गीता का चतुर्थ अध्याय ज्ञानकर्मसन्यास योग के नाम से जाना जाता हैं ।इस अध्याय में कुल ४२ श्लोक है।अध्ययन के सुविधा के लिए इसे ४ भागों में विभक्त किया जा सकता है।

1.कर्मयोग का विषय(श्लोक १–१८)

तृतीय अध्याय में श्री कृष्ण ने कर्मयोग की अवश्यकता पर प्रकाश ड़ाला था, तथा यह भी बताया था कि,कर्मयोग में सबसे बड़ी बाधा काम है।काम पर केवल आत्मबल से ही विजय प्राप्त किया जा सकता है। इसके प्रमाण के लिए, अब आगे वे कर्मयोग का इतिहास बताते हुए कर्मयोग के विषय को आगे बढ़ाते हैं। एवं कुछ ऐतिहासिक प्रमाण भी देते हैं।श्री कृष्ण कहते हैं कि, मैंने इस योग को सबसे पहले सूर्य से कहा था। सूर्य ने इसे वैवस्वत मनु से कहा, वैवस्वत मनु ने इसे अपने पुत्र इक्ष्वाकु से कहा। इस परंपरा से इस योग को राजर्षियों ने जाना, परन्तुबहुत काल बीत जाने के कारण यह योग पृथ्वी पर प्रायः लुप्तप्राय हो गया है। तुम मेरे अत्यन्त प्रिय हो, इसलिये मैनें इस योग को तुम्हें बताया। यह गूढ़ ज्ञान अत्यन्त गोपनीय है।

अर्जुन आश्चर्य में पड़ जाते हैं कि, श्री कृष्ण ने सूर्य को इसका ज्ञान कैसे दिया होगा ? क्योंकि सूर्य की उत्पत्ति सृष्टि के आरंभ के समय की है, जबकी श्री कृष्ण का जन्म हाल–फिलहाल का है। अतः वे अपनी शंका को श्री कृष्ण से समक्ष प्रस्तुत करतें है।

(भगवान श्री कृष्ण जब कहते हैं कि, मैने इस योग को सबसे पहले सूर्य से कहा था, साधारण बुद्धि में यह शंका का होना निश्चित है कि, ऐसा कैसे संभव है । परन्तु सनातन संस्कृति में यह मान्यता है कि,भगवान श्री कृष्ण, परमात्मा विष्णु के अवतार थे,जो सृष्टि की रचना के पूर्व के माने जाते हैं ।)

श्री कृष्ण आगे बताते हैं कि, हम सब लोग कई जन्म ले चुके हैं । मुझे उन जन्मों का स्मरण है, परन्तु तुम्हे तुम्हारे पूर्वजन्म का स्मरण नही है।मैं अपनी प्रकृति को अधीन करके अपनी योगमाया से प्रकट होता हूँ। क्योंकि जब अधिकांश लोग अपना धर्म भूल जातेहैं , तो संसार में अधर्म बढ़ जाता है।

इससे अपना धर्म पालन करने वाले सज्जन परेशान हो जाते हैं। तब मैं सज्जनों के उद्धार और दुर्जनों के संघार के लिये प्रकट होता हूँ। मेरा जन्म और कर्म दिव्य तथा अलौकिक है। परन्तुजो मुझे तत्त्व (सत, चित,आनन्द) से जान लेता है,वह मुक्त हो जाता है। जिस प्रकार कर्मयोग की पराकाष्ठा अनासक्त कर्म है, उसी प्रकार ज्ञानयोग की पराकाष्ठा परमात्मा को तत्त्व से जानना है। हे अर्जुन पहले भी बहुत से भक्त ज्ञान रूपी तप से पवित्र होकर मेरे स्वरूप को प्राप्त कर चुके हैं, क्योंकि उनका राग, भय क्रोध इत्यादि नष्ट हो गये थे, जिससे वे अनन्य प्रेम के साथ मुझमें स्थित हो गये। जो भक्त मुझको जिस प्रकार भजते हैं, मैं भी उनको उसी प्रकार भजता हूँ। क्योंकि सभी मनुष्य सब प्रकार से मेरे ही मार्ग का अनुसरण करते हैं। इस मनुष्यलोक में कर्मों के फल को चाहने वाले देवताओं का पूजन करते हैं। जिससे उनको कर्मों से उत्पन्न होनेवाली सिद्धियाँशीघ्र प्राप्त हो जाती है। चार वर्णों की सृष्टि, गुण और कर्म के आधार पर मेरे द्वारा की गई है ***(जब चारों प्रकार के जन समुदाय का निर्माण भगवान के द्वारा ही हुआ हैं तो कोई श्रेष्ठ या कोई अधम नही हैं ।)****अर्थात् मैं ही चार वर्णो का कर्ता हूँ,परन्तुमुझे अकर्ता ही जान। क्योंकि कर्मों के फल में मेरी स्पृहा नही है, इसलिये कर्म मुझे लिप्त नही करते हैं। जो लोग मुझे इस तत्त्व से जान लेता है, वह कर्मों में नही बंधता। पूर्व काल में भी मोक्ष की इच्छावाले मेरे इसी स्वभाव (कर्तापन के अभिमान से मुक्त) का अनुसरण कर मुक्ति को प्राप्त किये। हे अर्जुन! अब तुम कर्म और अकर्म के बारे में अच्छी तरह से समझ ले। इसका ज्ञान तुम्हे कर्मबन्धन से मुक्ति प्रदान करने में मदद करेगा। कर्म, अकर्म और विकर्म के स्वरूप को अच्छी तरह से जानना चाहिए क्योंकि तीनों कर्म के ही रूप हैं । कर्म की गति अत्यन्त गहन है।*

2.श्रेष्ठपुरुष के आचरण (श्लोक १६–२३)

बुद्धिमान व्यक्ति अर्थात श्रेष्ठ पुरुष कर्मों में ही अकर्म को देखतें हैं, जिसके कारण उनके सारे कर्म बिना कामना और बिना संकल्प के हो जाते हैं,क्योंकि उनकी कामनायें ज्ञान रूपी अग्नि में भस्म हो जाती है। ऐसे लोगों को परम ज्ञानी लोग भी श्रेष्ठ कहते हैं। ऐसे लोग कर्मफल में आसक्ति नही रखते हुये सारे कर्म करते हैं। तथा संसार के माया मोह से ऊपर उठकर ईश्वर के आश्रय में रहते हैं । इन्द्रिय एवं मन बुद्धि को अपने नियंत्रण में रखने वाले, तथा समस्त भोगों का परित्याग करने वाले ऐसे लोग शरीर सम्बन्धी कर्म तो करते हैं, परन्तु पाप नही करते। श्रेष्ठ पुरुष संसार में प्राप्त

को ईश्वर की ईच्छा मानकर संतुष्ट रहते हैं, जिसमें श्रेष्ठ पुरुष में ईर्ष्या नही होती एवं वे हर्ष–द्वेष आदि द्वन्द्वों से मुक्त हो जाते हैं, वे सिद्धि–असिद्धि में सम रहकर अपना कर्म करते हैं। श्रेष्ठ कर्मयोगी का यही आचरण है। कर्मयोगी का कर्म (कर्तव्यकर्म) यज्ञस्वरूप होता है। क्योंकि वे आसक्तिहीन होकर चित्त को परमात्मा में लगा देते हैं, जिससे उनका सम्पूर्ण कर्म परमात्मा में विलीन हो जाता है।

3.यज्ञ और यज्ञ का फल (श्लोक २४–३२)

भगवान् श्री कृष्ण आगे कहते हैं कि, हे अर्जुन! यज्ञ अर्थात कर्तव्यकर्म कई प्रकार के होते हैं। तद्नुसार यज्ञ का फल भी प्राप्त होता है। जैसे ब्रह्मयज्ञ में यज्ञकर्ता, अग्नि, आहुति, यज्ञकर्म सबकुछ ब्रह्ममय (सत्–चित्–आनन्द मय) प्रतीत होता है। इस प्रकार के यज्ञ तथा यज्ञ का फल भी ब्रह्ममय होता है। कुछ योगीजन विशिष्ठ देवताओं का अनुष्ठान रूप यज्ञ करते हैं, जिनके लिये वे विशिष्ठ आहुति प्रदान करते हैं। जबकि कुछ योगीजन परब्रह्म परमात्मा रूपी अग्नि में अपने आत्मरूप का ही हवन कर परमात्मा के साथ एकीकार हो जाते है।

अन्य योगीजन अपने समस्त इन्द्रिय को संयम रूपी अग्नि में हवन करते हैं, तो कुछ इन्द्रिय के विषयों की आहुति इन्द्रियरूप अग्नि में देते हैं। कुछ योगीजन इन्द्रिय के सम्पूर्ण क्रियाओं को तथा प्राणों के सम्पूर्ण क्रियाओं को ज्ञान से प्रकाशित आत्मसंयमरूप अग्नि में हवन कर देते है। कई लोग द्रव्य सम्बन्धी यज्ञ करते हैं, तथा कई लोग योगरूप यज्ञ करते हैं , कई लोग अहिंसादि तीक्ष्ण व्रतों से युक्त यज्ञ करते हैं, तो कई लोग स्वध्यायरूपी ज्ञानयज्ञ करते हैं । दूसरे कितने ही योगी अपान–वायु में प्राण–वायु को हवन करते है। वैसे ही कई योगीजन प्राण–वायु में अपान–वायु को हवन करते हैं । कुछ जिनका आहार–विहार स्वास्थवर्धक है, तथा वे प्रणायाम परायण हैं, तो वे प्राण –अपान की गति को रोककर प्राणों को प्राणों में ही हवन करते हैं। सभी प्रकार के साधक,पापों को नाश कर यज्ञों को जानने वाले है।।

किसी भी यज्ञ में आहुति के उपरांत यज्ञफल के रूप में, जो,अमृत प्राप्त होता है, इसका अनुभव करने वाले को परब्रह्मपरमात्मा का अनुभव होता है। यज्ञ न करनेवाले लोग हमेशा परेशान रहते है। उन्हें जब इसलोक में भी शान्ति प्राप्त नहीं हो पाती है , तो उन्हें परलोक में शान्ति या मुक्ति कैसे प्राप्त हो सकती है। बहुत प्रकार के यज्ञों का विस्तार से वेदों में वर्णन है। परन्तु सब

के सब मन, इन्द्रिय और शरीर द्वारा होनेवाले क्रियाओं का हीं रूप है। यज्ञ को तत्त्व से जानकर उसका अनुष्ठान करने पर लोग कर्मबन्धन से सर्वथा मुक्त हो जाते है।

4.ज्ञान की महिमा(श्लोक ३३–४२)

हे अर्जुन! द्रव्यमय यज्ञ के अपेक्षा ज्ञानयज्ञ अत्यन्त श्रेष्ठ हैं । तथा सत्य यही है कि, सम्पूर्ण कर्म विलय ज्ञान में हो हीं जाता है । उस ज्ञान को जानने के लिये तत्वदर्शी के पास जाकर उनका सम्मान कर उनसे तत्वज्ञान प्राप्त करना चाहिए। इस ज्ञान को प्राप्त करने से मोह का नाश हो जाता है,क्योंकि इस तत्वज्ञान के बाद सम्पूर्ण भूत अपने ही समान लगने लगता है। तथा इसके उपरांत सम्पूर्ण भूत ब्रह्ममय प्रतीतहोने लगते हैं। ज्ञान के नौका के द्वारा घोर पापी भी संसार समुद्र से भलीभाँति तर जाता है। जैसे प्रज्वलित अग्नि ईंधनों को भष्म कर देती है ,उसी प्रकार ज्ञानरूपी अग्नि समस्त कर्मों को भस्म कर देती है। इस संसार में ज्ञान के समान पवित्र करनेवाला कुछ भी नही है, इसलिये कर्मयोगी कुछ हीं काल में ज्ञान के द्वारा ही शुद्धान्तःकरण हुआ अपने आप को आत्मा में पा लेता है। जतेन्द्रिय, साधनपरायण और श्रद्धावान मनुष्य ज्ञान को प्राप्त होकर बिना विलम्ब के तत्काल हीं परमशाँति को प्राप्त करता है।

विवेकहीन श्रद्धारहित तथा संशययुक्त मनुष्य परमार्थ से अवश्य भ्रष्ट हो जाता है, जिसके कारण उसे न तो इस लोक में और नहीं परलोक में सुख प्राप्त होता है।

हे अर्जुन! जिसने कर्मयोग की विधि से समस्त कर्मों को परमात्मा में अर्पित कर दिया है, और विवेक के द्वारा सम्पूर्ण संशयों का निवारण कर लिया है, उसका अन्तःकरण वश में होता है, एवं वह कर्म में नही बंधता है।

इसलिए हे अर्जुन! तु अपने ह्रदय में अवस्थित अज्ञानजनित संशय को ज्ञान रूपी तलवार द्वारा समाप्त कर डालो ,एवं समत्वरूप कर्मयोग में स्थित होकर युद्ध के लिए तैयार हो जाओ।

तत्व विवेचना

इस अध्याय में सनातन मानव धर्म के स्तम्भों को बहुत ही साधारण भाषा में इस प्रकार प्रस्तुत किया गया है। जिससे सनातन धर्म से सम्बधित कई अवधारणायें स्पष्ट हो जाती है। इस अध्याय में समावेशित सनातन अवधारणा इस प्रकार है :

1. **पुनर्जन्म की अवधारणा**–सनातन धर्म में पुर्नजन्म की अवधारणा यह बताती है, कि जबतक जीव मुक्त नही हो जाता तब तक वह जन्म–मरण के चक्र में फँसा ही रहता है। अर्थात् उसका उसके कर्मों के अनुसार उसका जन्म होता रहता है। इस बात का खुलासा भगवान कृष्ण अर्जुन के एक शंका के बाद करते हैं। इस अध्यायके प्रारंभ में श्रीकृष्ण यह बताते हैं कि, उन्होने कर्मयोग का ज्ञान सर्वप्रथम सूर्य को दिया,तो अर्जुन को शंका होती है,कि सूर्य तो सृष्टी के आरंभ में उत्पन्न हुये थे, और कृष्ण का जन्म अर्वाचीन है, फिर कृष्ण सूर्य को कर्मयोग की शिक्षा कैसे दे सकते हैं। इसी शंका के समाधान के लिए श्री कृष्ण अर्जुन को पुनर्जन्म की बात बताते हैं,और कहते हैं कि हमलोगों के अनेक जन्म हो चुके हैं, जो मुझे याद है। परन्तु तुम्हें याद नही हैं। इसलिए तुम्हें यह शंका हो रही है। भगवान अपने उत्पत्ति का कारण अर्जुन को बताते हुए कहते हैं कि **जब जब पृथ्वी पर अधर्म और मिथ्याचार बढ़ जाता हैं तो,मैं धर्म की रक्षा के लिये और पापीयों के नाश के लिये युगोंयुगों से प्रकट होता रहा हूँ,जिससे धर्म की मर्यादा स्थपित रहे।**

(यहाँ धर्म का अर्थ प्रकृति के अनुसार धर्म एवं पापी का अर्थ प्रकृति विरूद्ध आचरण करनेवाले से है,जिसका जिक्र तीसरे अध्याय में किया जा चुका है। आज के प्रचलित धर्म तथा श्रीमद्भगवद्गीता में वर्णित धर्म दोनों अलग–अलग हैं।)

2. **वर्ण व्यवस्था की अवधारणा**– भारतीय समाज का वर्गीकरण भारतीय पौराणिक ग्रन्थों के अनुसार तीन प्रकार से किया जाता हैं :

- **वर्ण व्यवस्था** :–इस व्यवस्था में समाज का आध्यात्मिक वर्गीकरण किया गया है। इस व्यवस्था के अनुसार वर्ण को चार भागों में बाँटा जाता हैं

1. ब्रह्मण वर्ण :– सात्विक गुणों से ओत–प्रोत अकर्म प्राप्त वर्ण।
2. क्षत्रियवर्णः–राजस एवं सात्विक मिश्रीत गुणों वाले स्वभाविक कर्म वाले वर्ण।
3. वैश्य वर्ण :–राजस और तामस मिश्रित गुण वाले स्वभाविक कर्म वाले वर्ण।
4. शूद्र वर्ण :– तामस गुणों की अधिकता वाले स्वभाविक कर्म वाले वर्ण।

श्रीमद्भगवद् गीताके श्लोक 4.13 में भगवान श्री कृष्ण का कथन है कि, उन्होंने गुण और कर्म के आधार पर चार वर्णों की रचना की है। इसमें समाज के वर्गीकरण का आधार आध्यात्मिक है।

जिसमें गुण का अर्थ हैं : 1. सात्विक गुण, 2. राजसी गुण, 3. तामसीकगुण, तथा कर्म का अर्थ है: स्वभाविक कर्म का स्तर जिसकी पराकाष्ठा अकर्म हैं। किसी भी व्यक्ति की निष्ठा उसके कर्मों के गुणविभाग और कर्मविभाग के अनुसार होती है। इसी निष्ठा को वर्ण भी कहते हैं । कर्मयोग से निष्ठा अथवा वर्ण में उत्थान होता रहता है। किसी भी व्यक्ति का वर्ण उसके जन्म के अनुसार नहीं बल्की उसकी निष्ठा के अनुसार होता है।

इस अध्याय में, श्री कृष्ण का यह कथन जन्म के अनुसार वर्णव्यवस्था को मान्यता नहीं देता है। जन्म के अनुसार जो व्यवस्था भारत में प्रचलित है, वह है जाति व्यवस्था, इस व्यवस्था के कारण भारतीय समाज में अनेक विवाद हैं। गीता के प्रथम अध्याय में अर्जुन जातिधर्म और कुलधर्म की बात जरूर करते हैं। परन्तु श्री कृष्ण केवल स्वधर्म की बात करते हैं। वर्ण गुणवाची शब्द है, जिसमें परिवर्तन संभव है, जैसे महर्षि विश्वामित्र एक क्षत्रिय राजा थे, परन्तु अपने गुणों के विस्तार के कारण जो ब्रह्मण वर्ण के माने गये। इस प्रकार के कई उदाहरण भारतीये ग्रन्थों में भरे पड़े हैं महर्षि वाल्मिकि, महर्षि वेद–व्यास आदि भी ऐसे ही अनेक उदाहरण है।।

- आश्रम व्यवस्था :– मानव शरीर जीव को मुक्ति प्राप्त करने के लिये प्राप्त योनी हैं। मुक्ति प्राप्त करने के लिये मानव की सम्पूर्ण क्रियाशील आयु (जो 100 वर्ष माना गया हैं ।) को चार भागों / आश्रमों में बॉटा गया हैं :

1 **ब्रह्मचर्य आश्रम** :– यह किसी भी मानव जीवन का प्रथम आश्रम है। जिसमें वह ज्ञान अर्जन करता है। इसमें मानव करीब 25 वर्ष की अवस्था तक रहता है।

2. **गृहस्थ आश्रम** :– यह मानव जीवन का द्वितीय आश्रम है। इस आश्रम में प्रवेश विवाह संस्कार के उपरांत होता है। इस आश्रम में मानव अपने प्राप्त शिक्षा का उपयोग कर वह जीविकोपार्जन करता है।इस आश्रम में मानव को अपने कई सामाजिक दायित्यों का निर्वाह करना होता है।इसी आश्रम में मानव जीवन के तीन मुख्य ऋण से मुक्त होने का अवसर प्राप्त होता है। इसकी अवस्था 25–50 वर्ष की आयु मानी जाती है।

3. **वानप्रस्थ आश्रम** :–सामाजिक दायित्वोंको पूर्ण करने के उपरांत मोक्ष की इच्छा रखने वाले लोग, भौतिक जीवन से आध्यात्मिक जीवन के ओर अग्रसर होते है। कई लोग इसके लिए वन को प्रस्थान कर जाते हैं, जिससे वे वैर– ईर्ष्या इत्यादि से दूर रहकर मन को शांत पाये। इसकी

अवस्था 50–75 वर्ष की आयु मानी जाती है। इस अवस्था के अन्त तक लोग वैराग्य को प्राप्त कर लेते हैं।

4. **सन्यास आश्रम** :–जब मनुष्य विरक्त हो जाता है। तो सन्यास आश्रम का प्रारंभ होता है। इस आश्रम में मनुष्य का समय केवल भगवत्‌चिंतन में बीतता है, और वह सांसारिक मोह से मुक्ति पा लेता है। यह जीवन की अन्तिम अवस्था है।

➢ जाति व्यवस्था :– यह व्यवस्था समाज का भौतिक वर्गीकरण है। यह वर्ण व्यवस्था न होकर वर्ग व्यवस्था है। इस व्यवस्था के अनुसार जाति को उसके संस्कारों के अनुरूप दो भागों में बाँटा जाता हैं ।

1. द्विजाति :– द्विजाति का अर्थ होता है,दो बार जन्म लेनेवाले, एक बार माँ के गर्भ में 9 माह रहने के उपरांत और दूसरी बार गुरुकुल में रहकर संस्कार पाने के बाद। द्विजाती को पुनः तीन वर्गोंमें विभाजित किया जाता हैं ।

❖ **ब्राह्मणः–**वे द्विजाति जो सारी शिक्षाओं के साथ वेद–विज्ञान में भी पारंगत होतें हैं ।

❖ **क्षत्रिय** :– वे द्विजाति जो शस्त्र ज्ञान में पारंगत होते हैं।

❖ **वैश्य :–** वे द्विजाति जो वाणिज्य के ज्ञान में पारंगत होते हैं ।

2. **शूद्र** :– शूद्र जाति के लोग उपर्युक्त ज्ञान में पारंगत नही माने जाते हैं। क्योकि कतिपय कारणों से वे गुरूकुल नहीं जा पातें हैं । परन्तु वे काफी मेहनती होते हैं एवं वे अपने परिवार के परंम्परागत कर्म में सिद्धहस्त होते हैं । वे वाणिज्य में पारंगत नहीं होने के कारण वे दीन हीन अवस्था में जीवन बिताते हैं। कुछ लोगों का मानना हैं कि पूर्वकाल में स्त्रीयॉ भी गुरूकुल नहीं जाती थी , इसलिए उन्हें भी समाज में महत्व नहीं दिया जाता था ।

विद्वानो के अनुसार शूद्र शब्द का अर्थ है, शोक संतप्त। महान विचारक एवं भारतीय संविधान के प्रमुख निर्माताओं में से एक डॉ0 भीम राव अम्बेडकरका मानना है कि, शूद्र भी आर्य ही थे , जो भारत में बहुत पहले आ गये थे। परन्तु कालान्तर में जब अन्य आर्य भारत आये तो पहले से आये आर्यों को युद्ध में जीतकर युद्धबन्दी अथवा दास बना लिये। जो प्रायः शोक संतप्त रहते थे, अतः उन्हें शूद्र की संज्ञा से पुकारा जाने लगा एवं उनका बहुत सारा मानव–अधिकार छीनकर उन्हें अपमानित किया जाने लगा। कालान्तर में यही व्यवस्था राजनीतिक कारणों से भारतीय समाज

की व्यवस्था में शामिल हो गई। इसका असर तत्कालीन भारतीय ग्रन्थों में देखने को मिलता है। आज भी भारतीय समाज में कई स्थानों पर उन मतोंका कुप्रभाव देखने को मिलता है। जातीय व्यवस्था कोई धार्मिक व्यवस्था नहीं है। भारत के आजादी के बाद यह भारतवर्ष का सामाजिक –राजनितिक मुद्दा बन गया है।

कुछ लोगों का मानना है, कि वेद भी जाति व्यवस्था का पोषण करता है। अब हम इस कथन के विवेचना के लिये ऋगवेद के पुरुषसूक्तम् पर दृष्टिपात करते हैं ।

ऋगवेद में वर्णित पुरुषसूक्तम् के ११ वें श्लोक के अर्थ को साधारण लोगों जातीय व्यवस्था का पोषक मानतेहैं ।परन्तुपुरुषसूक्तम् के संदर्भ को ध्यान देने से यह स्पष्ट हो जाता है कि, पुरूषसूक्तम् का ११ वें श्लोक भी जाति व्यवस्था का पोषक नहींहै। पुरुषसूक्तम् में संसार के रचयिता को विराटपुरूष कहा गया है,जो अनन्त तक विस्तृत हैं।पुरुषसूक्तम्का दसवाँश्लोक इस प्रकार है :

यत्पुरूषं व्यदधुः कतिधा व्यकल्पयन्।
मुखं किमस्यासीत् किम् बाहूँ किमूरूपादाउच्यते।।

जिसका अर्थ है कि, संकल्प द्वारा प्रकट हुए जिस विराट् पुरुष का ज्ञानी जन विविध प्रकार से वर्णन करते हैं । उनकी कल्पना के अनुसार,विराटपुरुष का मुख किस प्रकार का है? विराट् पुरुष की भुजायें किस प्रकार की है ? विराट पुरुष का ऊरू क्या है ? तथा विराट् पुरुष का पाद क्या है ? इन्हीं प्रश्नों का उत्तर पुरूषसूक्तम् के ११ वें श्लोक में दिया गया है। जो इस प्रकार हैं:

ब्राह्मणोंस्य मुखमासीद् बाहू राजन्यः कृतः।
ऊरूतदस्ययद्वैश्यः पद्भ्यॉ शूद्रोअजायत।।

जिसका अर्थ पुरुषसूक्तमके दसवेंश्लोकके संदर्भ में इस प्रकार है :

विराटपुरुष का मुखमण्डल ब्रह्मण के समान है (जो विचारशील है), विराटपुरुष की बाहू राज प्रदान करने वाला पराक्रमी क्षत्रीय के समान है (बाहू पराक्रम के लिये है), ऊरू वैश्य के समान है (वैश्य पालन पोषन करने वाला) तथा शूद्र पैर के समान है (जिसकी मदद से ही ये तीनों अपना काम ठीक से कर पाते है)। इस श्लोक के दूसरे भाग पर गौर करने पर स्पष्ट हो जाता है, कि इस श्लोक (११ वें श्लोक) के माध्यम से १०वें श्लोक के प्रश्नों का सांकेतिक उत्तर दिया गया है। जैसे ऊरूतदस्ययद्वैश्यः

का संधिविच्छेद ऊरू + तदस्य + यद् + वैश्य है, जिसका अर्थ है, उनका(विराट पुरुष का) ऊरू वैसा ही है , जैसा कि वैश्य होता है,सामाजिक व्यवस्था में समाज के पालन–पोषण हेतुकर्म करने वाले वैश्य कहलाते हैं। वैश्य शब्द की व्युत्पति विष्णु (पालन पोषण करने वाले पामात्मा) से हुई है। परन्तु इस श्लोक का अन्तिम भाग **पद्भ्यॉशूद्रोअजायत** सबसे ज्यादा विवादस्पद माना जाता है। क्योंकि इसका शाव्दिक अर्थ है कि पाद(शरीर का निचला हिस्सा) से शूद्रों का जन्म हुआ है। लेकिन यह पुरूषसूक्तम् के दसवें श्लोकके संदर्भ में असंगत प्रतीत होता है। क्योंकि पुरूषसूक्तम् के दसवें श्लोक में प्रश्न है: **किमूरूपादाउच्यते ?**

जिसका संधिविच्छेद है किम् + ऊरू + पाद् + उच्यते जिसका शाब्दिक अर्थ हैं – ऊरू और पाद् को क्या कहा जाता हैं ? इसका उत्तर में पुरूषसूक्तम् के ११ वें श्लोकके अनुसार यह कहा जा सकता है,कि ऊरू को वैश्य तथा पाद को शूद्र कहा जा सकता है। अर्थात् पुरूषसूक्तम् में बताया गया श्लोक जातिव्यवस्था की पुष्टि नहीं करता परन्तुउस समय के समाज के चारोंवर्णों के मुख्य गुणधर्म और क्रम का सांकेतिक वर्णन करता हैं ।

कई अल्पज्ञानी श्री रामचरित मानस को जाति व्यवस्था का पोषक मानते हैं परन्तु गोस्वामी तुलसीदास उत्तर काण्ड में रामराज्य के जातीय व्यवस्था का वर्णन करते हुए कहते हैं :

बरनाश्रम निज निज धरम निरत वेद पथ लोग।
चलहिं सदा पावहिं सुख नहिं भय सोक न रोग।।

अर्थात् रामराज्य में लोग बरनाश्रम धर्म का पालन करते थे।

समाज में प्रचलित अछूत जाति का वर्णन किसी भी प्रामाणीक सनातन धर्मग्रन्थ में नहीं है। यह सनातन धर्म अथवा मानव धर्म के विरूद्ध हैं । राजनितिक स्वार्थ एवं अज्ञानतावश यह अभी भी समाज में व्याप्त है । गोस्वामी तुलसीदास कलियुगमें सनातन धर्म को छोड़कर अलग–अलग पंथ के बारे में कहतेहैं :

कलिमल ग्रसे धर्म सब लुप्त भये सद्ग्रंथ।
दंभिन्ह निज मति कल्पि करि प्रकट किए बहु पंथ।।

अर्थात् कलियुग के कुप्रभाव से सद्ग्रन्थ लुप्तप्राय हैं एवं अहंकारजनित कल्पना के आधार पर कई पंथ विकसित हो रहें हैं ।जिनका वास्तविक सनातन धर्म से कोई समबन्ध नहीं है । समाजसुधारक श्री दयानन्द सरस्वती का आवाहन को हमें आत्मसात करना चाहिऐ कि वेद की ओर लौट चलें ।

३.कर्म, विकर्म और अकर्म की अवधारणा— कर्मकुशलता के अनुसार कर्म को तीन वर्गों में विभाजित किया गया है—कर्म, विकर्म और अकर्म,जो कर्म का ही वर्गीकरण है। श्री कृष्ण ऐसा मानते हैं कि कर्म और अकर्म में अन्तर करने में अच्छे-अच्छे विद्वान भी मोहित हो जाते हैं। इसलिये वे अर्जुन से कहतें हैं कि, हे अर्जुन! तु इसको अच्छी तरह से समझ,क्योंकि इनको अपनाकर तुम कर्मबन्धन से मुक्त हो जायेगा।

कर्म-विकर्म और अकर्म को समझाने के लिये कई विद्वान अलग अलग उदाहरणों का सहारा लेते हैं । उन्हींमें से एक उदाहरण निम्नवत है। कल्पना कीजिये एक व्यक्ति अपने छोटे बच्चे के साथ जो तैरना नही जानता है,किसी निर्मल जलाशय के पास जाकर जलाशय में उतरने को कहता हैं संभव हैं, बच्चा जलाशय में उतरने से बचने की कोशिश करेगा, तथा संभव हैं , वह रोने का उपक्रम करे, जिससे वह जल में उतरने से बच जाये तथा यह भी संभव है,, वह कई अन्य बच्चों को तैरता देख उसका विचार तैरने का हो, चूकि वह तैरना नही जानता परन्तु साथ में पिता की उपस्थिति के कारण उसका यह विश्वास बढ़ जाता है, कि वीपरीत परिस्थिति में उसके पिता उसे मदद करेंगे। अव वह निर्मल जलाशय में उतरकर तैरने वाले वच्चों का अनुकरण करता हुआ तैरने की कोशिश करता है। ऐसा कई दिनों तक चलता है, और वह अच्छी तरह से तैरना सीख जाता है। फिर एक दिन वह ऐसी अवस्था में होता है कि, उसे तैरने में आनन्द महसूस होने लगता है, तथा उसे उसके पिता की उपस्थिति की जरूरत भी महसूस नही होती है।

इस उदाहरण में उस बच्चेके उपक्रम को तीन भागों में बाँटा जा सकता है:—

1. तैरना जानने ये पहले की स्थिति जब वह दुविधा की स्थिति में होता है कि जलाशय में जाना चाहिये या नही जाना चाहिये इस स्थिति में मनुष्य का उपक्रम कर्म की श्रेणी में आता है। कर्म की अवस्था में मन में सफलता-असफलता का द्वन्द्व चलता रहता है।

2. तैरना सीखने की अवस्था में बच्चे को पिता के उपस्थिति के कारण आत्मबल बढ़ता है, तथा अन्य तैरने में कुशल लोगों को देखकर कर्मप्रेरणा मिलती है,बाह्य प्रेरणा और आन्तरिक आत्मबल के कारण वह अपने विशेष उपक्रम के द्वारा तैरने में अपनी कुशलता बढ़ाता है। उपक्रम की ऐसी स्थिति

विकर्म की श्रेणी में आती है। अतः और वाह्य कर्मप्रेरणा के कारण कर्म विकर्म की स्थिति को प्राप्त करता है।

3.जब वह तैरने में कुशल हो जाता है, तो उसे तैरने में आनन्द का अनुभव होने लगता है। क्योकि उसका तैरने से जुड़ा भय समाप्त हो जाता है। जिसके कारण उसके कर्मफल की चिन्ता समाप्त हो जाती है। कर्म में आनन्द के कारण उसे कर्म करने का अनुभव (घबराहट और थकान) भी नही होता है। उपक्रम की आनन्दमयी अवस्था को अकर्म की श्रेणी में रखतेहैं। कर्म की पराकाष्ठा अकर्म है। जब कर्म अकर्म का रूप ले लेती है, तो कर्मफल की चिन्ता नही रहने के कारण कर्म में हीं आनन्द की अनुभूति होती है।

वास्तव में कर्म ज्ञान का ईंधन है। जब इसमें आत्मबल रूपी अग्नि का समावेश होता है, तो ज्ञान रूपी तेज प्रस्फुटित होता है। तथा कर्म जब अकर्म का रूप ले लेता है, तो कर्मयोगी भगवान विष्णु की पहचान शांताकारं भुजंगशयनं के रूप में होतीहै। अर्थात वीपरीत परिस्थिति में भी शांत रहनेवाला ।

4. यज्ञ की अवधारणा – यज्ञ का अर्थ है सत्कर्म अर्थात वैसा कर्म जिससे किसी का नुकसान न हो, लोग समझते हैं कि मुक्ति के लिये विधि विधान से यज्ञ करना चाहिये। इसी भ्रम को दूर करने के लिये विद्वान कहते हैं कि,यज्ञ का विधि विधान सांकेतिक उपक्रम है। यज्ञ का उदेश्य तो इन्द्रिय सहित मन पर विजय एवं भोगों से आसक्ति का त्याग है, इससे उसे संतोष की प्राप्ती होती है। एवं मन द्वन्द्वमुक्त हो जाता है। जो व्यक्ति ऐसा कर पाने में सक्षम हो जाता है, वह कर्म करते हुये कभी पाप करता ही नहीं इसलिय मुक्त हो जाता है। यज्ञ ज्ञानोदय (Enlightment) का प्रबल माध्यम है। मानव मुक्ति के तीन उपाय हैं, यज्ञ, तप और दान, परन्तु सामान्यतः इन तीनों के संयुक्त रूप को हम यज्ञ की संज्ञा देते हैं। किसी भी यज्ञ के लिये यज्ञकर्ता, यज्ञपुरोहित, अग्नि,समिधा और अधिष्ठान की आवश्यकता होती है। संमिधा जब अग्नि में विलीन हो जाती है, तो तेज प्राप्त होता है। मनुष्य अनेक प्रकार का यज्ञ करता हैं। जैसे :

क्र	यज्ञ की संज्ञा	अग्निका स्वरूप	समिधा का स्वरूप
1	देव अनुष्ठान	साक्षात अग्नि	औषधि
2	आत्मरूप यज्ञ	परमात्मा	अहंकार
3	विषय यज्ञ	इन्द्रिय	विषय

4	द्रव्य यज्ञ	दान	द्रव्य
5	कर्मयोग यज्ञ	कर्म	अज्ञान
6	ज्ञान यज्ञ	ज्ञान	समस्त क्रिया
7	योग यज्ञ	प्राण/ अपान	अस्थिर विचार
8	तत्वज्ञान यज्ञ	शुद्ध अन्तःकरण	माया

भगवान श्री कृष्ण कहते हैं कि, किसी भी रूप के यज्ञ के उपरांत तेज (अनुभव) रूपी अमृत प्राप्त होता है। जो परमब्रह्म (परमसत्य) को प्राप्त करने का मार्ग प्रशस्त करता है। किसी भी प्रकार की आसक्ति परमसत्य को पाने के बाद समाप्त हो जाती है। मनुष्य की इस स्थिति को संन्यास (सत्य का न्यास) की स्थिति कहते हैं ,क्योंकि वह यज्ञ द्वारा सत्य के पथ पर अग्रसर हो जाता है। इस प्रकार प्राप्त ज्ञान में कोई भ्रान्ति या मोह नहीं रहता, बल्कि श्रद्धा उत्पन्न होती है, जिससे मनुष्य को शान्ति की प्राप्ती होती है। कर्मयोग रूपी यज्ञ तो अत्यन्त पापियों का भी उद्धार करता हैं, क्योंकि कर्मयोग से उत्पन्न ज्ञान सम्पूर्ण अभिमान को नष्ट कर देता है ।

विवेकहीन लोग यज्ञ/सत्कर्म नही करते फलस्वरूप वे संशययुक्त और श्रद्धाहीन हो जाते हैं। यज्ञहीन लोग इस लोक में भी दुःखी रहते हैं एवं परलोक में भी उन्हें सुख की प्राप्ती नही होती है।

5.योग और प्राणायाम–इस अध्याय में योग के बारे में श्री कृष्ण बतलाते हैं कि, योग के पहले प्राणायाम की आवश्यकता होती है। हम जो श्वास लेते हैं उसे प्राणवायु कहतें हैं। तथा जो श्वास शरीर से बाहर आती हैं उसे अपान वायु कहते हैं । श्वास लेने की प्रक्रिया पूरक कहलाती है,एवं श्वास छोड़ने की प्रक्रिया रेचक कहलाती है। ऐसा प्रायः अनुभव किया जाता है कि, जब बहुत ध्यान से काम किया जाता है, जैसे सुईमें धागा पिरोना इत्यादि, तो श्वास लगभग रुक सी जाती है। श्वास रोकने की प्रक्रिया को कुम्भक कहते हैं। इस अध्याय में श्री कृष्ण योग–यज्ञ की पद्धति बताते हुए कहते हैं कि, कई योगीजन अपानवायु में प्राणवायु को हवन करते हैं। वैसे हीं कई योगीजन प्राणवायु वायु में अपानावायु को हवन करते हैं । कुछ योगी प्राण –अपान की गति को रोककर प्राणों को प्राणों में ही हवन करते हैं । इसका अर्थ बहुत गूढ़ हैं ।कई विद्वान इसे कई प्रकार से बताते हैं ।

- अपानवायु में प्राणवायु का हवन :– यह वाह्यकुम्भक का प्रारूप है।इस प्रक्रिया में योगी प्राणवायु को अपानवायु के निकलने के बाद कुछ देर के लिए बाहर ही रोक लेते हैं ।

- प्राणवायु में अपानवायु का हवन :– यह अन्तः कुम्भक का प्रारूप है। इस प्रक्रिया में यागी प्राणवायु को अन्दर लेने के बाद अपानवायुको कुछ देर के लिए अन्दर ही रोक लेते है ।
- प्राणवायुका प्राणवायु में हवनः– इस प्रक्रिया में योगी प्राण– अपान की गति को कुछ देर के लिये किसी भी स्थिती में रोक लेते हैं। इसके लिए बहुत ही ज्यादा अभ्यास की जरूरत होती है।

ग्रन्थों में प्राणवायु या अपान वायु के रोकने की प्रक्रिया को ही प्राणायाम के नाम से जाना जाता हैं । महर्षि पतंजलि योग को परिभाषित करते हुये कहते हैं कि **योगः चित्तवृत्तिनिरोधः** अर्थात् चित्त् के वृत्ति का निरोध ही योग है। प्रायः चित्त् की वृत्तियाँ श्वास की गति को प्रभावित करती है,एवं ध्यान की अवस्था में चित्त् की वृत्ति प्रायः रुक सी जाती है। अतः भगवान श्री कृष्ण का कथन है कि योगयज्ञ करने वाले योगी प्रायः प्राणयाम या श्वास को विभिन्न अवस्थाओंमें रोकने का प्रयास करते हैं। जिससे वे आसानी से ध्यान की स्थिति प्राप्त कर सके।

6.मोक्ष की अवधारणा– यहाँ मोक्ष का अभिप्राय जानना आवश्यक है। मोक्ष का अभिप्राय है, अपनी मूल अवस्था में लौट आना। भारतीय मनीषियों ने अपने आध्यात्मिक ज्ञान को वेदों में संकलित करते हुये कहा है कि, सृष्टि के निर्माण का केवल अंदाजा लगाया जा सकता है, क्योंकि सृष्टी के निर्माण के पूर्व कुछ भी नहीं था। परन्तु इतना तो निश्चित है कि,सृष्टि के निर्माण के पीछे कोई चैतन्य शक्ति है। यह चैतन्य शक्ति हिरण्य के अंड़े का महाविस्फोट के कारण दो टूकड़ो में विभक्त होने और उस अंडे से महाचैतन्य शक्ति ब्रह्माके प्रकट होने के साथ आरंम्भ हुई। इसी चैतन्य शक्ति के मौलिक चैतन्य कण का नाम आत्मा है। जिस प्रकार चुम्बक के प्रत्येक कण में चुम्बकीय गुण होता है,उसी प्रकार महाँचैतन्य शक्ति के प्रत्येक कण में चेतना होती है।अर्थात आत्मा में चेतना होती है।इसी चेतना के कारण आत्मा में इच्छा जाग्रत होती है। इसी इच्छा को पूरा करने के लिये उसे शरीर धारण करना पड़ता है। परन्तु जब आत्मा अपने आप को परमात्मा के ही मौलिक तत्त्व के रूप में पहचान लेती है, तो आत्मा की इच्छायें समाप्त हो जाती है, जिससे वह जन्म मरण के चक्र से मुक्त हो जाता है। अध्यात्मिक जगत में आत्मा के इच्छामुक्त होने की स्थिति को मोक्ष की स्थिति कहते है। आत्मा को परमात्मा से जोड़ने वाले योजक कड़ी को भक्ति के नाम से जाना जाता हैं ।

वेदों में वर्णित सृष्टि निर्माण का आध्यात्मिक सिद्धान्त,श्रीमद्भगवद् में वर्णित मोक्ष की अवधारणा को पूर्णरूप से पुष्ट करती हैं ।

उपसंहार

श्रीमद्भागवत्गीता के तीसरे अध्याय तक श्री कृष्ण अर्जुन के सखा के रूप में प्रस्तुत थे। परन्तु चौथे अध्याय में वे अचानक अपने आप को भगवान के रूप में प्रस्तुत कर दिये। आध्यात्म के दृष्टिकोण से उपनिषदों का कथन **तत् त्वं असि** के अनुसार एक साधारण से साधारण जीव ब्रह्म का ही स्वरूप है, तो कृष्ण भगवान क्यों नहीं हो सकते। वे भगवान होने के लिये एक शर्त का उल्लेख करते हैं । वह त्रिगुण प्रकृति के प्रभाव से परे हैं । त्रिगुण प्रभाव से परे होने का अर्थ मुक्त होना है।कर्मयोगी और संन्यासी दोनों ही मुक्त होते हैं क्योंकि कर्मयोगी आसक्तिरहित होकर निष्काम कर्म करते हैं। जबकि संन्यासी को कर्म करने में कर्तापन का आभास ही नहीं होता है। उसे ऐंसा प्रतीत होता हैं कि ,वह कुछ कर ही नहीं रहा है। वास्तव में यहीं अवस्था अकर्म की कही जाती है। फलस्वरूप वह अपने कर्म में ही आनन्द का अनुभव करता है।

कर्मयोगी और संन्यासी दोनों ही कर्म परिणाम की चिन्ता से मुक्त होते हैं। इस अध्याय में भगवान श्री कृष्ण ने कर्मयोग और कर्मसंन्यास दोनों पर प्रकाश ड़ाला। तथा दोनों को समान रूप से कल्याणकारी एवं मुक्ति का साधन बताया। तृतीय अध्याय के अनुसार कर्मयोग मुक्ति का उत्तम साधन हैं। जबकि चतुर्थ अध्याय में भगवान ने सन्यास को भी कर्मयोग जैसा ही उत्तम बताते हैं।

अर्जुन के मन में इस स्थिति में प्रश्न उभरना स्वभाविक हैं कि जब कर्मयोग और कर्म–सन्यास दोनों समान रूप से कल्याणकारी है, तो फिर श्री कृष्ण अर्जुन को सन्याससे रोककर युद्ध करने को क्यों कह रहे हैं,अर्थात् अर्जुन का प्रश्न कि युद्ध करना उचित है या सन्यास लेना उचित ह।श्री कृष्ण के इतना समझाने के बाद भी अनउत्तरित ही है। आगे के अध्याय में श्री कृष्ण अर्जुन के इस प्रश्न का समाधान करने की कोशिश करते हैं ।

—ःऊँ तत् सतः—

पंचम अध्याय
कर्मसन्यासयोग

श्रीमद्भगवदगीता पंचम अध्याय एक दृष्टि	
कुल श्लोकों।की संख्या	२६
कुल श्लोक (श्री कृष्ण)	२८
कुल श्लोक (अर्जुन)	१
कुल श्लोक (धृतराष्ट्र)	0
कुल श्लोक (संजय)	३
मूल विषय	**कर्म और सन्यास**

श्री गणेशाय नमः

श्लोकः

वेदेषु धर्मवचनेषु तथागमेषु
रामायणेपि च पुराणकदम्बके वा।
सर्वत्र सर्वविधिना गदितस्त्वमेव
तस्मात्वमेव शरणं मम दीनबन्धो।।

दो0–**पार्थ भ्रमित कहने लगे प्रभु करो भ्रम मेरा नाश।**
कर्म कभी उतम कहते कभी उत्तम कर्म सन्यास।1।
दो0–**स्पष्ट करें प्रभु साधन कौन सा देता जग निर्वाण।**
समूल तथ्य विचार के निश्चित कर कहे भगवान।2।

संप्रति सस्मित वोले भगवाना। मार्ग उभय करे जग कल्याणा।।
अतिसुगम पार्थ कर्मयोग साधन। कर्म सन्यास दूष्कर आराधन।।
करे कर्म विगत द्वेष–आशा। यही कर्मयोग अपि कर्मसन्यासा।।
दोनों योग अति सुन्दर युक्ति। योगी सुखपूर्वक पाये मुक्ति।।
द्वौयोग कबहूँ न पृथक फलदाई। व्यर्थ बतकहि अज्ञान है भाई।।
कर्मयोगी अपि कर्म सन्यासी। नित्य योग साकार अविनाशी।।
दोनों पथ भवसागर करे पारा। गुडाकेश यही पाण्डीत्य विचारा।।
यथार्थ यही द्वौयोगफल एका। कर्मयोगी प्राप्य वही कर्मविवेका।।
अति कठिन सन्यास बिनु कर्मा। निर्बाहे मन इन्द्रिय कस धर्मा।।
करे योगी मनन भगवतरूपा। शीघ्र करे प्राप्त वह ब्रह्मअनुपा।।

दो0—जाके हो इन्द्रिय नियंत्रित अंतःकरण अपि शुद्ध।
परमात्मा उर में वसे कभी करे न कर्म विरुद्ध।3।
दो0—सचेत रहे निज कर्म में विगत फल असक्ति।
निर्लिप्त कर्म योगी करे पार्थ अपि यही भक्ति।4।
दो0— कर्म सकल भोजन गमन श्वसन बात व्यवहार।
जगृत रहे या करे शयन सकल इन्द्रिय विकार।5।

करे निजकर्म विगत आसक्ति। अर्पित कर्तापन करे भक्ति।।
पाप योगी को छू नही पाता। जिमी सरोवर जल पंकज नाता।।
निरासक्त कर्म परमात्मा हेतु। बुद्धि इन्द्रिय अपि मुक्ति सेतु।।
कर्मयोगी कर्म फल विलगाई। परमात्म स्वरूप वह शान्तिपाई।।
प्रेरित वांछित कर्मफल अभिलाषा। बन्धे सकाम भौतिक कर्मपाशा।।
रहे सन्यासी अन्तःकरण नियंत्रित। न करे कर्म ना करे आमंत्रित।।
रहे नवद्वार गृह देहि पुनिता। शान्त परमात्म अतिसुखी विनीता।।
कर्तापन कबहूँ नहीं रचे विधाता। न रचे कर्म न कर्मफल नाता।।
भौतिक जीवन कर्म स्वाभाविक। जिमि मंझधार में नैया—नाविक।।
स्वीकार करे नही पुण्य पातक। परमात्मा निर्लेप्य सर्वव्यापक।।
मनुज ज्ञान—जड़ता आवृति। अज्ञानी पाये न मोह निवृति।।

दो0—**कर्तापन कर्म न कर्मफल रचना किये भगवान।**
प्रकृति प्रेरित संयोग सब काम क्रोध अभिमान।6।
दो0—**मोहित जग में हो रहा ज्ञानी मूढ़ सब आप।**
ईश्वर ग्रहण न कछु करे कर्म पुण्य औ पाप।7।
दो0—**अज्ञानता नाश जाके भया जानी परम तत्वज्ञान।**
जो दिखा सके परमात्मा तत्वज्ञान रवि समान।8।

मन बुद्धि ईश्वर में एकीभावा। करे ज्ञान निरंतर पाप अभावा।।
तत्परायण मनुज परमगति पावे। जन्म अवसान चक्रछूट जावे।।
पापमुक्त जोज्ञान के कारण। न करे जीव पुनः तनधारण।।
विद्या विनय गुण सम्पन्न ज्ञानी। समदर्शी हेतु सकल सम प्राणी।।
समदर्शी रहे समभाव सबकाला। सम विप्र गज अरू चाण्डाला।।
निर्दोष सच्चिदानन्द भगवाना। सम मनोभाव वही देवसमाना।।
छूटे जगत्त जन्म—मरण आवृति। जाको ज्ञान समदर्शी धृति।।
जो रहे सदा सम हर्ष विषादा। न करे कवहुँ निज पर अपवादा।।

स्थिरचित् संशयहीन ब्रह्मवेता। रहे एकीभाव नित्य आत्मसचेता।।
भौतिकसुख त्यागे संन्यासी। भगवत्भाव पाये सुखराशि।।

दो0—**इन्द्रिय विषय संयोग से उपजे ईच्छा भौतिक भोग।**
विषयी को सुखरूप लगे जग अनित्य दुःखयोग।9।

ज्ञानी नही भौतिक सुख रमता।जाने सकल वह बिषय विषमता।।
काम क्रोध का वेग नियंत्रण। साधक समर्थ है योगी सुमंत्रण।।
अन्तः रमण करे सुख अनुभूति। है आत्मज्ञानी ब्रह्मयोग विभूति।।
है भूत सकल हित योगी प्रवृति। करे ज्ञान सकल संशय निवृति।।
जाके सकल हो पाप के नाशा। निश्चल मन वह प्रभु निवासा।।
काम विगत हो बुद्धि सचेतन। नित्य घ्यान करे मन अवचेतन।।
ईश्वर संगत नित्य संन्यासी। ज्ञानी प्रतीत सकल ब्रह्म राशि।।
मुनि मनन हरि रूप निरन्तर। निश्चय सच्चिदानन्द अभ्यन्तर।।
सम प्राण—अपान भृकुटि मध्य दृष्टि। बिषयातीत अनुरागी सृष्टि।।
इन्द्रियजीत मुनि मोक्षपरायण। भय रोष मुक्त करे सुख गायन।।

दो0— मैं हीं सकल लोक का ईश्वर जाने यह मम् भक्त।
तप यज्ञ दान सकल मम हेतु करे प्रेम अनुरक्त।10।
दो0— मूलतत्त्व मैं शान्तिब्रह्म का दयालु स्वार्थ रहित।
दया प्रेम तत्त्व जान मुझे का तु सत्कर्म पुनित।11।

।।इति पंचम अध्याय।।

श्रीमद्भगवद्गीता पंचम् अध्याय

भावार्थ

श्रीमद्भगवद् गीता का पंचम अध्याय कर्मसन्यास योग के नाम से जाना जाता है। इस अध्याय में कुल २९श्लोक है। अध्ययन की सुविधा के लिए इसे ४ भागों में विभक्त किया जा सकता है।

१. **साख्ययोग और कर्मयोग का निर्णय (श्लोक१—६)** :—अर्जुन श्री कृष्ण से कहते हैं कि, आप कभी कर्मयोग की प्रशंसा करते हैं,तो कभी कर्म सन्यास की प्रशंसा करते हैं । इसलिये दोनों में से एक जो मेरे लिये कल्याणकारक हो निश्चित करके कहिये।

श्री भगवान अर्जुन को समझाते हुये बतातें हैं कि, दोनों ही साधन परम कल्याणकारक है। परन्तु कर्मयोग कर्मसन्यास से सुगम होने के कारण श्रेष्ठ

है। राग द्वेष से मुक्त अनासक्त कर्मयोगी सन्यासी ही मानने योग्य है। क्योंकि वह राग–द्वेषादि द्वन्द्वों से मुक्त पुरूष सुखपूर्वक संसार बन्धन से मुक्त हो जाता है। संन्यासयोग और कर्मयोग को पृथकफल देनेवाला समझना बुद्धिमानों का काम नहीं है। क्योंकि दोनोंमें से किसी भी एक में सम्यक् रूप से स्थित लोग परमात्मा को ही प्राप्त होते हैं। जो ज्ञानयोगी प्राप्त करते हैं। वहीं कर्मयोगी भी प्राप्त करते हैं । परन्तु,हे अर्जुन! कर्मयोग के बिना कर्मसंन्यास अर्थात् सम्पूर्ण कर्मों में कर्तापन का त्याग प्राप्त होना कठिन है। भगवत्स्वरूप को मनन करने वाला कर्मयोगी परंब्रह्म परमात्मा को शीध्र प्राप्त कर लेता है।

२. **सांख्ययोगी तथा कर्मयोगी गुणधर्म (श्लोक ७–१२) :**–हे अर्जुन! जिसका मन अपने वश में रहता है,जो जितेन्द्रिय एवं विशुद्धआत्मा वाला है, तथा जो सम्पूर्ण प्राणियों को आत्मस्वरूप समझता है,वैसा कर्मयोगी कर्म करता हुआ भी लिप्त नही होता है। तत्वज्ञानी कर्मयोगी तो ऐसा समझता है कि, सब इन्द्रियाँ अपना –अपना काम कर रही है। मैं स्वयं कुछ नही कर रहा हूँ। जो लोग अपने सब कर्मों को परमात्मा में अर्पण करके और आसक्ति को त्यागकर कर्म करते हैं,वे पाप से उसी प्रकार लिप्त नही होते हैं,जैसे कमल के पते जल से सदा ऊपर ही रहते है।।

कर्मयोगी ममत्वबुद्धिरहित केवल इन्द्रिय, मन,बुद्धि और शरीरद्वारा भी आसक्ति को त्यागकर अन्तःकरण की शुद्धि के लिये कर्म करते हैं । कर्मयोगी कर्मों के फल का त्याग करके भगवत्त् प्राप्ति रूपी शान्ति को प्राप्त होते हैं। जबकि सकाम पुरुष कामना की प्रेरणा से फल में आसक्त होकर बँधता है।

३. ज्ञानयोग का विषय (श्लोक १३–२६) :–अन्तःकरण जिसके वश में हो,ऐसा सांख्ययोग का आचरण करनेवाले लोग न कर्म करता हुआ और न कर्म करवाता हुआ कर्मों को मन से त्याग कर आनन्दपूर्वक सच्चिदानन्दघन परमात्मा के स्वरूप में नवद्वारवाले शरीररूपी घर में रहते हैं। परमेश्वर मनुष्यों के न तो कर्तापन की, न कर्मों की और न कर्मफल के संयोग की ही रचना करते हैं ,किन्तु मनुष्य का स्वभाव ऐसा ही मानता है। सर्वव्यापी परमेश्वर भी न किसी के पापकर्म को और न किसी के शुभकर्म को ही ग्रहण करते हैं , किन्तु अज्ञान के द्वारा मनुष्य की बुद्धि ढकी हुई है,इससे सब अज्ञानी मनुष्य मोहित हो रहे हैं। परन्तु जिसका अज्ञान परमात्मा के तत्वज्ञान द्वारा नष्ट कर दिया गया है , उनका वह ज्ञान सूर्य के सदृश उस सच्चिदानन्दघन परमात्मा को प्रकाशित कर देता है। जिसका मन और बुद्धि

परमात्मा में निरंतर एकीभाव से स्थित है ,ऐसे तत्वपरायण लोग ज्ञान के द्वारा पापरहित होकर पामगति को प्राप्त करते हैं । वे ज्ञानी विद्या और विनययुक्त ब्रह्मण, गौ, हाथी, कुत्ते और चाण्डाल में भी समदर्शी ही होते हैं। जिनका मन समभाव में स्थित है, उनके द्वारा इस जीवित अवस्था में ही सम्पूर्ण संसार जीत लिया गया है, क्योंकि परमात्मा निर्दोष और सम है।
जो लोग प्रिय को पाकर हर्षित नही होते तथा अप्रिय को पाकर उद्विग्न न हो, वह स्थिरबुद्धि, संशयरहित,ब्रह्मवेता परंब्रह्म परमात्मा में एकीभाव से नित्य स्थित है। बाहर के बिषयों से आसक्तिरहित अन्तःकरण्वाला साधक आत्मा में स्थित जो ध्यानजनित सात्विक आनन्द है, उसको प्राप्त होता है। तदन्तर वह परमात्मा के ध्यानरूप योग अभिन्नभाव से स्थित लोग अक्षय आनन्द का अनुभव करते हैं ।
इन्द्रिय तथा विषयों के संयोग से उत्पन्न होनेवाले सब भोग हैं, यद्यपि विषयी लोग इसे सुख समझते हैं । फिर भी यह दुःख के हेतु ही है ,यह अनित्य है, इसलिये बुद्धिमान विवेकी लोग इसमें नहीं रमते हैं। जो साधना कर मनुष्य शरीर में, शरीर नाश से पहले ही काम –क्रोध से उत्पन्न होनेवाले वेग को सहन करने में समर्थ हो जाता है, वहीं सुखी है। जो अन्तरात्मा में ही सुख वाला है,वह आत्मा में ही रमण करता है। वह परमात्मा के साथ एकीभाव को प्राप्त सांख्ययोगी शान्तब्रह्म को प्राप्त होता है, जिनके सब पाप नष्ट हो गये हों, जिनके सब संशय ज्ञान द्वारा निवृत हो गये हों, जो सम्पूर्ण प्राणियों के हित में रत है, और जिसका जीता हुआ मन निश्चलभाव से परमात्मा में स्थित है, वे ब्रह्मवेता शान्त ब्रह्म को प्राप्त होते हैं । काम – क्रोध से रहित जीते हुये चित्वाले परब्रह्म परमात्मा का साक्षात्कार किए हुये ज्ञानी के लिये सब ओर से परब्रह्म परमात्मा ही परिपूर्ण है।
४. भक्तिसहित ध्यानयोग का वर्णन (श्लोक २७–२६) :–बाहर के विषय–भोगों को न चिन्तन करता हुआ, और नेत्रों की दृष्टि को भृकुटी के बीच में स्थित करके तथा नासिका में विचरनेवाले प्राण और अपानवायु को सम करके, जिसकी इन्द्रियाँ, मन और बुद्धि जीती हुई है, ऐसा जो मोक्ष परायण मुनि इच्छा,भय और क्रोध से रहित हो गया है,वह सदा मुक्त ही है। मेरा भक्त मुझको सब यज्ञ और तपों को भोगनेवाला, सम्पूर्ण लोकों के ईश्वरों का भी ईश्वर तथा सम्पूर्ण भूत –प्राणियों का सुहृद्, दयालु और प्रेमी, ऐसा तत्त्व से जानकर शान्ति को प्राप्त होता है।

तत्व विवेचना

कर्मयोग और सन्यास :– *श्रीमद्भगवद्गीता के पंचम अध्याय आध्यात्मिक दृष्टिकोण से बहुत महत्वपूर्ण है। इस अध्याय में कर्मयोगी की पहचान है– निष्काम कर्म करने वाला। जो करता तो सबकुछ है,पर कर्मफल से आसक्ति नहीं रखता है। किसी भी कर्म का कोई न कोई फल तो अवश्य होता है। तो फिर कर्मफल से आसक्ति का त्याग कैसे संभव हैं । इसी प्रकार संन्यासी का पहचान है–कर्तापन का अभाव। यह व्यवहारिक रूप से असंभव प्रतीत होता है। इस पहचान के अनुसार कर्मयोगी होना या संन्यासी होना दोनों अव्यवहारिक प्रतीत होता है ।*

इसे समझाने के लिये विद्वान लोग कई उदाहरणों का सहारा लेते हैं ,जैसे रेखागणित में परिभाषा के अनुसार बिन्दु में लम्बाई, चौड़ाई और मोटाई कुछ भी नही होता है, परन्तु व्यवहारिक रूप से ऐसा संभव नही है, जिसमें लम्बाई, चौड़ाई और मोटाई कुछ भी न हो। ठीक इसी प्रकार रेखा में सिर्फ लम्बाई होती है,चौड़ाई और मोटाई नही, यह भी व्यवहारिक नहीं है , परन्तु रेखागणित में बिन्दु और रेखा दोनों को इस प्रकार अंकित किया जाता है, जो उसके परिभाषा के काफी करीब हो। अध्यात्म में कर्मयोगी को परिभाषित करते हुये कहा जाता है कि, कर्मयोगी सबकुछ करता हुआ कुछ भी नहीं करता है। इसी प्रकार संन्यासी को परिभाषित करते हुये कहा जाता है कि, संन्यासी कुछ न करके भी सबकुछ करता है। कर्मयोगी और संन्यासी दोनों की परिभाषा के अनुसार दोनों कल्पना ही प्रतीत होते हैं, जैसे बिन्दु और रेखा। जिस प्रकार रेखागणित में बिन्दु और रेखा के लिए कुछ चिन्ह निश्चित किया गया है ,जिसे गणित के साधक अच्छी तरह समझ पाते हैं । उसी प्रकार कर्मयोगी और कर्मसन्यासी को उनकी परिभाषा के अनुसार आध्यात्म के साधक समझ पातें हैं। वास्तव में जब कोई मनुष्य कर्म करता रहता है तो यह कर्मयोग है, परन्तु कर्म करते हुये जब मनुष्य को ऐसा प्रतीत होने लगे कि वह कुछ नही कर रहा है तो मनुष्य की यह स्थिति कर्म–संन्यास की स्थिति है। अर्थात् जब कोई ज्ञानी अकर्म दशा को प्राप्त कर ले तो यह सन्यास की हीं स्थिति है। पूर्ण कर्मयोग या पूर्ण सन्यास मानव शरीर के सीमा से परे प्रतीत होताहै। परन्तुइनका विचार मस्तिष्क के सीमा में संभव है।

भारतीय शास्त्रों में मुनि याज्ञवालक्य और शुकदेव मुनि को सन्यासी माना जाता है। जबकि राजा जनक को कर्मयोगी। शास्त्रों के अनुसार राजा जनक

मुनि याज्ञवालक्य के शिष्य थे,जबकि शुकदेव मुनि राजा जनक के शिष्य थे। इससे स्पष्ट है कि एक सन्यासी (मुनि याज्ञवालक्य)के शिष्य एक कर्मयोगी (राजा जनक) एवं एक कर्मयोगी (राजा जनक) के शिष्य एक सन्यासी(शुकदेव मुनि) हुए। अर्थात् कर्मयोग और सन्यास दोनों एक ही परंपरा के है।

चतुर्थ अध्याय तक अर्जुन को कर्मयोग और कर्म संन्यास में कौन श्रेष्ठ हैं, इसमें शंका थी। परन्तु इस अध्याय में श्री कृष्ण अर्जुन को स्पष्ट करते हैं कि, साधक के लिये कर्मयोग, कर्म सन्यास से ज्यादा श्रेष्ठ है, क्योंकि कर्म करके भी कुछ न करने का अनुकरण किया जा सकता है। परन्तु बिल्कुल कुछ न करके सबकुछ करने का अनुकरण करना सिद्ध लोगों के लिये तो संभव है, साधक के लिये नही। इसे दूसरे शब्दों में कहा जा सकता है कि, कर्मयोग साधन भी है, और लक्ष्य भी परन्तु संन्यास साधन नही सिर्फ लक्ष्य है।

कर्मयोग की श्रेष्ठता को समझाने के लिये आचार्य बिनोवा भावे ने एक व्यवहारीक उदाहरण अपने गीता प्रवचन में प्रस्तुत किया है। उदाहरण इस प्रकार हैं:

मान लिजिए सोने की कीमत बाजार में ६0000 रूपये तोला है। अर्थात् सरकार द्वारा निर्मित कागज के ६0000 रूपये और एक तोला सोना का मुल्य बराबर है। अगर सरकार उस कागज के रूपये को निरस्त कर दे,तो उस कागज के रूपये की कीमत शुन्य हो जायेगी परन्तु सोने की कीमत कभी भी शुन्य नहीं होगी। उन्होंनेइसे समझने के लिए एक सूत्र दिया है। जो इस प्रकार है:

कर्मयोग (सोना)= कर्म +ज्ञान,

सन्यास(कागज का रूपया) = कर्माभाव +ज्ञान,

दोनों में से अगर ज्ञान को हटा दिया जाये तो कर्मयोग में कर्म तो बचेगा, परन्तु सन्यास में कुछ भी नहीं बचेगा। इस प्रकार हम कह सकते हैं कि,साधारण साधकों के लिए कर्मयोग ही श्रेष्ठ है,जबकि सिद्ध लोगों के लिए सन्यास श्रेष्ठ है।

मानव का लक्ष्य :–संसार के प्रत्येक मनुष्य का लक्ष्य शांति की प्राप्ति ही होता है। जैसा की अर्जुन का है व्यवहारिक रूप से इसका दो तरीका बतलाया जाता है :

1. अपने आप को कर्म में लगाये रखना

2. अपने आप को समाजिक जीवन से दूर रखना

परन्तु दोनों हीं स्थितियों में पूर्ण शान्ति का प्राप्त करना शायद संभव नही है। इसलिए भगवान श्री कृष्ण कहते हैं कि, मनुष्य को शाँति तब मिलती है,जब वह इन्द्रिय, मन और बुद्धि को जीत लेता है, तथा भय और शोक से मुक्त हो जाता है। इस भौतिक संसार में ऐसा कर्मयोग से ही संभव है,क्योंकि कर्मयोग साधन के रूप में प्रयुक्त होकर इन्द्रिय, मन और बुद्धि को भटकने नही देता है। उसके उपरांत लक्ष्य के रूप में वह भय और शोक से भी मुक्त हो जाता है। कर्म संन्यास का अर्थ कर्म को छोड़ना नही है। सच तो यह है कि,सन्यासीके मुक्त होने के कारण ऐसा प्रतीत होता है, कि वह कोई कर्म हीं नही कर रहा है,क्योंकि वह साक्षी भाव से कर्म करता है, जिससे उसमें कर्तापन का अभाव प्रतीत होता है । एवं ऐसा प्रतीत होता है कि संन्यासी को कर्म करने की आवश्यकता ही नहीं है।

निष्कर्ष :– कर्मयोग और संन्यास योग अलग –अलग नहीं हैं कर्मयोगी और सन्यासी दोनों ही अकर्म की अवस्था प्राप्त करने के कारण शाँति को प्राप्त होते हैं । बस अन्तर इतना ही है कि कर्मयोगी निष्कामकर्म करता है एवं संन्यासी में कर्तापन का अभाव होता है।

उपसंहार

- श्रीमद्भगवद्गीता के चतुर्थ अध्याय में भगवान श्री कृष्ण अपने को भगवान धोषित करते हुये अर्जुन को सनातन धर्म के विविध अवधारणाओं को समझाने के बाद यह स्पष्ट करते हैं कि तुम्हारे संशय का कारण तुम्हारा मोहजनित अज्ञान है। साथ ही साथ श्रीकृष्ण कर्मयोग और कर्मसन्यास दोनों को मुक्ति का साधन बतलाते हैं । इस अध्याय में भगवान श्री कृष्ण,अर्जुन के संदेह को समाप्त करने के लिए कर्मयोग और सन्यासका तार्किक विश्लेषण करते हैं,एवं कुछ बिन्दुओंपर प्रकाश डालते है। कर्मयोग के बिना कर्मसन्यास संभव नही है, क्योंकि कर्मयोगी और सन्यासी दोनों ही कर्म करते हैं , अन्तर बस इतना होता है कि, कर्मयोगी अपने कर्मफल की आसक्ति का त्याग करता है, जबकि कर्मसन्यास में कर्म के प्रति कर्तापनका अभाव होता है।
- सन्यासी सदा साक्षीभाव रखते हैं,अर्थात् वे समझते हैं कि,वे कुछ नही कर रहे हैं,सब इन्द्रियाँ अपना –अपना काम कर रही है। जबकि कर्मयोगी निष्काम भाव से अपना कर्म करते है।

- जो इन्द्रियों तथा विषयों के संयोग से उत्पन्न होनेवाले सब भोग हैं,यद्यपि विषयी लोग इसे सुख समझते हैं, फिर भी यह दुःख के हेतुही है। क्योंकि काम और क्रोध इसी संयोग के कारण उत्पन्न होता है।
- प्रत्येक संशय की निवृति ज्ञान के द्वारा ही होती है। तथा ज्ञानी लोग समस्त प्राणियों के साथ समभाव रखते हैं। साथ ही साथ वे परमेश्वर को तत्त्व से जान जाते हैं ,इसलिए वे शान्ति को प्राप्त कर लेते हैं ।

इस अध्याय में श्री कृष्ण ने यह स्पष्ट कर दिया कि वास्तव में कर्मयोगी और सन्यासी अलग—अलग नहीं हैं । कर्मयोगी भी सन्यासी ही हैं।

पंचम अध्याय में अर्जुन को कर्मयोग और सन्यास स्पष्ट तो हो गया। परन्तुकर्मयोग या सन्यास दोनों के लिए एक अनिवार्य शर्त यह है, कि मन पर नियंत्रण हो। अतः अब अर्जुन को यह जानने की स्वभाविक इच्छा होती है, कि मन पर नियंत्रण कैसे प्राप्त किया जा सकता है। आगे के अध्यायमें भगवान श्री कृष्ण अर्जुन को उस युक्ति को बताने की कोशिश करते हैं जिससे मन पर अधिकार अथवा नियंत्रण प्राप्त किया जा सकता है।

—ःॐ तत् सतः—

कर्मयोगी अपि कर्म सन्यासी। नित्य योग साकार अविनाशी।।

षष्टम् अध्याय
आत्मसंयमयोग

श्रीमद्भगवदगीता षष्ठम् अध्यायएक दृष्टि	
कुल श्लोकों।की संख्या	४७
कुल श्लोक (श्री कृष्ण)	४२
कुल श्लोक (अर्जुन)	५
कुल श्लोक (धृतराष्ट्र)	0
कुल श्लोक (संजय)	0
मूल विषय	**चित्त् की एकाग्रता**

श्री गणेशाय नमः

श्लोक

भजे व्रजैकमण्डनं समस्त पाप खण्डन।
स्व भक्तचितरंजनं सदैव नन्द नन्दनम्।
सुपिच्छ गुच्छ मस्तकं सुनाद वेणु हस्तकं।
अनंग रंगसागरं नमामि कृष्ण नागरम्।।

दो0—ह्रषीकेशकहे पार्थ सुनो रख निज मन विश्वास।
क्रिया त्याग है योग नही न ताप त्याग सन्यास।1।
दो0—कर्तापन त्यागे संन्यासी योगी त्यागे फल आसक्ति।
दोनो त्यागे संकल्प को बहु भाँती करे प्रभु भक्ति।2।

जो योगारूढ़ होवन मन ईच्छा। निष्काम कर्म ही योगसमीक्षा।।
मोक्षपथ महूँ विघ्न रहे नाना।निष्कामकर्म करे जग कल्याणा।।
पार्थ जगत जो योग आरूढ़ा। संकल्प अभाव राज अतिगूढ़ा।।
संकल्प अभाव है मुक्ति साधन। करे योगारूढ़ प्रभु आराधन।।
अनासक्त नही संकल्प नाना। श्रुति कहे योगारूढ़ पहचाना।।
भवसागर महूँ मनुज तन कैसे। वारिधी महूँ जलयान हो जैसे।।
करे कर्तव्य कर्म मनुज उद्धारा। कर्मयोग करे भवसागर पारा।।
मनुज निज मन अरि अरू मिता। हो भवपार जो निजमन जीता।।
निष्कामकर्म मन इन्द्रिय जीता। जीव वही जग में निज मिता।।

निजअरि मोह बहे भव धारा। नही जाके मन इन्द्रि अधिकारा।।

दो0– शत्रु मित्र बाहर नही करे अन्तर उर में बास।
सदुगुण सखा दुर्गुण रिपु मोह करे मतिनाश।3।

मनोजित चित्तशान्त जीवात्मा। स्वाधीन अपि सम्यक परमात्मा।।
अन्तःवृति की भई जब शान्ति। मिटे जग माया मन भ्रान्ति।।
आत्मतृप्त पाई सम्यकज्ञाना। प्रतीत स्वर्ण–मणि मृदासमाना।।
शीत–उष्ण मान–अपमाना। सुख–दूःख मित–अरि लगे समाना।।
अस प्राणी चित् माया मुक्ता।योगारूढ़ हीं भगवत् युक्ता।।
समभाव बिचार करे जग हिता। धर्मात्मा पापी रिपु अरू मिता।।
योगारूढ़ हित यही उपदेशा। एकान्तबासी रहे सजग विशेषा।।
न काहुँ से आशा नहीं परिग्रह। रखे मन इन्द्रियबुद्धि पर निग्रह।।
ईश्वर सदैव रहे आत्मास्थिरा।जगमुक्ति उपाय यही मतिधीरा।।
मन करे इन्द्रिय अनुकूल निर्देशा।योगाभ्यास से चित शुद्धविशेषा।।

दो0– करे अभ्यासकर्म योग का चुने एकान्त स्थान।
ना अति उच्च न निम्न ही रहे विशुद्ध वितान।4।
दो0–मृगचर्म करे आवरीत अवनी पर कुशा बिछाय।
मन एकाग्र शुद्धचित् के अन्तःकरण प्रभु रमाय।5।

अचल ग्रिवा आनन अरू काया। रखे दूर भय चिन्ता माया।।
नासिकाग्र पर दृष्टि जमाये। ब्रम्हचारी चित्त मुझमें लगाए।।
जो योगी नित करे अभ्यासा। निश्चित परमानन्द प्रकाशा।।
अतिशयन पार्थ है योगविरूद्धा।अति जागरण करे योग अवरूद्धा।।
अतिभोजन अरू अति उपवासा। पार्थ करे योग सिद्धि नाशा।।
यथेष्ट आहार बिहार कर्मवृद्धि। दुःखनाशक योग पाए सिद्धि।।
कामरहित मनकर्म अनुशासित। चित्त परमात्मयुक्त हो भाषित।।
निश्चल चित्त ईश्वर से प्रीति। योगयुक्त योगी यही रीति।।
स्थिरचित योगी मनगति कैसे। गतिमुक्त पवन बीच दीपकजैसे।।
योगनिरूद्ध चित् पाए उपरामा। सुक्ष्मबुद्धि ध्यानजनित परिणामा।।

दो0–समाधि योगकी पूर्णता मनाधिकार प्रभावी युक्ति।
समप्रतीत सुख दुःख सकल हो भौतिक जगमुक्ति।6।
दो0–इन्द्रियातीत आनन्द को ग्रहण करे जब साधक।

सुख अलौकिक व्याप्त रहे भौतिकता नही बाधक।7।
दो0—दुःखरूप संयोग रहित जग में मात्र प्रभुयोग।
मानव कर्तव्य अपि योग है करे धैर्य सहयोग।8।

कामजनित सकल संकल्पा। नष्ट करो मूल बचे न अल्पा।।
मन इन्द्रि पर यदि अधिकारा। बने शनैः अभ्यास सहारा।।
अभ्यास मनुज जो करे निरंतर। रखे धैर्य प्राप्त योग अभ्यन्तर।।
परमात्मा छाड़ी ना कछु चिन्तन। करे भक्ति में अर्पित तनमन।।
मनचंचल कई विषय में बिचरे।मनगति रोकी ध्यान प्रभु का करे।।
मन शान्त जीव पाप रहिता। रजोगुण कछु करे न अहिता।।
रजोगुण पार्थ अपि जगफँदा। रजोगुण शान्त तो परमानन्दा।।
योगी जो ब्रह्म संग एकीभावा। अनन्त परमानन्द वहीं पावा।।
एकीभाव आत्मा पाप नही करता। ईश्वर रूप आनन्द सवरता।।
योगी एकीभाव संग सर्वव्यापी। समभाव जीव धर्मी नही पापी।।

दो0— चैतन्य जीव में आत्मा परमात्मा महूँ सब प्राणी।
अस कल्पना समदर्शी करे जग समान बिनु हानि।9।
दो0— मैं सर्वव्यापी सर्वभूत स्थित प्रतीत करे योगदृष्टि।
ओझल नही मैं योगी से कितनी भी बड़ी सृष्टि।10।

सर्वव्यापी जान करे ममपूजा।मुझे भजे सदा नही कछु दूजा।।
सकल जीव निजसम जो माना।सुख दुःख सब लगे समाना।।
समदर्शी योगी जग अतिउतम।सर्वभुत समभाव रखे नरोतम्।।
कह अर्जुन मधुसूदन हे ज्ञानी। चंचलमन रोक सके न प्राणी।।
कृपानिधान समभाव नही संभव। मन अंकुश जग में है असंभव।।
कैसे जगजीव रखे सम दृष्टि। क्या प्रभु जग में सम सृष्टि।।
मनसंयम जग में अति दूष्कर। यह अतिदृढ़ बलवान भयंकर।।
सस्मित बोले श्री भगवाना। दूष्कर मनरोध जगत ये माना।।
पार्थ रखो निज पर हीं आशा। संभव सब कर नित्य अभ्यासा।।
वैराग्य है पार्थ अपि अनिवार्या। मन वश में रख कहे आचार्या।।

दो0—मोहन मन होता चंचल अतिदृढ़ बलवान।
दूष्कर मन गति रोकना पवन रोध समान।11।

पार्थ नियंत्रित मन नही जाके। योग सकल जग दूष्कर ताके।।
मन बश करी यदि करे प्रयत्ना। पाये सहज योगधन सम रत्ना।।
कह पार्थ योगेश्वर श्री भगवाना। मम मन में है विभ्रम नाना।।
योगश्रद्धा रखे कोई मन माहीं। चाहे प्रभुयोग पर संयम नाहीं।।
अन्तकाल जो योग विचलिता। अस साधक गति कहें मिता।।
योगसिद्धि अप्राप्त जो मूढ़मति। क्या हो अससाधक की गति।।
जीव भगवत् प्राप्ति पथभ्रष्टा।क्या हो मेधसम छिन्नभिन्ननष्टा।।
अस संशय मोहे करे उदासा। भ्रम करहूँ दूर मिटा निराशाा।।
कुन्तिनन्दन से कहे कृपानिधाना। संशय तोर उचित मैं जाना।।
आत्मोद्धार को करे शुभकर्मा। पार्थ र्निवाहे सकल निजधर्मा।।
साधक कदापि जो हो योगभ्रष्टा। न हो इहलोक परलोक नष्टा।।

दो0– भगवत्प्राप्ति को कर्म करे कबहूँ न दूर्गति पाए।
इहलोक परलोक में कर्मफल न कवहूँ नशाए।12।
दो0– योगभ्रष्ट अपि स्वर्ग बसे सखा शुभकर्म अनुसार।
शुद्धचित्त श्रीमन् गृह जन्म हो ले प्रारब्ध उपहार।13।

योगी वैरागी पूर्वजन्म पुण्यकर्मा। जन्में ज्ञानी कुल र्निवहे धर्मा।।
ज्ञानी कुल पार्थ दूष्प्राप्य जन्मा। पाए वहीं जो करे सत्कर्मा।।
कर्मानुसार जीव पावत काया।सकल चराचर हरि की माया।।
पाए शीध्र प्रारब्ध बुद्धि भोगा। भगवत्प्राप्ति को करे कर्मयोगा।।
प्रारब्ध फल मातु पितु भ्राता। सखा समाज सब रिश्ता नाता।।
प्रारब्ध प्रभाव जग संम्पती बृद्धि। सुख दुःख या प्रभुपद सिद्धि।।
योगभ्रष्ट श्रीमनगृह काया पाये। प्रारब्धरूप हरिभक्ति अपनाये।।
समबुद्धि रूप योग प्राप्त जिज्ञासु। कर्म निष्काम प्रारब्ध सुधासु।।
करे कर्मयोगी मुक्ति हेतुप्रयासा। हो ताके पूर्ण मुक्ति अभिलाषा।।
सतं सिद्ध पापरहित जेहीकाला। पाए परमगति जीव निजभाला।।

दो0–तपस्वियों से श्रेष्ठ हैं योगी अपि शास्त्री से उतम्।
सकाम कर्ता से श्रेष्ठ अपि कर्मयोगी बनो नरोतम्।14।
दो0– मोहे परमश्रेष्ठ कर्मयोगी भाए जो हो श्रद्धावान।
अन्तरात्मा से भजन निरंतर सदा करे मम ध्यान।15।

।।इति षष्टम् अध्याय।।

श्रीमद्भगवद्गीता षष्ठम् अध्याय

भावार्थ

श्रीमद्भगवद् गीता का षष्ठम् अध्याय आत्मसंयम्योग के नाम से जाना जाता है। इस अध्याय में कुल ४७ श्लोक है। अध्ययन के सुविधा के लिए इसे ५ भागों में बाँटा जा सकता है।

*१. **योगारूढ़ के लक्षण(श्लोक१–४) :–**श्री भगवान बोले,हे अर्जुन केवल अग्नि का त्याग करनेवाला संन्यासी नही है , तथा केवल क्रियाओं का त्याग करनेवाला योगी नही है। सत्य तो यही है कि , कर्तव्यकर्म करनेवाला योगी भी है और संन्यासी भी। संकल्पों का त्याग करनेवाले योगी और संन्यासी है । क्योंकि योग और सन्यास अलग –अलग नही है। योगारूढ़ निष्काम भाव से काम करते हैं । उनमें सर्व संकल्पों का अभाव होता है। जो कल्याणकारक है। जिस काल में न तो इन्द्रियों के भोगों में और न तो कर्मों में आसक्ति होती है। उस काल में सर्वसंकल्पों का त्याग करने वाला को योगारूढ़ कहा जाता है।*

***२.भगवत्प्राप्त के लक्षण(श्लोक५–१०) :–**मनुष्य स्वयं का मित्र भी है और वह स्वयं का दुश्मन भी है। क्योंकि वह स्वयं का उद्धार करने के लिये और स्वयं को अधोगति में ले जाने के लिये उतरदायी है। जिसने मन इन्द्रिय सहित शरीर को जीत लिया है वह स्वयं का मित्र है,तथा जिसने मन इन्द्रिय सहित शरीर को नही जीता वह स्वयं का शत्रु है। सर्दी गर्मी, सुख दुःख,मान अपमान, में जिनके अन्तःकरण की वृतियाँ शान्त हैं , ऐसे स्वाधीन आत्मावाले लोगों के ज्ञान में परमात्मा सम्यक प्रकार से स्थित होता है। जिसका अन्तःकरण ज्ञान विज्ञान से तृप्त है, तथा जिसकी स्थिति विकाररहित है, जिसकी इन्द्रियॉ भलीभॉति जीती हुई है, और जिसके लिए मिट्टी,पत्थर, सुवर्ण सब समान है,वह योगी भगवत्प्राप्त है। सुहृद, मित्र, वैरी, उदासीन, मध्यस्थ, द्वेष्य और बन्धुगणों में, धर्मात्माओं में और पापियों में भी समान भाव रखनेवाला अत्यन्त श्रेष्ठ है। मन और इन्द्रियों सहित शरीर को वश में रखनेवाला, आशारहित और संग्रहरहित योगी अकेला हीं एकान्त स्थान में स्थित होकर आत्मा को निरंतर परमात्मा में लगाता है।*

***३.ध्यानयोग का विषय (श्लोक ११–३२) :–**शुद्ध भूमि में, जिसके उपर क्रमशः कुशा, मृगछाला और वस्त्र बिछे हैं, जो न अधिक ऊँचा है और न बहुत नीचा है, ऐसे अपने आसन को स्थापन करके उसपर बैठकर चित्त और इन्द्रिय को वश में रखते हुये मन को एकाग्र कर अन्तःकरण की शुद्धि के*

लिये योग का अभ्यास करे। काया,सिर, और गले को समान एवं अचल धारण करके और स्थिर होकर, अपनी नासिका के अग्रभाग पर दृष्टि जमाकर, अन्य दिशायों में न देखता हुआ ब्रह्मचारी व्रत में स्थित, भयरहित तथा भलीभाँति शान्त अन्तःकरणवाला सावधान योगी मन को रोककर मुझमें चित्तवाला और मेरे परायण होकर स्थित होवे। वशमें किये हुए मनवाला योगी इस प्रकार आत्मा को निरन्तर मुझ परमेश्वर स्वरूप में लगाता हुआ मुझमें रहनेवाली परमानन्द की पराकाष्ठारूप शान्ति को प्राप्त होता है।

हे अर्जुन! यह योग न तो बहुत खानेवाले को, न बिल्कुल न खानेवाले को, न बहुत शयन करने के स्वभाववाले का और न सदा जागनेवाले का ही सिद्ध होता है। दुःखों का नाश करनेवाला योग तो यथायोग्य चेष्टा करनेवाले का और यथायोग्य सोने तथा जागनेवाले का सिद्ध होता है। अत्यन्त वश में किया हुआ चित्त जिस काल में परमात्मा में ही भलीभाँति स्थित हो जाता है, उस काल में सम्पूर्ण भोगों से स्पृहारहित लोग योगयुक्त है,ऐसा कहा जाता है। जिस प्रकार वायुरहित स्थान में दीपक चलायमान नही होता, वैसी ही उपमा परमात्मा के ध्यान में लगे हुए योगी के जीते हुए चित्त की कही गयी है। योग अभ्यास से निरूद्ध चित्त जिस अवस्था में उपराम हो जाता है। और जिस अवस्था में परमात्मा ध्यान से शुद्ध हुई सूक्ष्म बुद्धिद्वारा परमात्मा को साक्षात्कार करता हुआ परमात्मा में ही सन्तुष्ट रहता है, इन्द्रियों से अतीत, केवल शुद्ध हुई सूक्ष्मबुद्धि ग्रहण करनेयोग्य जो अनन्त आनन्द है, उसको जिस अवस्था में अनुभव करता है,और जिस अवस्था में स्थित यह योगी परमात्मा के स्वरूप से विचलित होता ही नही,परमात्मा की प्राप्तिरूप जिस लाभ को प्राप्त होकर उससे अधिक दूसरा कुछ भी लाभ नही मानता है, तथा परमात्माप्राप्त योगी किसी भी दुःख में चलायमान नही होता,जो दुःखरूप संसार के संयोग से रहित है, तथा जिसका नाम योग है उसको जानना चाहिये। वह योग धैर्य और उत्साहयुक्त चित्त से निश्चयपूर्वक करना कर्तव्य है। निःशेष रूप से त्यागकर और मन के द्वारा इन्द्रियों के समुदाय को सभी ओर से भलीभाँती रोककर क्रम–क्रम से अभ्यास करता हुआ उपरति को प्राप्त हो तथा धैर्ययुक्त बुद्धि के द्वारा मन को परमात्मा में स्थित करके परमात्मा के सिवाय और कुछ भी चिन्तन न करे। यह स्थिर न रहनेवाला और चंचल मन जिस जिस शब्दादि विषय के निमित से संसार में विचरता है, उस उस विषय से रोककर इसे बार बार परमात्मा में निरूद्ध करें। क्योंकि जिसका मन भली प्रकार शान्त है,जो पाप से रहित है , और

जिसका रजोगुण शान्त हो गया है, ऐसे सच्चिदानन्दघन ब्रह्म के साथ एकीभाव हुए योगी परमानन्द प्राप्त करते हैं । वह पापरहित योगी इस निरन्तर आत्मा को परमात्मा में लगाता हुआ सुखपूर्वक परब्रह्म परमात्मा की प्राप्तिरूप अनन्त आनन्द का अनुभव करता है। सर्वव्यापी अनन्त चेतन एकीभाव से स्थितिरूप योग से युक्त आत्मावाला तथा सबमें समभाव से देखनेवाला योगी आत्मा को सम्पूर्ण भूतों में स्थित और सम्पूर्ण भूतों को आत्मा में कल्पित देखता है,जो लोग सम्पूर्ण भूतों में सबके आत्मरूप मुझ वासुदेव को ही व्यापक देखता है, और सम्पूर्ण भूतों को मुझ वासुदेव के अन्तर्गत देखता है, उसके लिये मैं अदृश्य नही होता और वह मेरे लिये अदृश्य नही होता है। जो लोग एकीभाव में स्थित होकर सम्पूर्ण भूतों में आत्मरूप से स्थित मुझ वासुदेव को भजता है, वह योगी ही सब प्रकार से बरतता हुआ भी मुझमें ही बरतता है। हे अर्जुन! जो योगी अपनी भाँति सम्पूर्ण भुतों में सम देखता है और सुख–दुःख को भी सबमें सम देखता है, वह योगी परमश्रेष्ठ माना गया है।

४. मन निग्रह का बिषय (श्लोक ३३–३६) :–अर्जुन बोले –हे मधुसूदन! जो यह योग आपने समभाव से कहा, मन के चन्चल होने के कारण में इसे नित्य स्थिति में नही देखता हूँ। क्योंकि मन बड़ा चंचल एवं प्रमथन स्वभाव वाला, बड़ा दृढ़ और बलवान है। इसलिये इसे वश में करना मैं वायु को रोकने के समान दूष्कर मानता हूँ।

श्री कृष्ण ने कहा कि हे अर्जुन ! निःसन्देह मन अत्यंत चंचल और कठिनता से वश में होनेवाला है। परन्तु यह अभ्यास और वैराग्य से वश में आता है। जिसका मन वश में नही है, उसके लिये योग दूष्प्राप्य है। वश में किये हुए मनवाले प्रयत्नशील लोगों के द्वारा साधना से इसका प्राप्त होना सहज है, ऐसा मेरा मत है।

५.योगभ्रष्ट की गति और ध्यानयोगी (श्लोक ३७–४७) :– अर्जुन पूछतें हैं कि अगर कोई योग में श्रद्धा रखने वाला है, किन्तु संयमी नही है,जिसके कारण उसका मन अन्त समय में विचलित हो गया है। ऐसा साधक योगसिद्धि को न प्राप्त होकर किस गति को प्राप्त करता है। क्या वह भगवत्प्राप्ति के मार्ग में मोहित और आश्रयरहित छिन्न– भिन्न बादल की भाँति दोनो ओर से भ्रष्ट होकर नष्ट हो जाता है। हे केशव आपही मेरे इस शंका का समाधन कर सकते हैं । श्री भगवान बोले हे पार्थ किसी भी साधक का न तो इस लोक

में नाश होता है, और न ही परलोक में क्योंकि आत्मोद्धार अर्थात् भगवत्प्राप्ति के लिय कर्म करने वाला कोई भी मनुष्य दुर्गति को प्राप्त नही होता है। योगभ्रष्ट भी अपने कर्म के अनुसार स्वर्गादि उतम लोकों को प्राप्त होकर उनमें बहुत दिनों तक निवास करके फिर शुद्ध आचरण वाले श्रीमान् लोगों के घर में जन्म लेता है,अथवा वैराग्यवान उन लोकों में न जाकर योगियों के ही कुल में जन्म लेता है।परन्तु इस प्रकार का जन्म अत्यन्त दूर्लभ है वहाँ उस पहले शरीर में संग्रह किये हुए बुद्धि संयोग को अर्थात समबुद्धिरूप योग के संस्कारों को अनायास ही प्राप्त कर लेता है, तथा इसके बाद पहले से भी बढ़कर परमात्मा प्राप्ति के लिए प्रयास करता है। श्रीमान् घरों में जन्म लेनेवाला भी पहले के अभ्यास के कारण ही भगवान की ओर आकर्षित होता है,परन्तु प्रयत्नपूर्वक अभ्यास करनेवाला योगी तो पिछले अनेक जन्मों के संस्कार बल से इसी जन्म में संसिद्ध होकर सम्पूर्णपापों से रहित तत्काल ही परमगति को प्राप्त हो जाता है। योगी को तपस्वी, शास्त्रज्ञानी, तथा सकाम कर्म करने वालों से श्रेष्ठ माना गया है। इसलिये हे अर्जुन! तु योगी बन जा। वह श्रद्धावान योगी जो निरंतर मुझको भजता है,वह परमश्रेष्ठ है।

तत्व विवेचना

पिछले पाँच अध्यायों के अध्ययन के उपरांत,एक बात तो समझ में आती है कि, कर्मयोग और कर्मसन्यास दोनों ही मुक्ति के साधन हैं, जिसमें कर्मयोग साधको के लिए अत्यन्त व्यवहारिक है। कर्मयोग से कर्मफल आसक्ति समाप्त हो जाती है। कर्मफल आसक्ति समाप्त होने से बुद्धि में उपस्थित अज्ञान तिमिर समाप्त हो जाती है, एवं ज्ञानआलोक से बुद्धि प्रकाशित हो जाती है। परन्तु किसी भी मनुष्य की बुद्धि तब काम करती है जब उसका मन उसके वश में हो। जिसका मन वश में नही रहता है, उसका सारा ज्ञान महत्वहीन प्रतीत होता है।

इसलिए अब अर्जुन को शंका होना स्वभाविक है, कि, जब मोह उत्पन्न होने का कारण अज्ञान है, तो ज्ञानप्रदीप से मोह का नाश हो जाना चाहिये। परन्तु यह तब ही संभव है,जब बुद्धि द्वारा ज्ञान का उपयोग किया जा सके, और बुद्धि ज्ञान का उपयोग तब ही कर पायेगा जब मन बुद्धि के वश में हो। परन्तु मन अति चंचल और बलवान है, अतः मन को वश में करना वायु को रोकने के समान दुष्कर है। यह अर्जुन की बहुत ही व्यवहारिक शंका है। **(मन की चंचलता ही मन की विशेषता है । किसी का मन किस भी क्षण कहाँ चला जाये कहना लगभग असंभव है,इसकी चंचलता के कारण हमारा**

विचार भी स्थिर नही रह पाता है,और जब विचार ही स्थिर न रहे तो बुद्धि कैसे काम करेगा। मन में प्रत्येक क्षण सैकड़ों विचार उत्पन्न होते हैं, अगर कोई मन में उठे विचारों का दमन करना चाहता है, तो मानसिक तनाव (Mental Stress) का अनुभव होता है। आजकल लगभग प्रत्येक मनुष्य मानसिक तनाव की समस्या से गुजर रहा है, जो उसके व्यवहार एवं क्रिया कलापों से व्यक्त होता है। मानसिक तनाव के कारण कई प्रकार के मानसिक एवं शारीरिक रोग उत्पन्न होते है। श्रीमद्भगवद्गीताके इस अध्याय में भी इस विषय को प्रमुखता से उठाया गया है। दूसरे शब्दों में हम कह सकते हैं कि, परिभाषा के अनुसार कर्मयोगी और संन्यासी दोनों के लिये मन पर नियंत्रण आवश्यक है। बिना मन को नियंत्रण में किये कर्मयोग या कर्म संन्यास दोनों ही काल्पनिक शब्द मात्र है।)

अर्जुन के इसी शंका का समाधान के रूप में छठे अध्यायमें श्री कृष्ण अर्जुन को ध्यानयोग के बारे में बतलातेहैं। श्री कृष्ण अर्जुन से कहते हैं कि मन को ध्यानयोग के अभ्यास के द्वारा वश में किया जा सकता है। ध्यानयोग एक साधना है, जिसके लिये साधक के पास तीन प्रकार के दक्षताओं का होना होना अत्यावश्यक है। वे तीन विशेषता / दक्षता / कर्मकुशलता हैं:

1. *चित्त् की एकाग्रता (* Concentration of thought*)*
2. *जीवन की आवश्यकताओंकी परिमितता (*Limitation of need*)*
3. *साम्य–दृष्टि(* Identical Vision forAll*)*

इन तीनों विशेषताओं को प्राप्त करने के तीन साधन हैं :

1–अभ्यास, 2– वैराग्य, 3– श्रद्धा

❖ ***चित्त् की एकाग्रता*** *:–चित्त् की एकाग्रता के बिना किसी भी क्षेत्र में सफलता पाना असंभव है। परन्तु प्रश्न है कि चित् एकाग्र कैसे हो ? परेशानी यह है कि, अगर किसी प्रकार से बाहरी परिस्थिति से अलग होकर (ऑख – कान आदि बन्दकर)बाहरी विचार को रोक लिया जाये तो भी आन्तरिक विचार नही रूकता है। अर्थात् केवल आसन जमाकर बैठने से ही चित्त् एकाग्र नही हो सकता है। चित् की एकाग्रता के लिए उत्तमलक्ष्य का सामने होना आवश्यक है। कई लोग कहते हैं कि, भगवान में ध्यान लगाओ तो चित्त् एकाग्र रहेगा। भगवान के बारे में स्पष्ट करते हुये महान कवि मैथलिशरणगुप्त कहतें हैं :*

नर हो न निराश करो मन को

कुछ काम करो,कुछ काम करो,जग में रहकर कुछ नाम करो

यह जन्म हुआ किस अर्थ अहो,समझो जिसमें यह व्यर्थ न हो
कुछ तो उपयुक्त करो तन को,नर हो न निराश करो मन को
संभलो कि सुयोग न जाय चला,कब व्यर्थ हुआ सदुपाय भला
समझो जग को न निरा सपना,पथ आप प्रशस्त करो अपना
अखिलेश्वर हैंअवलंवन को,नर हो न निराश करो मन को

कवि के अनुसार भगवान – अखिलेश्वर केवल अवलंवन के लिए हैं । लक्ष्य को तय करके कर्म तो मनुष्य को हीं करना पड़ता है। श्रीमद्भगवद्गीता के अनुसार जब सब कुछ ब्रह्ममय है, तो लक्ष्य भी ब्रह्म ही है। अतः चित्त् की एकाग्रता के लिये यह आवश्यक है कि, हम अपने अच्छे लक्ष्य को ही भगवान मानकर निरंतर अपने अच्छे लक्ष्य को पाने की चेष्टा करे, इस प्रकिया से ही हमारा चित्त एकाग्र रह सकता है।

❖ **जीवन की आवश्यकताओं की परिमितता** :– राजस गुणधर्म वाले मनुष्यों के पास अनन्त आवश्यकताओं की सूची होती है,पर आवश्यकताओं को पूर्ण करने के साधन सीमित होते हैं,वास्तव में आवश्यकताओं के सूची में आनेवाले कई चीजों की हमें जीवन में जरूरत ही नही होती है। कई आवश्यकताएं हमारे मन को भ्रमित कर भटकाती रहती है। अतः जो मन को नियंत्रित करना चाहतें हैं,उन्हें अपनी आवश्यकताओं को वर्गीकृत कर समाज में सम्मान के साथ जीने के लिए परमावश्यक आवश्यकताओं को पूरा करने का ही लक्ष्य बनाना चाहिए। अनावश्यक आवश्यकतायों पर ध्यान ही नही देना चाहिए। इससे मन को भ्रमित होने की संभावना कम हो जाती है।

❖ **सम्यक दृष्टिया शुभ दृष्टि :–** संस्कृत का एक प्रसिद्ध श्लोक हैः **विश्वं तद् भद्रं यदवन्ति देवाः**। अर्थात् यह विश्व मंगलमय है, क्योंकि परमेश्वर इसकी देख–भाल कर रहा है। विश्व में कुछ भी बुरा नही है। जैसी हमारी दृष्टि होती हैं,वैसी ही सारी सृष्टि प्रतीत होती है। नाकारात्मक दृष्टिकोण मन को बहुत भटकाता है, जबकि साकारात्मक दृष्टिकोण मन को भटकने नही देता,क्योंकि साकारात्मक दृष्टिकोण का कारक ज्ञान होता है, तथा नाकारात्मक दृष्टिकोण का कारक अज्ञान है। इसलिए विद्वानो का कथन है,कि बिना साकारात्मक दृष्टिकोण के मन पर नियंत्रण पाया ही नही जा सकता है।

मुक्ति की इच्छा रखने वाले साधक में उपर्युक्त कर्म कुशलतायों का होना अति आवश्यक है। इन कर्म कुशलताओं को साधक तीन प्रकार के साधन के द्वारा प्राप्त कर सकते हैं :

- **अभ्यास :–** किसी भी मनुष्य को कोई भी कुशलता अनायास प्राप्त नही होती है। इसके लिए उसे प्रयास एवं अभ्यास करना पड़ता है। अभ्यास से ही कर्म कुशलता पुष्ट होती जाती है । और एक समय ऐसा आता है कि हम कर्मकुशलता प्राप्त कर लेतें हैं । मन की एकाग्रतां को प्राप्त करने के लिए भी हमें सतत् अभ्यास की आवश्यकता होती है।
- **वैराग्य :–** वैराग्य का अर्थ अप्रेम नही है,वैराग्य का अर्थ है, अपने आवश्यकता के चीजों को छोड़कर, अन्य किसी भी चीज के प्रति अकर्षण का नही होना। वैराग्य का एक प्रसिद्ध उदाहरण हनुमान जी के प्रति एक किंवदंति के माध्यम से समझा जा सकता है। किंवदंति इस प्रकार है, कि किसी अवसर पर माता सीताजी ने हनुमान जी को मोतियों की एक माला भेंट दी। परन्तु हनुमान जी मोतियों की माला से अपने गले की शोभा बढ़ाने के स्थान पर वे एक –एक मोतियों को तोड़कर फेंकने लगे। जब उनसे इसका कारण पूछा गया तो उन्होंने स्पष्ट किया कि जिन मोतियों में प्रभु राम का बास नही वह मेरे किसी काम का नहीं है। इस उदाहरण से स्पष्ट है कि, उन्हें सिर्फ राम से प्रेम था। बिना राम के उनके लिए मोतियों की कोई कीमत नही थी। अतः राम विहींन किसी भी व्यक्ति या वस्तुका कोई मोल उनके लिए नही था। वैराग्य का यही अर्थ है कि, अपने लक्ष्य को पाने के लिए आवश्यक वस्तुओं के अलावा किसी भी व्यक्ति या वस्तुसे प्रेम न होना। जीवन की आवश्यकताओं की परिमितता में कुशलता पाने के लिए वैराग्य का होना आवश्यक है।
- **श्रद्धा :–**जब मनुष्य किसी चीज को पाने का दृढ़ निश्चय करता है,तो यह दृढ़ निश्चय का कारण अध्यात्मिक प्रेम या कोई भौतिक दबाव होता है। अध्यात्मिक प्रेम के कारण किया गया दृढ़ निश्चय को श्रद्धा कहते है। जब कोई श्रद्धा के कारण कोई काम करना चाहता है तो, निश्चित रूप से उसकी दृष्टि शुभ या सम्यक हो जाती है।

उपसंहार

पंचम अध्याय तक श्रीकृष्ण– अर्जुन संवाद से यह स्पष्ट होता है कि ,अर्जुन कर्मयोग और ज्ञानयोग को भली–भाँती समझ चुके हैं,वे यह भी समझ चुके हैं कि, कर्मयोग और संन्यास योग का लक्ष्य एक ही हैं तथा कर्मयोग या

संन्यासयोग को सिद्ध होने में सबसे बड़ी बाधा है मन, जिसपर नियंत्रण के बिना कोई भी योग सिद्ध नही हो सकती है। अतः मन पर नियंत्रण कैसे किया जा सकता है? अर्जुन के इसी प्रश्न के समाधान के लिये श्री कृष्ण अर्जुन को घ्यानयोग का अभ्यास करनें की सलाह देते है। तथा साथ हीं साथ वे बताते है कि मन पर विजय पाने के लिए वैराग्य और श्रद्धा की भी भूमिका होतीहै। लेकिन श्री कृष्ण द्वारा मन को नियंत्रित करने की बताई गई युक्ति अर्जुन को बहुत कठिन और बहुत अधिक समय लेनेवाला प्रतीत होता है। अतः उनके मन में एक प्रश्न उत्पन्न होता है, कि मनुष्य का जीवन काल बहुत छोटा है और संभव है कि वह अपने जीवनकाल में मन पर नियंत्रण का अभ्यास करते हुए भी योगयुक्त न हो पाये। तब सनातन सिद्धान्त के अनुसार इतना तो निश्चित है कि उसे जन्म मरण के चक्र से मुक्ति नही प्राप्त होगी। लेकिन उसके किये गये प्रयासों का उसे क्या फल प्राप्त होगा। भगवान श्री कृष्ण अर्जुन के इस शंका का समाधन करते हुए कहते है, कि, अगर कोई मनुष्य योग का अभ्यास करने के उपरांत भी योगयुक्त नही हो पाया तो वह अपने कर्मों के अनुसार स्वर्गादि का फल भोगने के उपरांत अपने प्रारब्ध के साथ ऐसे कुल में जन्म लेता है,जहाँ से वह योग की आगे की यात्रा तय कर सके। उसके द्वारा किया गया प्रयास कभी भी नष्ट नही होता है,तथा वे अर्जुन को सलाह देते हैं कि तुम योगी बन जाओ अर्थात् कर्मयोग करो और मुक्त हो जाओ।

अर्जुन श्री कृष्ण के उत्तर से सन्तुष्ट तो हो जाते है। परन्तुकर्मयोग में सफलता – असफलता के प्रति सशंकित रहते है। अतः उनके मन में एक प्रश्न उत्पन्न होता है कि, क्या ऐसी कोई युक्ति है, जिसका अभ्यास करके इसी जीवन में योग युक्त होकर मुक्त हो जायें ? भगवान श्री कृष्ण इसी प्रश्न का उत्तर आगे के अध्याय में देते हैं।

अध्याय ६ तक श्रीमद्भगवद्गीता में जो संदेश दिया गया है वह है कि प्रत्येक मनुष्य को अपने स्वधर्म का पालन करना चाहिए। अब प्रश्न है कि स्वधर्म को कैसे पहचाने ? इस प्रश्न के उत्तर मे विद्वानों का कहना है कि परमात्मा ने ऐसी सृष्टी बनाई है कि प्रत्येक मनुष्य के पास कुछ न कुछ जिम्मेवारी होती है। इन्हीं जिम्मेवारीयों का अपने क्षमता के अनुसार बिना किसी अहंकार के निर्वहन करना हीं स्वधर्म का पालन है।

—ःॐ तत् सतः—

द्वितीय षड़क
अध्याय ७ से अध्याय १२ तक
भक्ति

सप्तम् अध्याय
ज्ञान विज्ञानयोग

श्रीमद्भगवद्गीता सप्तम अध्याय एक दृष्टि	
कुल श्लोकों।की संख्या	३0
कुल श्लोक (श्री कृष्ण)	३0
कुल श्लोक (अर्जुन)	0
कुल श्लोक (धृतराष्ट्र)	0
कुल श्लोक (संजय)	0
मूल विषय	**लक्ष्य साधन की युक्ति**

श्री गणेशाय नमः

श्लोकः

जगदीश सुधीश भवेश विभो
परमेश परात्पर पूत पितः।
प्रणतं पतितं हतबुद्धिबल।
जन तारण ताराय तापितकम्।।

दो0– भगवन बोलें पार्थ सुनो चैतन्य योगाभ्यास।
जान इसे भ्रम दूर हो रख मन ध्रुव विश्वास।1।
दो0– तत्वज्ञान मैं बतलाउँ विज्ञान सहित गुडाकेश।
आदर्श ज्ञान तु पायेगा भ्रम न रहें कोई शेष।2।

असंख्य मनुज पार्थ जगमाही।छाड़ि कछुक मोहे जाने नाहीं।।
कछुक कोटि करे पूर्ण प्रयासा। राखी ह्दय तत्वज्ञान आशा।।
सहस्त्र यत्नशील महँ एका। तत्वज्ञान बढ़ाये बुद्धि विवेका।।
जड़ चेतन दो प्रकृति मेरी। अपरा परा कहत जगकेरी।।
जड़ प्रकृति अपि अष्ट रूपा। जो है रचत यह सृष्टि अनुपा।।
गगन पवन जल अवनी अंगारा। अष्ट घटक बुद्धि मन अहंकारा।।
परा प्रकृति चैतन्य जग कारण। जासे करूं मैं यही जगधारण।।
जड़चेतन पार्थ सृजन मूला। मैं प्रभव प्रलय धर्म अरू शूला।।
मुझसे परे जगसत्य न कोई। मम् इच्छानुरूप जगत सब होई।।
सकल जगत जुड़ी मुझसे कैसे। मणिगुथित उरमाल में जैसे।।

दो0—वैदिक महाँमंत्र ओंकार मैं पुरुषों का पूरूषत्व।
अवनी गन्ध ताप अगन अरू जीवन मूल तत्त्व।3।
दो0—तपस्वियों की शुद्धतपस्या रवि चन्द्र का तेज।
जल शीतलता गगन ध्वनी मैं अपि रखुं सहेज।4।

सकल सनातन बीज मूलरूपा। मैं तेजस्वी घरूँ तेज अनुपा।।
बुद्धिमान मनुज की निर्मलबुद्धि। करूं सकल विवेक की शुद्धि।।
आसक्तिरहित बलवानो का बल। ज्ञानी ज्ञान बढ़ाऊँ प्रतिपल।।
जीव काम मैं धर्म अनुकूला। जगत हेतु सात्विक सुख मूला।।
मैं स्वतंत्र हर जगह उपस्थित। मुझमें सकल जगत अवस्थित।।
सत्व रज तम है मेरी व्युत्पती। जो करे मोह शोक उत्पत्ति।।
मोहित मनुज कहाँ मुझे जाने। त्रिगुणलिप्त मुझे कब पहचाने।।
मैं स्वयंभु जग त्रिगुणातीता। त्रिगुणतत्त्व मोको मोहे न मिता।।
त्रिगुण उलंघन है अति दूस्तर। मोहित करे सकल नारी—नर।।
अहंकार तजि शरण जो आये। त्रिगुणमाया से मुक्त हो जाये।।

दो0—भ्रम सदैव ही बुद्धि हरे कहते है सब ज्ञानी।
नश्वर मुझको जो समझे वहीं जगत्त अज्ञानी।5।
दो0—पार्थ विराट् संसार में मेरे भक्त की श्रेणी चार।
अर्थार्थी आर्त जिज्ञासु अरू ज्ञानी सन्त उदार।6।

जग जीवन में अर्थ की सत्ता। अर्थार्थी अर्थ की माने महत्ता।।
अर्थ जग जीवन में सुखदाता। अर्थार्थी अर्थ को भजे विधाता।।
पीड़ा पाए प्रारब्ध के कारण। आर्त इच्छा निज कष्ट निवारण।।
कष्ट निवारण हेतु करे भक्ति। करे कर्मकाण्ड जो श्रुति उक्ति।।
यथार्थ जानी जग भ्रम मिट जाए।जिज्ञासु नित वहीं करे उपाय।।
यथार्थ ज्ञान हेतु नित्य भक्ति। पाई ज्ञान मिट जाय आसक्ति।।
तत्वतः मोहे जानत जगज्ञानी। चित्त शुद्ध शान्त जस गहरापानी।।
एकीभाव स्थित ज्ञानी है उत्तम।मम प्रियभक्त हो ज्ञानी नरोत्तम्।।
मम भक्त रहे चित्तशुद्ध उदारा। ज्ञानी ज्ञान मोको अतिप्यारा।।
ज्ञान पार्थ मम सुगम स्वरूपा। ज्ञानी मम वाँछित जगरूपा।।

दो0—जन्म जन्म चेष्टा करी जो जाने मम तत्त्व स्वमेव।
सकल तत्त्व है वासुदेव दूर्लभ अस ज्ञानी सदैव।7।

दो0–भोग कामना ज्ञान हरे प्रेरित करे स्वभाव।
अनेक देव अज्ञानी भजे भौतिकता मनभाव।8।

मनुज सकाम करे अर्चन देवा। करे नित्य नियम धरी सेवा।।
भजे मनुज जेही देव आशा। रचूँ साधक उर अस विश्वासा।।
जामें करे वह देव की भक्ति। बुद्धि समझे भक्ति की शक्ति।।
जाके श्रद्धा रहे देव प्रति जैसी। ईच्छित फल साधक की वैसी।।
विधान अनुसार मिले फलनाना। ममरचित जग सकल विधाना।।
कर्मफल क्षणिक अल्पज्ञानी पावे। देव भजे देवलोक ही जावे।।
मम अनन्य भक्त पावे ममलोका। उत्तम अमर कबहूँ न शोका।।
अविनाशी ममरूप मूढ़ न जाने। मुझे अनित्य मानव हीं माने।।
सर्वस्व अप्रकट आवृत माया। अज्ञानी सकल जगत भरमाया।।
ज्ञात मोको है सकल जहाना। काल भूत भविष्य मैं जाना।।

दो0–सृष्टि के सकल भूत को जानु मैं भली प्रकार।
पार्थ अज्ञानी क्या जाने किसने रचा संसार।9।
दो0–इच्छा द्वेष अपि सुख दुःख द्वन्द्व रूप है मोह।
सकल प्राणी मोहित इससे जो अज्ञान आरोह।10।

निष्कामभाव श्रेष्ठकर्म आचरण। निष्पाप करे जग निर्भय विचरण।।
द्वन्द्वमोहमुक्त दृढ़ व्रतधारी। श्रद्धायुक्त करे भजन हमारी।।
शरणागत करे नित्य यत्ना।जरामरण छाड़ी मिले भक्ति रत्ना।।
ब्रह्म समान अध्यात्म जो जाने। करे कर्म अकर्ता मन माने।।
भक्त सचेत वहीं ब्रह्मवेता। अध्यात्मिक कर्म को कर्म प्रणेता।।
नरनारी सकल प्राणी नारायण।कहे ज्ञानी भक्त अध्यात्म परायण।।
जगमंगल चिंतक पार्थ महात्मा। परमभक्त हो युक्तपरमात्मा।।
अपूर्व साधना परमेश्वर भक्ति। मिले प्राणी जगजीवन मुक्ति।।
भगवत् भक्ति मूलतत्त्व भावना। जस भाव तस मिले पावना।।
जाकर भक्ति ना कोई कारण। मम् भक्त वही है असाधारण।।

दो0–पार्थ भक्त मम अति निकट युक्तचित्त अपि सर्वज्ञ।
प्रयाणकाल में युक्त सदा अधिदैव अधिभूत अधियज्ञ।11।

।।इति सप्तम् अध्याय।।

श्रीमद्भगवद्गीता सप्तम अध्याय
भावार्थ

श्रीमद्भगवद् गीता का सप्तम अध्याय ज्ञानविज्ञान योग के नाम से जाना जाता है। इस अध्याय में कुल ३० श्लोक है। अध्ययन के सुविधा के लिए इसे ५ भागों में बॉटा जा सकता है।

१. ***ज्ञान का विषय (श्लोक१–७) :–*** *श्री भगवान बोले कि अनन्य प्रेम से मुझमें आसक्तचित तथा अनन्य भाव से मेरे परायण होकर योग में लगा हुआ तु जिस प्रकार से सम्पूर्ण विभूति, बल, ऐश्वर्यादि गुणों से युक्त सबके आत्मरूप मुझको संशयरहित जानेगा, उसको सुन। मैं तेरे लिये विज्ञान सहित तत्वज्ञान को सम्पूर्णतया कहूँगा, जिसको जानकर संसार में फिर कुछ जानने योग्य शेष नही रह जायेगा।*

हजारों मनुष्य में से कोई एक मेरी प्राप्ति के लिये यत्न करता है। उन यत्न करनेवाले योगियों में भी कोई एक मेरे परायण होकर मुझको तत्त्व से अर्थात् यथार्थ रूप से जानता है। पृथ्वी, जल, अग्नि, वायु, आकाश, मन, बुद्धि और अहंकार भी आठ प्रकार से विभाजित मेरी प्रकृति है। इन आठ प्रकृतियों को तुम मेरा जड़ अथवा अपरा प्रकृति जानो। इससे इतर मेरी चेतन प्रकृति अथवा परा प्रकृति है,जिससे मैने सम्पूर्ण जगत् को धारण किया है। हे अर्जुन ! सम्पूर्ण भूत इन दोनों प्रकृतियों से ही उत्पन्न होनेवाले है , एवं मैं ही सम्पूर्ण जगत का मूल कारण हूँ। अर्थात् प्रलय और प्रभव हूँ। मुझसे अलग दूसरा कोई भी परम कारण नहीं हैं यह सम्पूर्ण संसार मुझसे सूत्र में मणियों के सदृश गुँथा हुआ है।

२. भगवान की व्यापकता (श्लोक ८–१२) :– *हे अर्जुन! मैं जल में रस, चन्द्रमा और सूर्य में प्रकाश, सम्पूर्ण वेदों में ओंकार, आकाश में शब्द और पुरूषों में पुरूषत्व हूँ। मैं पृथ्वी में गन्ध, अग्नि में तेज हूँ। मैं तपस्वियों में तप हूँ , एवं सम्पूर्ण भूतों में उनका जीवन हूँ। सम्पूर्ण भूतों का सनातन बीज मैं ही हूँ। मैं बुद्धिमानों की बुद्धि एवं तेजस्वियों का तेज हूँ। मैं बलवानों का आसक्तिरहित सामर्थ्य एवं धर्म के अनुकुल काम भी मैं ही हूँ। त्रिगुण से उत्पन्न होने वाले भाव मुझसे ही हैं । परन्तु वास्तव में मैं त्रिगुणतीत हूँ।*

३. आसुरी स्वभाव एवं भगवत्भक्त (श्लोक १३–१६) :– *सारा संसार इसी त्रिगुण से मोहित है, इसलिये वह त्रिगुणातीत को नही जानता है, यह अलौकिक त्रिगुणमयी मेरी माया बड़ी दुस्तर हैं, परन्तु मेरे भक्त इस माया का उल्लंघन कर संसार से तर जाते है। माया द्वारा जिनका ज्ञान हरा जा*

चुका है वे असुर स्वभाव धारण किये हुए मनुष्यों में नीच, दूषित कर्म करनेवाले मूढ़लोग मुझको नही भजते है।

उतम कर्म करने वाले भक्त चार प्रकार के होते हैं:–

1.अर्थार्थी– सांसारिक पदार्थों के लिए भजनेवाला।

2. आर्त :–निज कष्ट निवारण के लिए भजनेवाला।

3. जिज्ञासु :– यथार्थ जानने की इच्छा रखने वाला।

4. ज्ञानी :– यथार्थ को जानने वाला।

इनमें से ज्ञानी भक्त अति उत्तम है,क्योंकि वह मुझे तत्त्व से जानता है । मैं उसका अत्यन्त प्रिये हूँ , एवं वह भी मेरा अत्यन्त प्रिय है। उपर्युक्त चारो प्रकार के भक्त उदार है। परन्तुज्ञानी तो साक्षात मेरा ही स्वरूप है। क्योंकि ज्ञानी युक्तात्मा भक्त अति उत्तम गतिस्वरूप मुझमें ही अच्छी प्रकार स्थित है। बहुत जन्मों के अन्त के जन्म में तत्वज्ञान को प्राप्त पुरुष यह मानता है कि, सवकुछ वासुदेव ही है और इस भाव से मुझको भजनेवाला महात्मा अत्यन्त दूर्लभ है।

४. देवताओं की उपासना (श्लोक२०–२३) :–भोग–कामना से प्रेरित लोग अनेक देवताओं की उपासना करते हैं, उनका ज्ञान हरा जा चुका है , जिसके कारण वे अनेक नियमों को धारण करते हैं। सकाम भक्त जिस जिस देवता के स्वरूप को श्रद्धा से पूजना चाहता है, उस उस भक्त की श्रद्धा को मैं उसी देवता के प्रति स्थिर करता हूँ। इस प्रकार मेरे ही द्वारा किये गये विधान के अनुसार वह इच्छित भोगों को वह निःसन्देह प्राप्त करता है। परन्तु वह फल नाशवान है। देवताओं को पूजनेवाले देवताओं को ही प्राप्त होते हैं, परन्तु मेरे भक्त अन्त में मुझको ही प्राप्त होते हैं ।

५. भगवद्भक्त(श्लोक२४–३०) :–मन्दबुद्धि वाले मेरे अविनाशी परमभाव को नही जानते हैं, वे मुझे मन इन्द्रिययुक्त मनुष्य के भाँती जानकर व्यक्तिभाव को प्राप्त हुआ मानते हैं। मैं अपनी योगमाया में छिपा हुआ होने के कारण सबके प्रत्यक्ष नही होता ,इसलिये अज्ञानी जनसमुदाय मुझे अविनाशी न मानकर जन्मने –मरनेवाला समझता है। मैं भूत, वर्तमान और भविष्य को जानता हूँ , परन्तु कोई श्रद्धा भक्तिरहित व्यक्ति मुझे नही जानता है। हे अर्जुन ! संसार में इच्छा और द्वेष से उत्पन्न सुख–दुःख द्वन्द्व रूप मोह से सम्पूर्ण प्राणी अत्यन्त अज्ञता को प्राप्त हो रहे हैं। परन्तु निष्कामभाव से श्रेष्ठ कर्मों का आचरण करनेवाले जिनका पाप नष्ट हो गया है ,वे राग द्वेष जनित द्वन्द्वरूप मोह से मुक्त दृढ़निश्चयी भक्त मुझको सब प्रकार से भजते

हैं,जो मेरे शरण होकर जरा और मरण से छूटने के लिए यत्न करते हैं, वे पुरुष उस ब्रह्म को, सम्पूर्ण अध्यात्म को और सम्पूर्ण कर्म को जानते हैं , तथा जो अधिभुत और अधिदैव के सहित अधियज्ञ के रूप में अन्तकाल में मुझे जानते हैं ,सचमुच वे युक्तचित वाले ही मुझे वास्तविक रूप से जानते हैं।

तत्व विवेचना

भक्ति क्याहै ?

भगवान श्री कृष्ण सप्तम अध्याय में अर्जुन को यह समझाने की कोशिश करते हैं कि, अगर कोई योगसिद्धि अथवा मुक्ति चाहता है ,तो वह मेरा शरण में आ जाये। अर्थात् लाख कोशिशें के बाद भी कोई भी व्यक्ति माया से मुक्त नही होता जबतक वह परमात्मा के शरण में न जाये। जबतक मनुष्य में अहंकार है, तव तक वह माया से मुक्त नही हो सकता। जो अहंकार त्यागकर परमेश्वर की शरण में आ जाता है। वह माया से मुक्त हो जाता है अहंकार छोड़कर परमात्मा के शरण में आना अर्थात परमात्मा के साथ एकाकार होने को भक्ति के नाम से जाना जाता है। हम दूसरे शब्दों में कह सकते हैं कि, ज्ञानयोग और कर्मयोग की पराकाष्ठा है –भक्ति, जिसके द्वारा एकाग्रता को साधा जा सकता है।

माया क्या है ?

माया परमेश्वर की ही शक्ति है,जिसके प्रभाव के कारण प्राणी भ्रमित रहता है। प्राणी को भ्रमित करना भी ईश्वर की ही एक लीला है। भ्रमित व्यक्ति अपने ही मोहजाल में उलझ जाता है। वह इस मोहजाल से जितना निकलने की कोशिश करता है वह उतना ही उलझता जाता है। अपने ही मोहजाल से निकलने की कोशिश में जब वह थक जाता है। तो उसका अहंकार समाप्त हो जाता है। इस प्रकार वह अहंकार से मुक्त होकर परमात्मा का सानिध्य प्राप्त कर लेता है।

भक्त के प्रकार :–भगवान के भक्त दो प्रकार के होते हैं :

1.**सकाम भक्त** :– वे भक्त जिनके मन में कुछ इच्छा होती है ,सकाम भक्त कहलाता है । सकाम भक्त ईश्वर से कुछ पाना चाहता है, और उसे यह विश्वास भी होता है, कि ईश्वर उसकी मनोकामना पुरी करेगें। ईश्वर से माँगना कोई बुरी बात नही है। भक्त का पूर्ण विश्वास की ईश्वर उनके साथ है यही बड़ी बात है। ईश्वर से कुछ माँगने वाला भक्त असाधारण ही माना जाता है। इसलिए भगवान कहते हैं कि , सकाम भक्त की भक्ति को मैं दृढ़

करता हूँ। वास्तव में भक्ती के लिय भावना का बहुत महत्त्व है। भक्त चाहे किसी भी इच्छा से भगवान के शरण में गया हो, सत्य तो यही है कि, वह भगवान के समीप गया। जब भक्त भगवान के समीप रहता है,तो उसके भक्ति में पूर्णता आ ही जाती है।

2.निष्काम भक्त :—निष्काम भक्त दो प्रकार के होते हैं:

- **एकांगीः—** एकांगी भक्त तीन प्रकार के होते हैं

- आर्त :— ऐसे भक्त भगवान का कृपा पाने के लिए व्याकुल रहते हैं उन्हे यह संसार दूःखमय प्रतीत होता है। अतः वे सांसारीक दुःख से मुक्ति चाहतें हैं, इसके लिये अथवा भगवान की कृपा पाने के लिये कोई पुजन करता है, कोई भजन करता है, कोई नृत्य करता है। माता मीराबाई ऐसे ही भक्त की एक उदाहरण हैं । ऐसे भक्त समस्त क्रियाओं को भगवत् प्रेम की दृष्टि से देखतें है। अर्थात् ऐसे भक्तों को भगवान पर बहुत ज्यादा विश्वास होता है। और यही विश्वास भगवान के साथ अनन्य प्रेम का सम्बन्ध बनाता है।
- जिज्ञासु :— जिज्ञासु भक्त के पास अदम्य जिज्ञासा होती है। वह प्रत्येक वस्तु के गुणधर्म की खोज करता है। गुणधर्म की खोज करते करते उसका गुणों के भंडार परमात्मा से साक्षात्कार हो जाता है। ऐसे भक्त समस्त क्रियाओं को ज्ञान की दृष्टि से देखतें है।
- अर्थार्थी :— अर्थार्थी भक्त अपने प्रत्येक कर्म को संसार में प्राणी कल्याण की दृष्टि से परखते है। वे अपने प्रत्येक कर्म में यह अर्थ ढूढतें है कि , उनका कर्म सांसारीक प्राणी के कल्याण की कसौटी पर खरा है या नही। ऐसे भक्त समस्त क्रियाओं को बुद्धि की दृष्टि से देखते है।

- **ज्ञानी भक्त** :— ज्ञानी भक्त को सारा संसार ईश्वरमय प्रतीत होता है। वे मानते हैं, कि एक ही परमात्मा सर्वत्र विराजमान हैं इस प्रकार वे ईश्वर के संग एकात्म हो जाते हैं ।

श्री कृष्ण नें चतुर्थ अध्याय में बताया कि वे त्रिगुणातीत हैं साधारण प्राणी त्रिगुणातीत नही हो सकता है। सनातन धर्म में प्रचलित मान्यताओं के अनुसार त्रिगुणातीत भगवान को कहते है, एवं त्रिगुणातीत का अर्थ त्रिगुण के प्रभावों से रहित अर्थात् मुक्त है । अगर कोई मुक्ति चाहता है, तो उसे मुक्त अर्थात् भगवान के शरण में जाना ही होगा। भगवान के शरण में जाने वाले को भक्त कहा जाता है। अध्यात्मिक दृष्टिकोण से श्रीमद्भगवद् गीता का सातवाँ अध्याय बहुत महत्वपूर्ण है। इस अध्याय के माध्यम से श्री वेद व्यास

नें यह बताने की चेष्टा करते हैं कि, बिना भक्ति के कर्मयोग या ज्ञानयोग कुछ भी नही सधता है।

अगर इस अध्याय के व्यवहारिक पक्ष को देखें तो हम पाते हैं,कि व्यवहारिक दृष्टिकोण से भी यह अध्याय बहुत महत्वपूर्ण है, इसके लिए अभी तक के श्रीमद्भगवद्गीता के संदेश पर एक दृष्टि डालना जरूरी है।

श्रीमद्भगवद्गीता की शुरूआत होती है, अर्जुन के अनिर्णय के स्थिति से कि युद्ध उचित है या नहीं? इसके लिऐ श्री कृष्ण पहले समाज के व्यवहारिक पक्ष को रखकर युद्ध को उचित बताते हैं। इसके बाद कर्मयोग और ज्ञानयोग के बारे में बताते हैं। और यह सिद्ध कर देते हैं कि कर्मयोग और ज्ञानयोग का लक्ष्य एक ही है– मुक्ति। अर्थात् योगी और संन्यासी अलग– अलग नही हैं, इससे अर्जुन जो युद्ध छोड़कर संन्यास धारण करने की बात कर रहे थे, उन्हें यह एकदम स्पष्ट हो जाता है, कि कर्मयोग ज्ञानयोग से आसान है, इसलिए श्री कृष्ण उन्हें युद्ध करने के लिए कह रहे हैं,परन्तु ज्ञान योग या कर्मयोग के लिये मन पर नियंत्रण अनिवार्य हैं ,जबकि मन पर नियंत्रण करना आसान नहीं है। तो कर्मयोग या संन्यासयोग आसान कैसे होगा।

श्रीकृष्ण मन पर नियंत्रण के लिए ध्यानयोग को बताते हैं, तथा ध्यान के लिए अवश्यक है –एकाग्रता। एकाग्रता तब ही आ सकती है जब किसी एक पर ध्यान केन्द्रित किया जाये। इसलिए सातवें अध्याय में एक जिसपर ध्यान केद्रित किया जा सकता है वह है परमात्मा। इस मत की पुष्टी करते हुए कविवर मैथलीशरण गुप्त कहते हैं:

अखिलेश्वर है अवलंबन को,नर हो न निराश करो मन को

कई विद्वानों का मत है कि निराश होना नास्तिक की पहचान हैं। जबकि आशान्वित होना आस्तिक की पहचान है। अखिलेश्वर एक ऐसे अबलम्वन हैं, जो हमारे इस विश्वास को पुष्ट करते हैं,कि हमारे अन्दर अपार क्षमता है , और हम कुछ भी करने में समर्थ है।

व्यवहारिक दृष्टिकोण से हमारी कर्मप्रेरणा आनन्द होता है, जो हमें लक्ष्य को हासिल करने के उपरांत मिलता है। जिस प्रकार भक्ति भगवान के साथ एकीकार होने का एकमात्र साधन है ,उसी प्रकार अगर हम अपने लक्ष्य के साथ एकीकार हो जाते है ,तो लक्ष्य पाना निश्चित हो जाता है। वास्तव में अगर हम किसी लक्ष्य को प्राप्त करना चाहते हैं,तो सवसे पहले हमें उस लक्ष्य के साथ एकीकार होना होगा। उदाहरण के लिए अगर हम कोई प्रशासनिक अधिकारी बनना चाहतें हैं, तो प्रशासनिक अधिकारी बनने के

प्रयास से पहले हमें यह अनुभव करना होगा,कि प्रशासनिक अधिकारी बनने के बाद हमें किस प्रकार का आनन्द प्राप्त होगा। जब हम उस आनन्द के साथ अपने को जोड़ लेंगें तो वहीं आनन्द हमारी कर्म प्रेरणा बनकर हमारे प्रयास को सफल करने में मदद करेगा। व्यवहारिक जीवन में इस अध्याय का संदेश है कि , अपने आप को लक्ष्य प्राप्ती के आनन्द से जोड़ना ही भक्ति हैं। व्यवहारिक दृष्टिकोण से जो लक्ष्य प्राप्ती है, उसे अध्यात्मिक दृष्टिकोण से मोक्ष प्राप्ती कहा जाता है। व्यवहारिक दृष्टिकोण से लक्ष्य प्राप्ति के उपरांत प्राप्त आनन्द अध्यात्मिक दृष्टिकोण मोक्ष प्राप्ति के बाद प्राप्त होनेवाला परमानन्द के समान है। लक्ष्य पाने के लिये किया जानेवाला प्रयास ही कर्मयोग अथवा सन्यासयोग है। लक्ष्य प्राप्ति के उपरांत प्राप्त आनन्द के साथ एकीकार होना ही भक्ति है।

श्रीमद्भगवद्गीतासप्तम् अध्याय
उपसंहार

षष्ठम अध्याय में अर्जुन के मन में यह शंका कि जीवनकाल बहुत छोटा होता है। तथा मन को नियंत्रित करने के अभ्यास में ज्यादा समय लग सकता है, तो क्या कोई तरीका है,जिससें कम अभ्यास करने पर भी सिद्धि प्राप्त हो जाये। इस शंका के समाधान के लिए श्री कृष्ण अर्जुन को अहंकार को छोड़कर भक्तिसहित अभ्यास करने का सलाह देते हैं। भक्ति ही एकमात्र माध्यम है,जो मन को नियंत्रित करके बुद्धि को एकाग्र कर देता है। इसलिये इस अध्याय के अन्त में श्री कृष्ण कहतेहैं कि, मेरा भक्त अन्त समय में मुझे ही अधिभुत, अधिदेव तथा अधियज्ञ के रूप में जानता है। इसका अर्थ है कि जब कोई कर्ता – अधिभूत, कर्मप्रेरणा – अधिदेव तथा कर्म – अधियज्ञ के साथ एकीकार हो जाता है, तो वह अपने लक्ष्यसाधन में निश्चित रूप से सफलता पाता है। इसे ही भक्ति कहते हैं,जिसके कारण भक्त अपने अहंकार को छोड़कर परमानन्द के साथ एकीकार हो जाता है।

श्रीमद्भगवद् गीता के पहले के अध्यायों में व्यवहारिक ज्ञान को बताते–बताते सातवें अध्याय में गहरे अध्यात्म की बात की गई है, इसलिये यह स्वभाविक है कि, अध्यात्म से सम्बन्धित कई प्रश्न अर्जुन के मन में उमड़ रहा होगा। इसलिए आगे के अध्याय में अर्जुन के अध्यात्म संबधी प्रश्न का समाधान श्री कृष्ण ने बताया हैं ।

–:ऊँ तत् सत:–

अष्टम् अध्याय
अक्षरब्रह्म योग

श्रीमद्भगवद्गीता अष्टम अध्याय एक दृष्टि	
कुल श्लोकों।की संख्या	२८
कुल श्लोक (श्री कृष्ण)	२६
कुल श्लोक (अर्जुन)	२
कुल श्लोक (धृतराष्ट्र)	0
कुल श्लोक (संजय)	३
मूल विषय	**संस्कार**

श्री गणेशाय नमः

श्लोकः

गुणहीन सुदीन मलीन मति।
त्वयि पातरि दातरि चापरतिम्।
तमसा रजसा वृत वृतिमिम।
जन तारण ताराय तापितकम्।।

दो0—विस्मित पार्थ करजोरी कहे पुरूषोतम घनश्याम।
ब्रह्म अध्यात्म अरू कर्म क्या बतलायें सुखधाम।1।
दो0—अधिभूत किसको कहते अधिदैव का कहें स्वरूप।
अधियज्ञ कैसे चित्तबसे प्रयाणकाल तवरूप।2।

गूढ़ रहस्य श्री कृष्ण बखाने। विनाश रहित ब्रह्म जग जाने।।
जो है निजस्वरूप जिवात्मा। अध्यात्म इसे ही कहे महात्मा।।
जग कल्याण हेतु जो सेवा। कर्म वहीं करे संत मुनि देवा।।
जाके होवत जन्म अवसाना। अधिभूत पार्थ कहे वेद पुराणा।।
विश्व विदित प्रकट जो देवा। करे जगपोषण पार्थ अधिदेवा।।
स्वयं परमात्मा अधियज्ञ रूपा। यही बसे देह चैतन्य नरभुपा।।
मम स्मरण करी त्यागे देहा। मम्स्वरूप पाये न कछु संदेहा।।
अन्तकाल जीव भावना जैसी। स्वरूप धरे जीव जग वैसी।।
पूर्वजन्मान्त भावरूप जगदेहा। भावित गुण क्रोध अरू नेहा।।
करो युद्ध उरधरी मम ध्याना। पार्थ अवश्य हो तव कल्याणा।।

दो0–पार्थ अटल नियम यही हरि ध्यान योग अभ्यास।
चिन्तन हरिरूप करे स्थिरचित्त् जाये हरि के पास।3।

जो है सर्वज्ञ अनादि अनन्ता। अर्न्तयामी चर–अचर नियन्ता।।
अति सूक्ष्म अचिन्त्य स्वरूपा। भरण करे अग जग नर भुपा।।
चैतन्य रविसम नित्य प्रकाशा। जो करे तमस अविद्या नाशा।।
शुद्धचित्त अस प्रभु घ्याये ज्ञानी। होय ताके भवबन्धन हानि।।
अस भक्त निज प्रयाणकाला। प्राण स्थापित करे मध्य भाला।।
योगबल मिले योग की सिद्धि। निश्चल मन हो योगबलबृद्धि।।
स्मरण रखे शुद्ध सच्चिदानन्दा। मिले परमगति मिटे जग द्वन्द्वा।।
परमपद प्राप्ती हेतु सब युक्ति। सुनो पार्थ संक्षिप्त पथमुक्ति।।
जाको ज्ञानी कहत अविनाशी। अनासक्त यत्न करे संन्यासी।।
ब्रह्मचर्यकरे धारण ब्रह्मचारी। युक्ति अनेक करे नर नारी।।

दो0–सकल इन्दिय संयम कर मन स्थापित हृदेश।
भृकुटिमध्य में प्राण धरो योगबल से गुड़ाकेश।4।
दो0–अक्षर ब्रह्म निर्गुण स्वरूप कर ओकांर का जाप।
चिन्तन मेरा स्वरूप का समाप्त करे भव ताप।5।
दो0– उच्चारण करे जो ऊँ का तजे पार्थिव देह।
स्मरण ब्रह्मस्वरूप मिले परमगति बिनसंदेह।6।

अनन्यचित्त् रहे नित्य निरंतर। स्मरण करे योगी अभ्यंतर।।
सहज सुलभ दिक् दिगन्तर। योगी मोको भजे निरंतर।।
नहीं शाश्वत क्षणभंगुर काया। दुःखगेह लिप्त रहे जगमाया।।
मम भक्त परमसिद्धि पाये। मरणेपरान्त पुनर्जन्म विसराये।।
ब्रह्मलोक अरू अगजग सारा। सृष्टि लोप प्रकट हो बारंम्बरा।।
ब्रह्मादि लोक कालसीमिता। परमात्मा अनित्य मैं कालातीता।।
मम् भक्त अत्यन्त मोको भाये। यही कारण पुनर्जन्म न पाये।।
ब्रह्म दिवस गुणी कहे बखानी।सहस्त्र चतुर्युग सम जग मानी।।
सहस्त्र चतुर्युग सम ब्रह्म रात्रि। कहे योगी कालतत्त्व धात्रि।।
अहोरात्र ब्रह्म के बीते अनेका। जाने कालगति ज्ञानीविवेका।।

दो0–धरे ब्रह्म दिवस प्रारंभ में चराचर भौतिक देह।
सूक्ष्म ब्रह्म से प्रकट यह चैतन्य जगत आत्मगेह।7।
दो0–सकल चराचर विलिन ब्रह्म जब आए ब्रह्मराती।

कालचक्र जीवजगत में व्यक्ताव्यक्त एही भाँती।8।
दो0– शाश्वत परम दिव्यपुरुष नहीं व्यक्ताव्यक्त आधीन।
निज योगमाया प्रकट अप्रकट रहे सदैव स्वाधीन।9।

अक्षरब्रह्म इति विश्रुत नामा। अव्यक्त भाव भक्ति परिणामा।।
एहीभाव परमगति संचालक। अक्षरब्रह्म अग जग के पालक।।
पार्थ वही परम मम धामा। अव्यक्त भाव जहँ पाए विश्रामा।।
अनश्वर कण कण में स्थित। सर्वभूत है व्याप्त व्यवस्थित।।
शाश्वत ब्रह्म पार्थ सर्वोत्तम। जाको पाये भक्त अतिउत्तम्।।
द्वौमार्ग प्राणी हृषिकेशबखाना। आत्मगति उपरांत अवसाना।।
एकमार्ग जीव परमगति पाये। दूजेपथ प्राणी पुनः जग आए।।
जेहीपथ देवअग्नि अभिमानी। उतरायण शुक्ल दिनकर ज्ञानी।।
वो मार्ग अर्चिमार्ग कहलाए। जेही पथ जीव परमगति पाए।।
रात्रिकृष्णपक्ष दक्षिणायन स्वामी। चन्द्रालोक स्वर्गमारगगामी।।
निशापथ पार्थ धूम्रपथ कहलाये। स्वर्गभोगी जीव बापस आये।।

दो0–सनातन गति द्वौ मार्ग विदित देवयान पितृयान।
देवयान दे परमगति पितृयान फिरी लाये जहान।10।
दो0– तत्वज्ञानी योगी ही जाने सनातन द्विपथ हाल।
योगयुक्त करो साधना समबुद्धि रखों सब काल।11।
दो0– वेद पढ़े ना यज्ञ करे न पुण्य तप दान हजार।
तत्वज्ञानी पाए परमगति जिनका अक्षर आधार।12।

।।इति अष्टम् अध्याय।।

श्रीमद्भगवद्गीता अष्टम् अध्याय
भावार्थ

श्रीमद्भगवद् गीता का अष्टम अध्याय अक्षरब्रह्म योग के नाम से जाना जाता हैं । इस अध्याय में कुल २८ श्लोक हैं ,अध्ययन के सुविधा के लिए इसे ३ भागों में बँटा जा सकता हैं ।

*१. **अर्जुन के सात प्रश्न और उत्तर(श्लोक१–१०) :**–सातवे अध्याय के अन्त में भगवान श्री कृष्ण ने अधिदैव, अधियज्ञ इत्यादि का उल्लेख किया था। अब अर्जुन उन्ही विषयों को बिस्तार से समझने के लिये भगवान श्री कृष्ण से सात प्रश्न करते हैं:*

1.ब्रह्म क्याहै?
2.अध्यात्म क्या है ?
3.कर्म क्याहै ?
4.अधिभूत क्याहै?
5.अधिदैव किनको कहतेहै?
6.यहाँ अधियज्ञ कौन है, और वह इस शरीर में कैसे है?
7.युक्तचितवालो को आप अन्त समय में किस प्रकार जानने में आतेहैं?
अर्जुन के इन प्रश्नों के उत्तर श्री कृष्ण इस प्रकार देते हैं ।
1.परम अक्षर ब्रह्म हैं ।
2.अपना मूलस्वरूप जीवात्मा अध्यात्म नाम से जाना जाता है।
3.भूतों के लिये कल्याणभाव को उत्पन्न करने वाले त्याग को कर्म कहते है।
4.उत्पत्ति – विनाश धर्मवाले सब पदार्थ अधिभूत है।
5.हिरण्यगर्भा ब्रह्म को अधिदैव कहतेहै।
6.अन्तर्यामी रूप से मैं ही अधियज्ञ हूँ।
7जो अन्तकाल में मुझको ही स्मरण करता हुआ शरीर का त्याग करता है,वह साक्षात मेरे स्वरूप को प्राप्त करता है।

हे अर्जुन! अपने अन्त समय में मनुष्य जिस भाव का स्मरण करते हुये शरीर का त्याग करता है, वह उस उस को ही प्राप्त होता है। क्योंकि वह उसी भाव में भावित रहता है। इसलिये हे अर्जुन ! तु नित्य मेरा स्मरण कर और धर्म की रक्षा हेतुयुद्ध भी कर इससे निःसन्देह तु मुझे ही प्राप्त होगा। हे पार्थ! नियम यह है कि परमप्रकाशरूप दिव्यपुरुष को अर्थात् परमेश्वर को ही परमेश्वर के ध्यान के अभ्यास रूप योग से युक्त दूसरी ओर न जानेवाले चित्त से निरंतर चिन्तन करता हुआ मनुष्य प्राप्त होता है। अतः जो सर्वज्ञ, अनादि, सबके नियन्ता, सूक्ष्म से भी सूक्ष्मसबके धारण पोषण करनेवाले अचिन्त्यस्वरूप, सूर्य के सदृश नित्य चेतन प्रकाशरूप और अविद्या से अतिपरे शुद्ध सच्चिदानन्दघन परमेश्वर का स्मरण करता है, वह भक्ति युक्त पुरुष अन्तकाल में भी योगबल से भृकुटी के मध्य प्राण को अच्छी प्रकार स्थापित कर निश्चल मन से स्मरण करता हुआ उस दिव्य परमपुरुष परमात्मा को ही प्राप्त होता है।

*२. **भक्तियोग का परिचय (श्लोक ११–२२) :–**वेदज्ञ जिन्हें अविनाशी कहते हैं, आसक्तिरहित यत्नशील संन्यासी जिसमें प्रवेश करते हैं। अथवा जिस परमपद को प्राप्त करने के लिए ब्रम्हचारी ब्रम्हचर्य का आचरण करते हैं। उस परमपद को मैं तुम्हारे लिए संक्षेप में कहूंगाँ।*

सब इन्द्रियों के द्वारों को रोककर,मन को हृदय देश में स्थिर करके, फिर जीते हुये मन द्वारा प्राण को मस्तक में स्थापित करके परमात्मा सम्बन्धी योगधारणा में स्थित होकर जो ॐ अक्षर रूप ब्रह्म का उच्चारण करता हुआ,उसके अर्थस्वरूप मुझ निर्गुण ब्रह्म का चिन्तन करता हुआ शरीर का त्याग करता है ,वह परमगति को प्राप्त होता है। जो मुझमें अनन्यचित होकर निरंतर मेरा स्मरण करता है,उस योगी के लिये मैं सुलभ हूँ ,एवं उसे सहज ही प्राप्त हो जाता हूँ। परमसिद्धि प्राप्त महात्मा मुझको पाकर इस क्षणभंगुर पुनर्जन्म को नही प्राप्त होते है। हे अर्जुन ! ब्रह्मलोकपर्यन्त सब लोक पुनरावर्ती है, परन्तु मुझको पाकर पुनर्जन्म नही होता है। क्योंकि मैं कालातीत हूँ , जबकि सब ब्रम्हादि के लोक काल के द्वारा सीमित होने से अनित्य हैं । काल तत्त्व को जानने वाले यह जानते हैं,कि ब्रह्माजी का एक दिन एक हजार चतुर्युग तक की अवधि वाला तथा ब्रह्माजी का एक रात भी एक हजार चतुर्युग तक की अवधि वाला होता है। सम्पूर्ण चराचर भूतगण ब्रह्माके दिन के प्रवेश काल में अव्यक्त से अर्थात् ब्रह्माके सूक्ष्म शरीर से उत्पन्न होते हैं, और ब्रह्मा के रात्रि के प्रवेशकाल में उस अव्यक्त ब्रह्माके सूक्ष्म शरीर में लीन हो जाते हैं। यह क्रम चलता ही रहता है। और वहीं भूतसमुदाय उत्पन्न होकर प्रकृति के वश में हुआ रात्रि के प्रवेश काल में लीन होता है, और दिन के प्रवेशकाल में फिर से उत्पन्न होता है। उस अव्यक्त से अतिपरे दुसरा विलक्षण जो सनातन अव्यक्त भाव है ,वह परम दिव्य पुरुष सब भूतों के नष्ट होने पर भी नष्ट नही होता है। उसी अक्षर नामक अव्यक्त भाव को परमगति कहते हैं ,तथा जिस सनातन को पाकर मनुष्य वापस नही आतें वह मेरा परमधाम है।

हे पार्थ! जिस परमात्मा के अन्तर्गत सर्वभूत है , ओर जिस सच्चिदानन्द घन परमात्मा से समस्त जगत परिपूर्ण है,वह सनातन अव्यक्त परम पुरुष तो अनन्य भक्ति से ही प्राप्त होने योग्य है।

३. शुक्ल और कृष्ण मार्ग(श्लोक २३–२८) :–हे अर्जुन जिस मार्ग / काल में शरीर त्यागकर गये हुए योगीजन वापस न लौटने वाली गति को और जिस काल में शरीर त्याग कर गये हुए वापस लौटने वाली गति को प्राप्त होते हैं । मैं तुमसे उन दोनों मार्गो को कहूँगा।

जिस मार्ग के ज्योतिर्मय अग्नि अभिमानी देवता हैं,दिन का अभिमानी देवता हैं, शुक्लपक्ष का अभिमानी देवता हैं ,और उतरायण के छः महीनों का अभिमानी देवता हैं ,उसमार्ग में गये हुये ब्रह्मवेता उपर्युक्त देवताओं द्वारा क्रम से ले जाकर ब्रह्म को प्राप्त होते हैं।

जिस मार्ग के धूमाभिमानी देवता हैं, रात्रि अभिमानी देवता हैं, तथा कृष्णपक्ष के अभिमानी देवता हैं, और दक्षिणायन के छः महीनों के अभिमानी देवता हैं उस मार्ग में गया हुआ सकाम कर्म करनेवाला उपर्युक्त देवताओं द्वारा क्रम से ले गया हुआ चन्द्रमा की ज्योति को प्राप्त होकर स्वर्ग में अपने शुभ कर्मो का फल भोगकर वापस आता है।

क्योंकि जगत् में ये दो मार्ग शुक्ल और कृष्ण अथवा देवयान और पितृयान दो सनातन मार्ग माने गये हैं । एक से गया हुआ परमगति को प्राप्त करता है , जबकि दूसरे मार्ग द्वारा गया हुआ वापस आता है ,अर्थात जन्म मृत्यु को प्राप्त होता है।

हे पार्थ ! इन दोनों मार्गो को तत्त्व से जानकर कोई भी योगी मोहित नही होता है । इसलिए तु सब काल में समबुद्धिरूप योग से युक्त हो अर्थात् मेरी प्रप्ति के लिए साधना कर।

योगी इस रहस्य को तत्त्व से जानकर वेदों के पढ़ने में तथा यज्ञ, तप और दानादि करने में जो पुण्यफल कहा गया है उन सबको निःसन्देह उल्लंघन कर जाता है, और सनातन परम पद को प्राप्त करता है।

—:तत्व विवेचनाः—

अक्षरब्रह्म :—

श्रीमद्भगवद्गीता के सप्तम अध्याय तक अर्जुन जान चुकें हैं कि, भक्ति (लक्ष्य के साथ एकीकार होना) ही सफलता की विश्वसनीय युक्ति है । कर्मयोग, संन्यास, ध्यान योग आदि सारे लक्ष्य साधने के उपक्रम की सिद्धि भक्ति के बिना असंभव है। भक्ति के लिए अहंकार का समाप्त होना अनिवार्य है। सातवें अध्याय के अन्त में श्री कृष्ण कहते हैं कि, जो भक्त होता है, वह अन्त समय में अधिभूत, अधिदेव और अधियज्ञ के रूप में भगवान को ही जानता है। इसका व्यवहारिक अर्थ यह हैं कि, जब कोई अपना लक्ष्य प्राप्त करने में सफल हो जाता है, तो उसे कर्ता, कर्मप्रेरणा और कर्म सब समान प्रतित होते हैं। अतः जो अपने लक्ष्य के साथ एकीकार हो जाता है,वहीं अपने लक्ष्य को प्राप्त करने में सफलता प्राप्त करता है। इन तथ्यों को समझने के बाद अर्जुन के मन में विचार आना स्वभाविक है, कि प्राणी का परमलक्ष्य क्या होना चाहिए। इसका बहुत ही व्यवहारिक उत्तर भगवान श्री कृष्णदेते हैं कि, प्राणी का परमलक्ष्य अक्षरब्रह्म है। अक्षरब्रह्म का अर्थ होता है वह ब्रह्म जिसका क्षरण (नाश) न हो, अर्थात् जो काल के सीमा से परे हो।

अक्षरब्रह्म की पहचान कैसे हो ?

मनुष्य संस्कारो का पुतला है। मनुष्य में अच्छे बुरे सब प्रकार के संस्कार होते हैं, मनुष्य के कर्मों में उनका संस्कार परिलक्षित होना स्वभाविक है। अध्यात्म में देहावसान को चिर निद्रा माना जाता है। हम रोज रात होने पर सो जाते हैं, और सुबह जाग जाते हैं, ठीक इसी प्रकार हमारी चिरनिद्रा होती हैं , रात को सोने से पहले जब हम बिस्तर पर होते हैं तो हमें अपने दिनभर के किये गये कुछ मुख्य क्रिया कलाप याद आतें हैं,उनमें से कुछ बहुत प्रभावी होते हैं, जिनकी याद के साथ हमें नींद आ जाती है। सुबह जब हम जागते हैं,तो हमारे उपर उसी क्रिया कलाप का प्रभाव होता है। जिसकी याद के साथ हमें नींद आई थी, वह सुबह कर्मप्रेरणा के रूप में प्रकट होता है। ठीक इसी प्रकार हमारे जीवन भर के संस्कार हमें अपने चिरनिद्रा के पहले याद आता है,एवं जिस संस्कार को याद करते हुये हम चिर निद्रा में जाते हैं,उसी संस्कार के अनुरूप हमारा अगला जन्म होता है। परन्तु हमारे संस्कार समाजिक संरचना के अनुसार बदलती रहती है। कुछ संस्कार ऐसे होते हैं ,जो बहुत जल्दी बदल जाते हैं,एवं कुछ संस्कार ऐसे होते हैं जो ज्यादा समय तक हमें प्रभावित करते हैं। अगर हमारे जीवन में अच्छे संस्कारों की अधिकता होती हैं,तो चिरनिद्रा के समय भी हमें अच्छे संस्कार ही याद आतें हैं,तद्नुरूप हमारा अगला जन्म होता है। इस अध्याय में श्री कृष्ण कहते हैं कि, ब्रह्म का भी जन्म और अवसान होता है। परन्तु मैं काल के परिधी से बाहर हूँ। मेरा जन्म और अवसान नही होता, इसलिए मैं ही अक्षर ब्रह्म हूँ। मेरे भक्त के संस्कारों का विलय मुझमें हो जाता है। क्योंकि वे अहंकारशुन्य होते हैं, अहंकारशुन्य होने के कारण वे अपने चिरनिद्रा में जाने से पहले मुझको ही याद करते हैं । जिसके कारण वे मुक्त हो जाते हैं , और फिर से जन्म नही लेते हैं ।

एक उदाहरण से हम इसे समझने की कोशिश करते हैं ।दिनभर हम बहुत सारा क्रिया कलाप करते हैं । लेकिन अपने संस्कार एवं अहंकार के अनुरूप हमें उन क्रिया–कलापों में कुछ ही याद रह पाते हैं उसी प्रकार हम अपने जीवन में कई प्रकार के क्रिया कलाप करते हैं । लेकिन अन्त समय में हमें हमारे संस्कार और अहंकार के अनुसार बहुत कम याद रह पाते हैं । लेकिन जब हम प्रभु के शरण में जाते हैं , तो हमारा अहंकार ही समाप्त हो जाता है। इसलिए हमें अपने चिर निद्रा में जाने से पहले ऐसा कुछ भी याद नही रहता जो हमने किया है या जिसे करने की इच्छा है। अतः सिद्धान्त के अनुसार हम जन्म –मरण के चक्कर से मुक्त हो जाते हैं । अतः हमें अपने उस पवित्र संस्कार को पहचानने की आवश्यकता है, जिससे हम

अहंकारमुक्त रह सकें। अक्षरब्रह्म की पहचान करने के लिए अहंकारमुक्त होना अनिवार्य है। अतः अक्षरब्रह्म को पहचानने के लिए हमें अपने स्वयं के पवित्र संस्कारों को पहचानना होगा। जो हमें अहंकारमुक्त कर सके।

अक्षरब्रह्म की प्राप्त कैसे हो ?

पहले के कई अध्यायों में कर्मयोग अथवा संन्यासको सिद्ध करने के लिए मन को नियंत्रित करने की बात की जा रही थी। परन्तु हमारा कर्मयोग अथवा संन्यास समय पर सिद्ध हो जाये इसके लिए आवश्यक शर्त है लक्ष्य के साथ एकीकार होना अथवा अहंकारमुक्त होना। इसलिए यह जानना आवश्यक हो जाता है कि अहंकारमुक्त होने के क्या उपाय है। इसके उपाय के लिए,इस अध्याय में सांकेतिक रूप से दो मार्गो का वर्णन किया गया है।

1. **देवयान अथवा शुक्ल मार्ग :–** जिस मार्ग के ज्योतिर्मय अग्नि अभिमानी देवता हैं,दिन का अभिमानी देवता हैं, शुक्लपक्ष का अभिमानी देवता हैं, ंऔर उतरायण के छः महीनों का अभिमानी देवता हैं, उसमार्ग में गये हुये ब्रह्मवेता उपर्युक्त देवताओं द्वारा क्रम से ले जाकर ब्रह्म को प्राप्त हातें हैं। इस रूपक में ज्योतिर्मय अग्नि का अर्थ है–कर्मठ, दिन के अभिमानी देवता का अर्थ है –प्रकाश अर्थात् ज्ञान का प्रकाश, शुक्लपक्ष अभिमानी देवता का अर्थ है –विकास करता हुआ चन्द्रमा अर्थात् विकासशील बुद्धि, उतरायण में जब सूर्य रहता है तो दिन बड़ी एवं रातें छोटी होती है, उतरायण विद्वानों के अनुसार उदार हृदयाकाश का द्योतक है,इसका साधारण अर्थ यह हुआ कि यदि व्यक्ति कर्मठ हो, ज्ञानी हो, विकासशील बुद्धि वाला हो एवं उदार हृदयाकाश वाला हो तो उसके अन्दर का संस्कार उसे अहंकारमुक्त बना देता है। साधारण भाषा में इसे साकारात्मक विचार (PositiveAttitude) कहते हैं ।
2. **पितृयान अथवा कृष्णमार्ग :–** जिस मार्ग के धूमाभिमानी देवता हैं, रात्रि अभिमानी देवता हैं,तथा कृष्णपक्ष के अभिमानी देवता हैं ,ंऔर दक्षिणायन के छः महिने का अभिमानी देवता हैं, ंउस मार्ग में गया हुआ सकाम कर्म करनेवाला उपर्युक्त देवताओं द्वारा क्रम से ले गया हुआ चन्द्रमा की ज्योति को प्राप्त होकर स्वर्ग में अपने शुभ कर्मो का फल भोगकर वापस आता है।इस रूपक में धूम्रयुक्त अग्नि का अर्थ है–भ्रमित, रात्रि के अभिमानी देवता का अर्थ है–अन्धकार अर्थात् अज्ञान, कृष्णपक्ष अभिमानी देवता का अर्थ है–क्षीण होता हुआ चन्द्रमा अर्थात् अविकसित बुद्धि, दक्षिणायन में जब सूर्य रहता ह ैतो दिन छोटी एवं रातें बड़ी होती है, दक्षिणायन विद्वानों के अनुसार संकुचित हृदयाकाश का द्योतक है। इसका साधारण अर्थ यह हुआ कि यदि व्यक्ति भ्रमित हो, अज्ञानी हो, अविकसित

बुद्धि वाला हो एवं संकुचित हृदयाकाश वाला हो तो उसके अन्दर का संस्कार उसे अहंकारयुक्त रखता है। साधारण भाषा में इसे नाकारात्मक विचार (NegativeAttitude) कहते हैं ।

अतः साकारात्मक विचार वाला व्यक्ति अक्षरब्रह्म अर्थात् अपने उन शुभ संस्कारों को पहचान लेता है, जो उसे अहंकारमुक्त करके उचित लक्ष्य निर्धारण में सहयोग करता है। तथा नाकारात्मक विचार वाला व्यक्ति अक्षरब्रह्म अर्थात् अपने उन शुभ संस्कारों को नही पहचान पाता है। जिसके कारण वह अहंकारयुक्त रहता है। एवं अपने लिए उचित लक्ष्य निर्धारण न कर पाने के कारण भटकता रहता है।

साधारण दृष्टिकोण से लगता है कि इस अध्याय में मरण से सम्बधित बातें की गई है । शुक्ल मार्ग और कृष्ण मार्ग देह त्यागने के बाद का मार्ग है । परन्तु ज्योतिष का साधारण ज्ञान रखने वाले भी जानतें हैं कि, कृष्ण पक्ष में भी दिन होता है ,सूर्य उतरायण होने पर भी कृष्ण पक्ष होता है।इसी प्रकार शुक्ल पक्ष में भी रात्रि होती है, एवं सूर्य के दक्षिणायन होने पर भी शुक्ल पक्ष होता है। साथ ही साथ मृत्यु पर किसी का अधिकार नही है । इससे प्रतीत होता है,कि भारतीय समाज में फैली हुई बातें कि यदि किसी व्यक्ति की मृत्यु तब होती है जब सूर्य उतरायण हो, शुक्लपक्ष हो,तथा दिन हो तो उसे मुक्ति प्राप्त होती है। एवं यदि किसी व्यक्ति की मृत्यु तब होती हैं,जब सूर्य दक्षिणायन हो, कृष्णपक्ष हो, तथा रात हो, तो उसे मुक्ति प्राप्त नही होती है,। यह व्यवहारिक प्रतीत नही होता है। व्यवहारीक रूप से यह रूपक ही प्रतीत होता है।

श्रीमद्भगवद्गीताअष्टम् अध्याय
उपसंहार

सप्तम अध्याय में भक्ति के बारे में जानने के बाद अर्जुन को जिज्ञासा यह जानने का होती है कि, किसकी भक्ति की जानी चाहिये। इसके उत्तर में श्री कृष्ण उन्हें अक्षरब्रह्म के बारे में बतलातेहैं, साथ ही साथ अक्षर ब्रह्म को पाने की युक्ति भी बताते हैं।

परन्तु अब अर्जुन की जिज्ञासा यह जानने की होती है कि क्या अक्षरब्रह्म का प्रत्यक्ष अनुभूति किया जा सकता है ? आगे के अध्याय में अर्जुन के इसी जिज्ञासा का समाधान भगवान श्री कृष्ण द्वारा किया गया है।

–ःॐ तत् सतः–

नवम् अध्याय
राजविद्या राजगुह्यय योग

श्रीमद्भगवद्गीता नवम् अध्याय एक दृष्टि	
कुल श्लोकों।की संख्या	३४
कुल श्लोक (श्री कृष्ण)	३४
कुल श्लोक (अर्जुन)	0
कुल श्लोक (धृतराष्ट्र)	0
कुल श्लोक (संजय)	0
मूल विषय	**समर्पण**

श्री गणेशाय नमः

श्लोक

भव तारण कारण कर्म ततौ ।
भवसिन्धु जले शिव मग्नमतः।।
करूणाश्च समर्प्य तरिं त्वरित।
जन तारण ताराय तापितकम्।।

दो0—कह भगवन हे पार्थ सुनो गोपनीय विज्ञान।
अतुलनीय अतिपावन जो जग में हैं महान।1।
दो0—अतिप्रिय तुभक्त मेंरा निर्दोष तुम्हारी दृष्टि।
इसलिये बतलाता हूँ अदभुत जग की सृष्टि।2।
दो0—अविनाशी साधन सुगम धर्मयुक्त अति पावन।
यह विज्ञान है फलदाता राजविद्या मनभावन।3।

जाको निजधर्म श्रद्धा नाही । दिशाहीन भटके जग माही।।
श्रद्धाहीन जीवजग संसारा। जन्म अवसान मिले बारंबारा।।
जगत व्याप्त अव्यक्त स्वरूपा। मुझमें सकल चराचर भुपा।।
जिमि हिम महि जल धारा। तिमि अव्यक्त व्याप्त संसारा।।
सकल भूत मुझमें हीं अवस्थित। लेशमात्र नही मैं भूत स्थित।।
दिव्य अलौकिक मम योगशक्ति। पोषित करे भूत अभिव्यक्ति।।
परमतत्त्व सकल भूत महूँ कैसे।गगनोत्पन वायु क्षिति जैसे।।

अवसान जबही कल्प के आये। सकलभूत मम प्रकृति समाये।।
पार्थ दृष्ट अगजग यह सारा। कल्पादि में रचुँ मैं बारम्बारा।।
प्रारब्ध अनुसार करूँ जगरचना। जीव धारण कर्मज संरचना।।

दो0—रचना विनाश कर्मानुसार होवत जग बारंम्बार।
परतंत्र जीव प्रकृतिवश करे जो अंगीकार।4।
दो0— कर्म कभी बन्धन नही जो आसक्ति रहित।
निरासक्त मैं कर्म करूँ जामें हो जग हित।5।
दो0—रचना बिनाश प्रकृति नियम से होता बारंबार।
चराचर जीव है जगत में कालचक्र गतिसार।6।

योगमाया ते धरू निज रूपा। संसार हेतु मम कर्म अनुपा।।
पार्थ मैं विचरू अस संसारा। जामें हो अग जग उद्धारा।।
जाने नही मम मूल स्वभावा। मूढ़मति वहीं ज्ञान अभावा।।
मैं परमेंश्वर सर्वभूत स्वामी। मूढचित कहे संसारी कामी।।
व्यर्थ आशा कर्म अरू ज्ञाना। विक्षिप्त चित मूढ़ कर्म नाना।।
अज्ञानी आसुरी प्रकृति धारे। पड़े शोक ना कोई उवारे।।
जो दैवी प्रकृति युक्त महात्मा। जाने अक्षररूप परमात्मा।।
करे उपासना कीर्तन पूजा। परमभक्त घ्याये नहीं दूजा।।
मम भक्त हो दृढ़ व्रतधारी। ध्यान उपासना करे हमारी।।
जो भक्त ज्ञानयज्ञ उर धरा। भजे मोहे ध्यान निराकारा।।
कछु भक्त मेरे करे उपासना। उर विराट्स्वरूप बिपासना।।

दो0—यज्ञ प्रथा यज्ञ आहुति स्वधा औषधि यज्ञ मंत्र ।
स्वयं यज्ञ मैं यज्ञकर्ता भी धृत अनल वितंत्र।7।
दो0—ब्रह्मरचित संसार का मैं मात पिता परमब्रह्म।
मैं पवित्र ओंकार अपि सकल वेद ज्ञान स्तम्भ।8।

साक्ष्य लक्ष्य अपि परमधामा। पोषणकर्ता सर्वस्वामी विश्रामा।।
प्रिय मित्र सकल शुभ कारक। प्रलय प्रभव दिव्य बीजधारक।।
सत् असत् अमृत मृत्यु स्वरूपा। मेधवर्षा अरू शीत रवि धूपा।।
करे सकामकर्म वेदविधाना। सोमरस पिय या करे यज्ञनाना।।
वेद विदित कर्म स्वर्गसाधन। कर्म सकाम जप तप आराधन।।
स्वर्ग इच्छा धरी करे जो पूजा। पूजे मोहें वह देव न दूजा।।
मनुज पुण्यफल स्वर्ग पठाए। पुण्यक्षीण पुनि धरा पे आए।।

कर्तव्यकर्म वेद विदित आधारा। जन्म मृत्यु जग बारंबारा।।
मम परमभक्त पूजे निष्कामा। मम चिन्तन युक्त करे विश्रामा।।
योगक्षेम मैं करूं सब धारण। भक्तचिंता का सकल निवारण।।

दो0—योग क्षेम वहन करूं जो करे कर्म निष्काम।
भक्तों का चिंता हरू अन्त पुनित मम धाम।9।

सकाम मनुज पूजे देव अनेका। अज्ञानी न जाने परमेश्वर एका।।
मैं यज्ञ भोक्ता अपि जग स्वामी। पार्थ हूँ मैं जग अन्तर्यामी।।
अज्ञानी ईश्वर तत्त्व न जाने। देव पूजन वह कामबस माने।।
देवपूजन कहे स्वर्ग की युक्ति। जन्ममरण से पाये न मुक्ति।।
देवों को प्राप्त हो पूजकदेवा। करे मन कर्म देव की सेवा।।
कोई करे निज पितर की पूजा। प्राप्त पितर हो देव न दूजा।।
भूतपूजक पूजे भौतिक कारण। भौतिकदुःख का करे निवारण।।
मम्भक्त पूजे धरी मुक्ति विचारा। जन्म न ले जग बारम्बारा।।
प्रेमसहित जो करे मम भक्ति। अर्पण फल पुष्प जस शक्ति।।
प्रीतिसहित भोग अपि पाउँ। सगुण रूप यही हेतु आउँ।।

दो0—साधु अनन्य भक्त अपि हो जो दुराचारी।
प्रभु भजन सम कर्म नही जाने सत् आधारी।10।

दुराचारी होय शीध्र धर्मात्मा। परमशान्ति वह पाए महात्मा।।
पार्थ परम जगसत्य यही जानो। भक्त अविनष्ट सत्य मानो।।
पार्थ मम शरण जो आए। बिना भेद मुक्ति वह पाए।।
अज्ञानी अरू चान्डाल पापयुक्ता। ममशरण आये होये मुक्ता।।
शूद्रवंचित अपि नारी निःसहाय। पाये मुक्ति मम शरण जो आये।।
वैश्यमुक्त धरी मम् आधारा। जीवन यापन को करे व्यापारा।।
क्षत्रिय अपि परमगति पाता। करी धर्मयुद्ध शरण जो आता।।
ब्राह्मण जाके होय विमलमति। वह निश्चित पाए परमगति।।
राजा ऋषि ममशरण जो आता। वो निश्चित परमगति पाता।।
सुखरहित क्षणभंगुर जग देहा। नित्य परमेश्वर रखो निज नेहा।।

दो0—कर ध्यान पूजन भक्ति अपि मेरा सत्कार।
आत्मा स्थित कर मुझमें करूं तेरा ऊद्धार।11।

।।इति नवम् अध्याय।।

श्रीमद्भगवद्गीता नवम् अध्याय

भावार्थ

श्रीमद्भगवद्गीता का नवम् अध्याय राजविद्या राजगुह्ययोग के नाम से जाना जाता है।इस अध्याय में कुल३४ श्लोक हैं। अध्ययन के सुविधा के लिए इसे ६ भागों में बाँटा जा सकता है।

*१. **ज्ञान का प्रभाव (श्लोक१–६)** :–श्री भगवान बोले, तुझ जैसे दोषरहित भक्त के लिए मैं परम गोपनीय विज्ञान सहित ज्ञान को पुनः भली भाँति कहूँगा, जिसको जानकर तु दुःखरूप संसार से मुक्त हो जायेगा। यह ज्ञान सब विद्याओं का राजा अति पवित्र प्रत्यक्ष फलवाला, धर्मयुक्त साधन करने में बड़ा सुगम और अविनाशी है।*

हे अर्जुन! इस उपर्युक्त धर्म में श्रद्धारहित पुरुष मुझको न प्राप्त होकर मृत्युरूप संसार चक्र में भ्रमण करते रहते हैं। मुझ निराकार परमात्मा से यह सब जगत् जल से बरफ के सदृश परिपूर्ण है। और सब भूत मेरे अन्तर्गत संकल्प के आधार स्थित है, किन्तु वास्तव में मैं उनमें स्थित नही हूँ। वे सब भूत मुझमें स्थित नही हैं। किन्तु मेरी ईश्वरीय योगशक्ति को देख कि भूतों का धारण–पोषण करनेवाला और भूतों को उत्पन्न करनेवाला भी मेरी आत्मा वास्तव में भूतों में स्थित नही हैं। जैसे आकाश से उत्पन्न सर्वत्र विचरनेवाला महान वायु आकाश में ही स्थित हैं, वैसे ही मेरे संकल्प द्वारा उत्पन्न होने से सम्पूर्ण भूत मुझमें स्थित है ,ऐसा जान।

*२.**जगत्उत्त्पति का बिषय (श्लोक ७–१०)** :–हे अर्जुन! कल्पों के अन्त में सब भूत मेरी प्रकृति को प्राप्त होते हैं,अर्थात् प्रकृति में लीन होते हैं,और कल्प के आदि में मैं उनको फिर से रचता हूँ। अपनी प्रकृति को अंगीकार करके स्वभाव के बल से परतन्त्र हुए सम्पूर्ण भूतसमुदाय को बार बार उनके कर्मों के अनुसार रचता हूँ।हे अर्जुन उनकर्मों में आसक्ति रहित और उदासीन के सदृश स्थित मुझ परमात्मा को वे कर्म नही बाँधते। हे अर्जुन ! मुझ अधिष्ठाता के इच्छा से प्रकृति चराचर सहित सर्व जगत को रचती है , और इस हेतु से ही यह संसार चक्र धूम रहा है।*

*३. **भगवत्भजन का प्रकार(श्लोक ११–१५)** :–हे पार्थ मेरे परमभाव को न जाननेवाले मूढ़लोग मनुष्य का शरीर धारण करके मुझ सम्पूर्ण भूतों के ईश्वर को तुच्छ समझते हैं । अर्थात् अपनी योगमाया से संसार के उद्धार के लिए मनुष्य के रूप में विचरते हुए मुझ परमेश्वर को साधारण मनुष्य मानते हैं। वे व्यर्थ आशा,व्यर्थ कर्म और व्यर्थ ज्ञानवाले विक्षिप्त अज्ञानीजन राक्षसी, आसुरी*

और मोहिनी प्रकृति को ही धारण किये रहते हैं। परन्तु दैवी प्रकृति के आश्रित महात्माजन मुझको सब भूतों का सनातन कारण और नाशरहित अक्षरस्वरूप जानकर अनन्य भाव से युक्त होकर निरन्तर भजते हैं। वे दृढ़ निश्चय वाले भक्तजन निरन्तर मेरे नाम और गुणों का कीर्तन करते हुए तथा मेरी प्राप्ती के लिए यत्न करते हुए मुझको बार बार प्रणाम करते हुए सदा मेरे ध्यान में युक्त होकर प्रेम से मेरी उपासना करते हैं। दूसरे ज्ञानयोगी मुझ निर्गुण– निराकार ब्रह्म का ज्ञानयज्ञ के द्वारा अभिन्न भाव से पूजन करते हुए भी मेरी उपासना करते हैं। और दूसरे मनुष्य बहुत प्रकार से स्थित मुझ विराट्स्वरूप परमेश्वर की पृथक भाव से उपासना करते है।

४. भगवान का स्वरूप (श्लोक १६–१६) :– *मैं क्रतु हूँ ,में यज्ञ हूँ, मैं स्वधा हूँ, मैं औषधि हूँ, मैं मन्त्र हूँ, मैं घृत हूँ, मैं अग्नि हूँ, तथा हवनरूप क्रिया भी मैं ही हूँ। मैं सम्पूर्ण जगत को धारण करने वाला,कर्मों का फल देनेवाला, पिता,माता, पितामह,जानने योग्य पवित्र ओंकार, ऋग्वेद, सामवेद और यजुर्वेद भी मैं ही हूँ। प्राप्त होने योग्य परमधाम, भरण –पोषण करनेवाला, सबका स्वामी, शुभाशुभ का देखनेवाला, सबका वासस्थान, शरणलेनेयोग्य, प्रत्युपकार न चाहकर हित करनेवाला, सबकी उत्पत्ति प्रलय का हेतु, स्थिति का आधार, निधान (प्रलयकाल में सम्पूर्ण भूत सूक्ष्मरूप से जिसमें लय हो जाते हैं उसे निधान कहते हैं) और अविनाशी कारण भी मैं ही हूँ। मैं ही सूर्य के रूप में तपता हूँ, वर्षा को आकर्षित करता हूँ ,और उसे बरसाता हूँ। मैं ही अमृत और मृत्यु हूँ ,और सत् असत् भी मैं ही हूँ।*

५. सकाम और निष्काम उपासना (श्लोक २०–२५) :– *तीनों वेदों में विधान किये हुए सकाम कर्मों को करनेवाले, सोमरस को पीनेवाले, पापरहित पुरुष मुझको यज्ञों के द्वारा पूजकर स्वर्ग की प्राप्ती चाहते हैं,वे अपने पुण्यों के फलरूप स्वर्गलोक को प्राप्त होकर स्वर्ग में दिव्य देवताओं के भोगों को भोगते हैं। वे उस विशाल स्वर्गलोक को भोगकर पुण्य क्षीण होने पर मृत्युलोक को प्राप्त होते हैं । इस प्रकार स्वर्ग के साधनरूप तीनों वेदों में कहे हुए सकाम कर्म का आश्रय लेनेवाले और भोगों की कामनावाले लोग बार–बार आवागमन को प्राप्त होते हैं । अर्थात् पुण्य के प्रभाव से स्वर्ग जाते हैं एवं पुण्य क्षीण होनेपर मृत्युलोक में आतें हैं । जो अनन्य प्रेमी भक्तजन मुझ परमेश्वर का निरंतर चिन्तन करते हुए निष्कामभाव से भजतें हैं, उन नित्य निरंतर मेरा चिन्तन करनेवाले का योगक्षेम मैं स्वयं प्राप्त कर देता हूँ। हे अर्जुन ! यद्यपि श्रद्धा से युक्त जो सकाम भक्त दूसरे देवताओं को पूजते*

हैं,वे भी मुझको ही पूजतें हैं । किन्तु उनका पूजन अज्ञानपूर्वक होता है। क्योंकि सम्पूर्ण यज्ञों का भोक्ता और स्वामी मैं ही हूँ ,परन्तु वे मुझ परमेश्वर को तत्त्व से नही जानतें हैं । जिसके कारण वे पुनर्जन्म को प्राप्त करते हैं। देवताओं को पूजनेवाले देवताओं को प्राप्त होते हैं, पितरों को पूजनेवाले पितरों को प्राप्त होते हैं, भूतों को पूजनेवाले भूतों को प्राप्त होते हैं । और मेरा पूजन करनेवाले भक्त मुझको ही प्राप्त होते हैं , इसलिए मेरे भक्त का पुनर्जन्म नही होता है।

६. निष्काम भगवत्भक्ति (श्लोक २६–३४):-जो कोई भक्त मेरे लिए प्रेम से पत्र, पुष्प, फल,जल, आदि अर्पण करता है,उस शुद्धबुद्धि निष्काम प्रेमी भक्त का प्रेमपूर्वक अर्पण किया हुआ वह पत्र–पुष्पादि मैं सगुण रूप में प्रकट होकर प्रीति सहित खाता हूँ। हे अर्जुन ! तु जो कर्म करता है, जो खाता है, जो हवन करता है, जो दान देता है, और जो तप करता है वह सब मेरे अर्पण कर। इस प्रकार जिसके समस्त कर्म मुझ भगवान को ही अर्पण होते हैं। ऐसे संन्यासयोग से युक्त चितवाला तु शुभाशुभ फलरूप कर्मबन्धन से मुक्त हो जायेगा और उनसे मुक्त होकर मुझको ही प्राप्त होगा। मैं सब भुतो में समभाव से व्याप्त हूँ, न कोई मेरा अप्रिय है ,और न कोई मेरा प्रिय है। परन्तुजो भक्त मुझको प्रेम से भजते हैं । वे मुझमे हैं, और मैं भी उनमें प्रत्यक्ष प्रकट हूँ। यदि कोई दूराचारी भी अनन्य भाव से मेरी भक्ति करता है, तो वह साधु मानने योग्य ही है, क्योंकि वह यथार्थ निश्चय वाला है। अर्थात् उसने भली भॅति निश्चय कर लिया है, कि परमेश्वर के भजन के समान दुसरा कुछ नही है, इसके कारण वह शीघ्र धर्मात्मा हो जाता है,और अक्षय परमशान्ति को प्राप्त होता है। हे अर्जुन ! तु यह निश्चय रूप से जान कि मेरा भक्त नष्ट नही होता है। मेरे शरण में आये हुए स्त्री, वैश्य, शूद्र या पापी यानी चाण्डाल कोइ भी हो परमगति को प्राप्त करता है। तो फिर पुण्यशील ब्राह्मण तथा राजर्षि भक्तजन मेरी शरण होने के कारण परमगति को प्राप्त होते है। इसलिए तु सुखरहित और इस क्षणभंगुर मनुष्य शरीर को प्राप्त होकर निरंतर मेरा ही भजन कर, तु मुझमें मनवाला हो, मेरा भक्त बन, मेरा पूजन करनेवाला हो, मुझमें समर्पणकर। इस प्रकार आत्मा को मुझमें नियुक्त करके मेरे परायण होकर तु मुझको ही प्राप्त होगा।

तत्व विवेचना

अष्टम अध्याय में अर्जुन जब अक्षरब्रह्म के बारे में जाना तो उसकी जिज्ञासा अक्षरब्रह्म की प्रत्यक्ष अनुभूति की हुई। अक्षरब्रह्म अर्थात् वह सत्य जिसका

क्षरण अथवा नाश कभी भी न हो। परन्तु इसकी अनुभूति जीवन में संभव ही नही है। अर्थात् सफलता मिलने से पहले सफलता के बाद मिलनेवाले आनन्द की अनुभूति कैसे संभव है। हम सिर्फ सफल लोगों के अनुभूति को सुनकर कल्पना कर सकते है। सत्य तो यही है कि सफल लोगों के अनुभूति हमारे लिए कर्मप्रेरणा बनती है । तथा कर्मप्रेरणा भी ब्रह्म ही है। अतः अक्षरब्रह्म के प्रत्यक्ष अनुभूति का एक ही उपाय है,अपने आप को कर्मप्रेरणा के अनुसार समर्पित कर देना। इससे हमें अपना कर्म करते हुए भी अक्षरब्रह्म की प्रत्यक्ष अनुभूति होती रहेगी। इस बिषय को संत तुलसीदास ने बहुत ही सक्षिप्त रूप में इस प्रकार कहा हैं:

को जाने को जैहैंजमपुर, को सुरपुर परमधाम को।
तुलसिहि बहुत भलो लागत जग जीवन रामगुलाम को।।

इसका भावार्थ है, कि मरने के बाद क्या होगा कौन जानता है,इसलिए अपने जीवनकाल में ही ऐसा काम करना चाहिए जिससे यह संसार ही अच्छा लगे।

सनातन धर्म वैदिक धर्म है, इसलिए श्रीकृष्ण वैदिक धर्म के पूजन पद्धति, यज्ञ पद्धति जो मोक्ष के लिए सांकेतिक रूप से बताया गया है,उसका सर्मथन करते हुए वैदिक धर्म के सार तत्त्व अखिलेश्वर के प्रति सर्मपण को मुक्ति का परम साधन बताते हुए कहते हैं, कि मैं ही अखिलेश्वर हूँ। अतः मैं ही अक्षरब्रह्म हूँ, यदि यह समझकर तु वेदों में वर्णित यज्ञ, कर्म और धर्म सबकुछ मुझको सर्मपित कर देगा तो तुम मुक्त हो जायेगा।

समर्पण के मार्ग को ही जीवन का राजमार्ग कहा जाता हैं जो उँची–नीची नही होती, अगर इसपर आँखमुंदकर भी दौड़ा जाये जो भी गिरने का कोई खतरा नही होता है। इसलिए श्री कृष्ण कहते हैं कि जो मेरी शरण में आ जाता है, उसे चिन्ता करने की कोई आवश्यकता नही है,क्योंकि उसका योग और क्षेम का वहन मैं ही करता हूँ **(योगक्षेमं वहाम्यहम्)**।

श्रीमद्भगवद्गीता में नवम अध्याय का नामकरण है, राजविद्या राजगुह्यय योग। साधारण मन में यह विचार आना स्वभाविक है कि, राज विद्या और राज की गोपनीयता क्या है। इसके संयुक्त रूप को कई विद्वान राजयोग भी कहते है। विद्वानों का मत् है, कि राजयोग कर्मयोग और भक्तियोग का मिश्रित रूप है। कर्मयोग के अनुसार कर्मयोगी कर्म तो करता है परन्तु कर्मफल से

आसक्ति नही रखता है,जबकि भक्त भावना के द्वारा सबकुछ परमात्मा को समर्पित कर परमेश्वर से जुड़ जाता है।

सत्य तो यह है कि , कर्म का कोई न कोई फल तो होगा ही,यही प्रकृति का नियम है। कर्मयोगी की आसक्ति फल के प्रति नही होती है , परन्तु संसार में पूर्ण कर्मयोगी संभव ही नहीं है। संसार में ज्यादातर लोग गृहस्थ हैं , ऐसी स्थिति में एक युक्ति बन सकती है जिसमें गृहस्थ चिन्तामुक्त होकर अपना कर्म करें और कर्मफल रूपी दोष भी न लगें। इसके लिए जो मार्ग है उसे राजयोग कहते हैं। अगर कर्मयोग और भक्तियोग को राजमार्ग से जोड़ दिया जाये तो यह युक्ति राजयोग बन जाती हैं ।

राजयोग = कर्मयोग+भक्तियोग (इसमें योजकराजमार्ग हैं ।)

साधारण भाषा में हम कह सकते हैं,कि, कर्ता अगर अपने कर्मों के कारण उत्पन्न कर्मफल को परमेश्वर को सर्मपित कर दे, तो कर्ता का कर्मफल से आसक्ति भी नही होगी और कर्मफल को ईश्वर को सर्मपित करने के कारण कर्मफल रूपी दोष भी नही होगा। अर्थात् वह चिन्तामुक्त होकर अपना कर्म करता रहेगा। साधारण शब्दों में **तेरा तुझको अर्पण क्या लागे मेरा** का भाव से किया जाने वाला कर्म राजयोग का मौलिक भाव है।

(श्रीमद्भगवद्गीता में कुल १८ अध्याय हैं। अतः नवम अध्याय तक के श्रीमद्भगवद्गीता के भाग को पूर्वार्ध कहा जाता हैं। अगर पूर्वार्ध के श्रीमद्भगवद्गीता के संदेशों को संक्षेप में व्यक्त किया जाये तो हम कह सकते हैं,कि श्रीमद्भगवद्गीता के पूर्वार्ध में वैदिक धर्म के सिद्धान्तों एवं मानव जीवन के व्यवहारिक पक्ष के बीच ऐसा सामन्जस्य बैठाया गया है कि साधारण से साधारण व्यक्ति भी सनातन धर्म के मूल सिद्धान्त को आसानी से आत्मसात कर सकता है। साधारण गृहस्थ के लिये सबसे सुगम मार्ग राजयोग है, जिसे जीवन में अपनाकर जीवन का वास्तविक लक्ष्य परमानन्द के साथ मनुष्य का जीवन व्यतीत कर सकता है।)

श्रीमद्भगवद्गीतानवम् अध्याय

उपसंहार

अष्टम अध्याय में श्री कृष्ण ने अक्षर ब्रह्म को बतलाया। तो अर्जुन को जिज्ञासा यह जानने का होती है कि क्या अक्षरब्रह्म की प्रत्यक्ष अनुभूति हो सकती है। भगवान कृष्ण ने अर्जुन के इसी जिज्ञासा के समाधान के लिए नवम् अध्याय में राजयोग बताया। उन्होने बताया कि ईश्वर के प्रति सर्मपण का भाव उस राजमार्ग के तरह है, जो पगड़डियों के तरह उबड़ खाबड़ नही

होता है। जब मनुष्य अपने कर्मो को ईश्वर के प्रति समर्पित कर देता है तो ईश्वर उसके योग– क्षेम का वहन स्वयं करते हैं । इस प्रकार ईश्वर की प्रत्यक्ष अनुभूति हो जाती है। भारत में वेदों में वर्णित यज्ञ की विधि सांकेतिक रूप से समर्पण के ही सिद्धान्त का प्रतिपादन करता है। संक्षेप में इस अध्यायका सार है : **तेरा तुझको अर्पण,क्या लागे मेरा।**

अब एक स्वभाविक प्रश्न आता है कि जब हम गृहस्थ जीवन में होते हैं,तो अपने कर्मों का फल हम उनको सौपतें हैं , जो हमारे लिए अति विश्वासी हो एवं उसके साथ अटूट प्रेम का सम्बन्ध हो। ऐसे स्थिति में गृहस्थ आश्रम में रहते हुए ऐसा कैसे संभव हैं,कि ईश्वर (जिनको हम अच्छी तरह से जानतें ही नही पहचानते ही नहीं) को अपने कर्मो का फल समर्पित कर दें। अतः राजमार्ग अपनाने के लिए परमेश्वर को जानना एवं पहचानना आवश्यक है। आगे के अध्याय में अर्जुन के इसी जिज्ञासा का समाधान श्री कृष्ण के द्वारा किया गया है।

–ःऊँ तत् सतः–

योगमाया ते धरू निज रूपा। संसार हेतु मम कर्म अनुपा।।

दशम् अध्याय
विभूति योग

श्रीमद्भगवद्गीता दशम अध्याय एक दृष्टि	
कुल श्लोकों।की संख्या	४२
कुल श्लोक (श्री कृष्ण)	३५
कुल श्लोक (अर्जुन)	७
कुल श्लोक (धृतराष्ट्र)	0
कुल श्लोक (संजय)	0
मूल विषय	**ईश्वर के प्रतिनिधि**

श्री गणेशाय नमः

श्लोक

मम जीवन मीन मिमं पतित।
मरू घोर भुवीह सुवीह महो।
करूणाब्धिजलो र्मिजलानयन।
जन तारण ताराय तापितकम्।।

दो0– कृष्ण कहे हे पार्थ सुनो हित बचन मन लाई।
तु मेरा है अति प्रिय भक्त हो जामे सकल भलाई।1।
दो0–यह रहस्य जो कह रहा दिव्य ज्ञान पुनित।
प्रभावी परम बचन से साधक का सब हित।2।

लीला मम् जग कोई न जाना। मनुज देव ज्ञानी न बखाना।।
देव ऋषि मुनि साधु सन्ता। जाने नही मम् आदि अंता।।
आदिकरण मैं देव ऋषिवर का।चराचर जीव धरा अम्बर का।।
मैं हूँ अजन्मा अनन्त अनादि। ईश्वर तत्त्व सब नही इत्यादि।।
परमज्ञान अपि साधक युक्ति। साधक पाये पाप से मुक्ति।।
सकल भाव मेरी दिव्य रचना। जिससे प्रकट सृष्टि संरचना।।
ज्ञान भ्रमशमन दया सत्यबुद्धि। इन्द्रिय नियंत्रण करे मन शुद्धि।।
जन्ममरण चिन्ता दुःखहिंसा। क्षमादया धर्म तुष्टि अहिंसा।।
समता सन्तोष दान तप कीर्ति। उत्पत्ति प्रलय सकल्प अपकीर्ति।।
मम प्रेरणा अरूदिव्य प्रभावा।उत्पन्न करे सकल जगभावा।।

दो0— चतुः सनकादिक सप्तर्षि चौदह मनु का भाव।
संकल्पजात है भावसकल जाके प्रजा प्रभाव।3।
दो0— जो जानत है जगत में हरि योग विभूति शक्ति।
निःसंशय निश्चल साधक हो युक्त सर्वदा भक्ति।4।

मैं बासुदेव जग रचना कारण।मुझसे चराचर चेष्टा धारण।।
तत्त्व जानी करे श्रद्धा अपर्ण। कर्म चित्त प्राणकरे समपर्ण।।
अपर्ण करे कर्म चित्त प्राणा। जगत कहे उसे मद्गत प्राणा।।
करे वासुदेव में रमण निरंतर। श्रद्धा सदा मुझ पर अभ्यन्तर।।
मम चिन्तन चर्चा गुण प्रभावा। नित्य तुष्ट आसक्ति अभावा।।
अस साधक से मम अति प्रीति। तत्वज्ञानी सिद्ध यही रीति।।
पाई तत्वज्ञान मोको वह पावे। अज्ञानजनित भय नही सतावे।।
मैं कृपादृष्टि साधक पर धरता। अन्तःकरण में स्वयंविचरता।।
तत्वज्ञान हरे अज्ञान अन्धकारा। पार्थ अनुग्रह सकल हमारा।।
आलोकित ज्ञान करे हिय कैसे। सूरज हरे निशा तम जैसे।।

दो0—अर्जुन करजोरी कहे परमेश्वर पावन धाम।
शाश्वत पुरुष आप ही सर्वव्यापी पुरणकाम।5।
दो0— अजन्मा कहते ऋषि मुनि आप देवों के देव।
देवर्षि नारद भजें निरंतर आपको आदिदेव।6।

ऋषि देवल अपि महर्षि व्यासा। कहते तव गुण वेद प्रकाशा।।
ऋषि असित गुण आपके गाए। आप स्वयं मोही कहासुनाए।।
प्रभु आप स्वयं दिये संदेशा। अक्षरशः सत्य न कछु अंदेशा।।
लीलाधर आप हैं शाश्वतरूपा। जाने न जग देव मुनि भुपा।।
जगत स्वामी है देव पुरूषोत्तम। आप ही जाने आपको ऊत्तम।।
सकल व्याप्त तव दिव्यविभूति। सुर नर मुनि तव करे स्तुति।।
आप ही जाने आपकी माया। सकल असमर्थ ब्रम्हाण्ड निकाया।।
तव चिन्तन कैसे करूँ निरंतर। कैसे बसे ह्रदयाकाश अभयन्तर।।
किस भाव करूँचिन्तन योगेश्वर। समझ न पाऊँ मैं परमेश्वर।।
ममबुद्धि तव आचरण न समाये। तव दिव्याचरण वेद सबगाए।।

दो0—प्रभु कहे विभूति अपि बिस्तृत योग संदेश।
जिज्ञासा बढ़ी सुनकर अमियबचन ह्रषिकेश।7।

तब अमियवचन बोले श्रीकन्ता।मम बिस्तार आदि न अन्ता।।
सम्पूर्णभुत उरस्थित मैं देहि।आदि मध्य अरू अन्त सनेही।।
द्वादश अदिति सुतमहूँ अनुपा। मैं ही पार्थ हरि बिष्णुरूपा।।
रवि अंशुमान नित करूं प्रकाशा। तेज देव मरूत उनचासा।।
मैं व्योम चन्द्र नक्षत्र अधिपति। वायु धरा मैं वारि तीव्र गति।।
मैं इन्द्र सकल देवों के राजा। मैं सामवेद हूँ वेद सरताजा।।
इन्द्रिय मन रूद्र महूँ शंकर। अष्टबसु मध्य अनल भयंकर।।
गिरी सुमेरू अपि भौतिकचेतन। वृक्ष पीपल मैं देव निकेतन।।
असुर यक्ष धनस्वामी कुबेरा।जान मोहे अपि दिवस सबेरा।।

दो0— देवगुरु मैं ही वृहस्पति अपि चमुपति स्कन्द।
जलाशय महूँ वारिधी भावना महूँ आनन्द।8।

मैं ऋषि भृगु अक्षर ओमकारा। अचल हिमाचल गंगाधारा।।
जप तप यज्ञ देवर्षि नारद। मुनि कपिल मैं सिद्ध विशारद।।
अश्व उच्चेश्रवा गजराज एरावत्। गन्धर्व चित्ररथ मैं यज्ञउन्नत।।
युद्धास्त्र वज्र मैं बासुकि व्याला।पार्थ समझ मुझे सकलभुपाला।।
मैं कामदेव पुष्पधनु निशाना।शस्त्रोक्तरीति प्राप्ती सन्ताना।।
जलदेव वरूण अरू पितर अर्यमा। सुशासन हेतु मैं नीतिधर्मा।।
पवन गरूड मैं काल यमराजा। कामधेनु शेषनाग मृगराजा।।
निमिष घडी दिवा पक्ष मासा। ब्रह्मविद्या अरू ज्ञान पिपासा।।
भक्त प्रहलाद की मैं भक्ती। शस्त्रधारी श्रीराम की शक्ती।।
मीन महूँ मकर वायु पावन कर्ता। सर्वोतम औषधि दुःखहर्ता।।

दो0—गुडाकेश सृष्टि है मुझसे आदि मध्य अरू अन्त।
उत्पत्ति पालन विनाशकर्ता जाने मोहे योगी संत।9।

तत्त्वनिर्णय अरू वाद विवादा।पार्थ नही कछु मुझसेज्यादा।।
द्वन्द्व समास मैं सत्कृति धारा। अक्षर महुँ मैं सर्व आकारा।।
छन्द गायत्री जग पालन कर्ता।अक्षय काल मैं ही जगधर्ता।।
श्री वाक् मेधा ज्ञान अरू धृति। क्षमादया तप त्याग स्मृति।।
ऋतुबसन्त मार्गशिर्ष मासा। बृहत्साम श्रुति भक्त औ दासा।।
छलिया चौसर महापुरुष प्रभावा। रणविजय मैं सात्वीक भावा।।
जग शिक्षादान हेतु आचार्या। ऋषि वेदव्यास कवि शुक्राचार्या।।

जग व्यंजन भोजन महुँ मेवा। मैं गोपवंश प्रिय वासुदेवा।।
राजदण्ड दमन अपि संगीता। सुनो कौन्तेय अपि तव मिता।।
मैं गुप्त रहस्य रक्षक मौनभावा। तत्वज्ञान अपि ज्ञान प्रभावा।।

दो0—पार्थ चराचर में नहीं कुछ भी मुझसे रहित।
उत्पत्ति का कारण मैं विमल बुद्धि पुनित।9।
दो0—हैं विभूति अनन्त मेरा इसलिये कहा एकदेश।
एश्वर्य कान्ति शक्तीशान्ति है मेरा ही शेष।10।
दो0—ममविभूति अंशमात्र दृश्य जामें सकल जहान।
सखा पार्थ जग में सबकुछ मेरी हीं विभूति जान।11।

।।इति दशम् अध्याय।।

श्रीमद्भगवद्गीता दशम् अध्याय

भावार्थ

श्रीमद्भगवद् गीता का दशम् अध्याय विभूति योग के नाम से जाना जाता है। इस अध्याय में कुल ४२ श्लोक हैं ।अध्ययन के सुविधा के लिए इसे ४ भागोंमें बाँटा जा सकता है।

१. **भगवान की विभूति (श्लोक१—७) :**—श्री भगवान बोले हे पार्थ अब मेरे परम रहस्य और प्रभावयुक्त वचन को सुन, जिसे मैं तुझे अतिशय प्रेम रखने के कारण कहूँगा। मेरी उत्पत्ति को न तो देवतालोग जानतें हैं , और न ही महर्षिजन क्योंकि मैं ही सबका आदिकरण हूँ। जो मुझे अनादि और अजन्मा जानता है ,वह ज्ञानी है। एवं वह सब पापों से मुक्त हो जाता है। निश्चय करने की शक्ति,यथार्थ ज्ञान, असम्मूढ़ता, क्षमा,सत्य, इन्द्रियों का वश में करना, मन का निग्रह, तथा सुख—दूःख, उत्पत्ति विनाश, भय अभय, अहिंसा, समता सन्तोष तप (स्वधर्म के आचरण से इन्द्रियादि को तपाकर शुद्ध करने का नाम तप है) दान, कीर्ति अपकीर्ति ऐसे ये प्राणियों के नाना प्रकार के भाव मुझसे ही होती है। सप्तर्षि, तथा उनसे पूर्व होनेवाले चार सनकादि तथा स्वयम्भुव आदि चौदह मनु, ये मुझमें भाव वाले सब के सब मेरे संकल्प से उत्पन्न हुये है। जिनकी संसार में यह सम्पूर्ण प्रजा है। जो लोग मेरी इस परमैश्वर्यरूप विभूति को और योग शक्ति को तत्त्व से जानता है, वह निश्चल भक्तियोग से युक्त हो जाता है। इसमें कुछ भी संशय नही है।

२. **भक्तियोग का प्रभाव और फल (श्लोक ८–११) :**–मैं वासुदेव ही सम्पूर्ण जगत के उत्पत्ति का कारण हूँ।मुझसे ही सम्पूर्ण जगत चेष्टा करता है। इसप्रकार समझकर श्रद्धा और भक्ति से युक्त बुद्धिमान भक्तजन मुझ परमेश्वर को ही निरंतर भजते है। निरंतर मुझमें मन लगानेवाले और मुझमेही प्राणो को अर्पण करनेवाले भक्तजन मेरी भक्ति की चर्चा के द्वारा आपस में मेरे प्रभाव को जानते हुए तथा गुण और प्रभाव सहित मेरा कथन करते हुए ही निरन्तर सन्तुष्ट होते हैं। वे मुझ वासुदेव में ही निरन्तर रमण करते हैं । उन निरन्तर ध्यानादि में लगे हुए और प्रेमपूर्वक भजनेवाले भक्तों को मैं वह तत्वज्ञानरूप योग देता हूँ, जिससे वे मूढ़ मुझको ही प्राप्त होते हैं । हे अर्जुन मैं उनके उपर अनुग्रह करने के लिये उनके अन्तःकरण में स्थित हुआ मैं स्वयं ही उनके अज्ञानजनित अन्धकार को प्रकाशमय तत्वज्ञान रूप दीपक के द्वारा नष्ट कर देता हूँ।

३. **अर्जुन द्वारा भगवान की स्तुति(श्लोक १२–१८) :**–अर्जुन बोले हे प्रभु आप,परम ब्रह्म, परमधाम, और परम पवित्र हैं, क्येकि आपको सब ऋषिगण सनातन, दिव्य पुरुष एवं देवों का भी आदिदेव, अजन्मा और सर्वव्यापी मानतेहैंवैसे ही देवर्षि नारद, तथा असित और देवल ऋषि तथा महर्षि व्यास भी कहते हैं,और आप भी मेरे प्रति कहते हैं । हे केशव !जो कुछ भी मेरे प्रति आप कहते हैं ,इन सबको मैं सत्य मानता हूँ। हे भगवन! आपके लीलामय स्वरूप को न तो दानव जानतें हैं , और न देवता ही। हे भूतों को उत्पन्न करनेवाले देवो के देव, भूतों के ईश्वर, हे जगत के स्वामी,हे पुरूषोतम आप स्वयं ही अपने से अपने को जानतेहैं। इसलिये आप ही अपनी दिव्य विभूतियों को सम्पूर्णता से कहने में समर्थ हैं, जिन विभूतियो द्वारा आप इन सब लोकों को व्याप्त करके स्थित हैं। हे योगेश्वर मैं किस प्रकार निरन्तर चिन्तन करता हुआ आपको जानूँ ? हे भगवन, आप किन किन भावों में मेरे द्वारा चिन्तन करनेयोग्य हैं ?

हे जनार्दन! अपनी योगशक्ति और विभूति को आप विस्तारपूर्वक कहिए क्योंकि आपके अमृतमय वचनों को सुनते हुए मेरी तृप्ति नही होती अर्थात सुनने की उत्कण्ठा बनी ही रहती है।

४.भगवान द्वारा योगशक्ति का वर्णन (श्लोक१९–४२) :–श्री भगवान बोले –हे पार्थ ! अब मैं अपनी दिव्य विभूतियों को तेरे लिए प्रधानता से कहूगाँ,क्योंकि मेरे विस्तार का अन्त नही हैं। हे अर्जुन! मैं सब भूतों के हृदय में स्थित सबका आत्मा हूँ,तथा सम्पूर्ण भूतों का आदि, मध्य और अन्त भी मैं ही हूँ। मैं

अदिति के बारह पुत्रों में विष्णु और ज्योतियों में किरणों वाला सूर्य हूँ, तथा मैं उनचास वायु देवताओं का तेज और नक्षत्रों का अधिपति चन्द्रमा हूँ। मैं वेदों में सामवेद हूँ, देवताओं में इन्द्र हूँ, इन्द्रियों में मन हूँ और भूत प्राणियों में चेतना अर्थात् जीवन शक्ति हूँ। मैं एकादश रूद्रों में शंकर, यक्ष और राक्षसों में धन का स्वामी कुबेर हूँ। मैं आठ वसूओं में अग्नि और शिखरवाले पर्वतों में सुमेरू पर्वत हूँ। पुरोहितों में बृहस्पति, सेनापतियों में स्कन्द और जलाशयों में समुद्र हूँ। मैं महर्षियो में भृगु और शब्दों में ओकार हूँ। मैं यज्ञों में जप यज्ञ, स्थिर रहनेवालों में हिमालय पहाड़ हूँ। मैं वृक्षों में पीपल का वृक्ष, देवर्षियों में नारद मुनि, गन्धर्वो में चित्ररथ और सिद्धों में कपिल मुनि हूँ। मैं घोड़ों में अमृत के साथ उत्नन्न हानेवाला उच्चैश्रवा नामक घोड़ा, हाँथियों में ऐरावत और मनुष्यो में राजा मुझे ही जान। मैं शस्त्रों में वज्र, गौओं में कामधेनु, शास्त्रोक्त रीति से सन्तान उत्पत्ति का हेतु कामदेव और सर्पो में सर्पराज बासुकि हूँ। मैं नागों में शेषनाग और जलचरों का अधिपति वरूण देवता हूँ। मैं पितरों में अर्यमा नामक पितर तथा शासन करनेवालों में यमराज हूँ। मैं दैत्यों में प्रहलाद, गणना करनेवालों में। समय, पक्षियों में गरूड़ और पशुओंमें मृगराज हूँ। मैं पवित्र करनेवालों में वायु, शस्त्रधारियों में श्रीराम तथा मछलियों में मकर , एवं नदीयों में श्री गंगाजी हूँ। हे अर्जुन सृष्टि का आदि,अन्त और मध्य भी मैं ही हूँ। मैं विद्याओं में अध्यात्मविद्या तथा परस्पर वाद में तत्वनिर्णय के लिये किया जानेवाला वाद हूँ। मैं अक्षरों में आकार, समासों में द्वन्द्व, मैं कालों का भी काल महाकाल हूँ। तथा सब ओर मुख वाला विराट्स्वरूप सबका धारण पोषण करनेवाला मैं ही हूँ। मैं सबके उत्पत्ति का हेतुहूँ तथा मैं ही सबका नाश करनेवाला मृत्यु हूँ।मैं स्त्रियो में कीर्ति, श्री, वाक्, स्मृति,मेधा, धुति और क्षमा नामक सात स्त्री हूँ।मैं गायन करनेयोग्य श्रुतियों में बृहत्साम और छन्दों में गायत्री छन्द हूँ, महीनों में मार्गशीर्ष और ऋतुओं में वसन्त हूँ। मैं छल करनेवालों में जुआ और प्रभावशाली पुरूषों का प्रभाव हूँ। मैं जीतनेवालों में विजय हूँ,,निश्चय करनेवालों का निश्चय, तथा सात्विक लोगों का सात्विक भाव हूँ। मैं वृष्णिवंशियों में वासुदेव, पाण्ड़वों में अर्जुन, मुनियों में वेदव्यास और कवियों में शुक्राचार्य कवि भी मैं ही हूँ। मैं दमन करनेवालों का दण्ड़ अर्थात् दमन करने की शक्ति हूँ, जीतने की इच्छावालों की नीति हूँ,गुप्त रखनेयोग्य भावों का रक्षक मौन और ज्ञानवानों का तत्वज्ञान मैं ही हूँ। चराचर में कुछ भी मुझसे रहित नही है। मेरी दिव्य विभूतियों का कोई अन्त नही है, मैने तेरे

लिए अपनाविस्तार संक्षेप में कहा। जो – जो भी विभूतियुक्त अर्थात् ऐश्वर्ययुक्त,कान्तियुक्त और शक्तियुक्त वस्तु है , उस उस को तु मेरी तेज के अंश की अभिव्यक्ति ही जान। हे अर्जुन ! इस बहुत जानने से तेरा क्या प्रयोजन है बस इतना ही जान की इस सम्पूर्ण जगत को अपनी योगशक्ति के एक अंशमात्र से धारण करके स्थित हूँ।

तत्व विवेचना

श्रीमद्‌भगवद् गीता के पूर्वार्ध में वैदिक धर्म के सैद्यान्तिक पक्ष और व्यवहारिक पक्ष को बहुत ही सुगम तरीके से बताया गया। इससे यह स्पष्ट हो गया कि पूर्ण कर्मयोगी या पूर्ण सन्यासी दोनो व्यवहारिक नही है।व्यवहारिक धर्म गृहस्थ धर्म है ,तथा गृहस्थ धर्म में रहकर राजयोग के माध्यम से सफलतापूर्वक जीवन का निर्वाह आनन्द के साथ किया जा सकता है। परन्तु राजयोग में एक समस्या है कि कर्मफल को ईश्वर को समर्पित करना है। अतः समस्या यह है कि ईश्वर कहाँ मिलेंगें। इस समस्या का उत्तरस्वरूप महान संत कबिरदास ने कहा हैं:

कस्तुरी कुण्ड़ल बसे मृग ढूंढत बन माही।
वैसे घट घट राम हैंदुनियॉ देखे नाहीं।।

इसका भावार्थ यह हैंकि ईश्वर हरेक जगह किसी न किसी रूप में विराजमान हैं। उपनिषद तो साक्षात देवों का दर्शन कराता है और कहता है : **मातृ देवो भव, पितृ देवो भव, आचार्य देवो भव,अतिथि देवो भव इत्यादि**। नवम अध्याय में भगवान कहते है कि जब प्राणी अपना कर्मफल मुझको (परमेश्वर को) सौप देता है तो में उसके योग (अप्राप्य की प्राप्ती) और क्षेम (प्राप्त की रक्षा) का भार मैं स्वयं वहन करता हूँ,अर्थात् भगवान अपने भक्त का पूरा ध्यान रखते है,जिससे भक्त को कोई कष्ट न हो और वह चिन्तामुक्त होकर अपना कर्म कर सके। अतः इस कसौटी पर जो खरा उतरे वह देवतुल्य है। जैसे माता भी अपने बच्चे का पूरा ध्यान इस प्रकार रखती है, कि बच्चे को कोई कष्ट न हो और वह अपने कर्म को सही ढ़ग से कर सके, यही स्थिति पिता और गुरु की होती है, अतः उपनिषद की यह उक्ति अक्षरशः सत्य है।दशम् अध्याय के अनुसार माता पिता गुरु इत्यादि को परमेंश्वर का विभुति माना जायेगा, जो ईश्वर स्वरूप ही है। संसार की प्रत्येक श्रेष्ठ वस्तु, भाव इत्यादि में अगर गौर किया जाये तो उसमें परमेश्वर की विभुति स्पष्ट दृष्टिगत होती है। इसलिए वैदिक धर्म में प्रकृति के रूप में भगवान की पूजा की जाती है। क्योंकि प्रकृति में उपस्थित चराचर को

परमेश्वर की विभूति माना जाता है। उदाहरण के लिए, पृथ्वी, आकाश, वृक्ष, नदी,पर्वत, सूर्य, चन्द्रमा,गाय, भोजन, पानी,सर्प, शेर, चुहा इत्यादि। अर्थात् संसार के चराचर परमेंश्वर के ही विभूति रूप है। अतः परमेश्वर के विभूति सभी जगह उपस्थित है । वैदिक धर्म के अनुसार हमें ईश्वर को ढूढ़ने के लिए कही जाने की आवश्यकता नही है। उसकी विभूति तो चराचर के कण कण में व्याप्त है। अपने कर्मों का फल ईश्वर को सौपने का गीता का संदेश बस इतना है कि अपने कर्म में परमार्थ देखो स्वार्थ नही। उदाहरण के लिए कोई मनुष्य वृक्ष यह सोचकर नही लगाता,कि बस वहीं इस वृक्ष के फल और छाया इत्यादि का लाभ लेगा, उस वृक्ष की छाया एवं फल दूसरे के लिए भी होता है।यहाँ दूसरे पशु पक्षी, मनुष्य इत्यादि अतिथिरूपी देवता ही तो हैं। अतः मन में अगर परमार्थ का विचार हो तो कर्म भी हो जाता है, और कर्मफल का दोष भी नही लगता है।

अब एक प्रश्न का मन में आना स्वभाविक है कि क्या दानव भी परमात्मा के विभुतिरूप है, क्याकि वह भी संसार का ही एक प्राणी है। वैदिक धर्म के अनुासार मानव और दानव दोनों परमेश्वर के ही विभूति हैं। अर्थात् राम और रावण दोनों ईश्वर के विभुति हैं। अर्जुनऔर दूर्याधन दोनों ईश्वर के ही विभूति हैं,फिर प्रश्न हैकि अगर दोनो ईश्वर के ही विभुति है तो दोनों के विचार में विरोधाभाष क्यो है?

एक उदाहरण देते हुए गोस्वामी तुलसीदास कहते हैं:

एक पिता के बिपुल कुमारा। होहिं पृथक गुन सील अचारा।।
एहि बिधि जीव चराचर जेते। त्रिजग देव नर असुर समेते।।
अखिल बिस्व यह मोर उपाया।सब पर मोहि बराबरि दाया।।

वैदिक धर्म के अनुसार परमात्मा विकार रहित है। परन्तु परमात्मा की विभूति प्राकृतिक प्रभावों से रहित नहीं हैं । उनपर भौगालिक और सामाजिक परिस्थियो का प्रभाव पड़ता है, जिसके कारण उनके रंग,रूप,आचार विचार अलग –अलग होते है । वैदिक धर्म में पुनर्जन्म की भी मान्यता है। जिसके अनुसार पूर्वजन्म के कर्मों का फल के रूप में पुनर्जन्म प्रारब्ध के साथ होता है। जैसा की रामायण में एक कथा है कि जय–विजय नाम के दो विष्णुभक्त थे, जो महर्षि नारद के श्राप के कारण रावण और कुम्भकर्ण के रूप में लंका में जन्म लिए थे। अतः रावण और कुम्भकर्ण भी मौलिक रूप से ईश्वर के भक्त हीं थे। परन्तु कर्म के विकार के कारण उनका जन्म

ऋषिकुल में होते हुए भी उनका आचरण धर्म विरोधी हो गया। गोस्वामी तुलसीदास ने सरल शब्दों में कहतेहैं:

उपजही एक संग जग माही। जलज जोंक जिमि गुन बिलगाही।।
सुधा सुरा सम साधु असाधू। जनक एक जग जलधि अगाधू।।
भल अनभल निज निज करतुती। लहत सुजस अपलोक बिभूती।।
गुन अवगुन जानत सब कोई। जो जेहि भाव नीक तेहि सोई।।

महात्मा गॉधी अपने एक लेख में कहते हैं कि विचार के विरूद्ध होने का मुख्य कारण है– भय, जो जीवों में स्वभाविक रूप से होता है। उदाहरण के लिए अनजान व्यक्ति को देखकर कुत्ता भौकता है,जबकि वह अपने मालिक पर नही भौकता। इसका मुख्य कारण है कि ,उस कुत्ते को उसके मालिक से भय नही होता है। इसलिए नही भौकता जबकि अनजान व्यक्ति से उसे भय होता है। इसलिए वह भौकता है।

अर्जुन और दुर्योधनके विचारों में अन्तर का मुख्य कारण भी यही था कि दुर्योधनको पाण्डवों से भय था कि अगर पाण्डव को पाँच ग्राम भी दे दिया गया तो वे भविष्य में हस्तिनापुर के लिए खतरा हो सकते है। निष्कर्ष में हम कह सकते हैं कि ,सकल चराचर ईश्वर की ही विभुति है, तथा समर्थन या विरोधाभाष ईश्वर की माया (माया के बारे में सप्तम अध्याय में स्पष्ट किया गया है) का प्रभाव है। इस सत्य को गोस्वामी तुलसीदास साधारण शब्दों में व्यक्त करते हुए उतरकाण्ड़ में कहते हैं:

सुनहुँ तात मायाकृत गुन अरू दोष अनेक।
गुन यह उभय न देखिअहिं देखिअ सो अबिबेक।।

उपसंहार

नवम अध्याय का प्रश्न है कि हम ईश्वर को कहाँ ढूढ़े ?

इस प्रश्न के उत्तर में भगवान ने स्पष्ट कर दिया कि राजयोग को साधने के लिए ईश्वर को अधिक ढूँढने की आवश्यकता नही है, क्योंकि उनकी ईश्वर की विभूति तो चराचर के कण कण में व्याप्त है। श्रीमद्भगवद्गीता के पूर्वार्ध में अर्जुन को वैदिक धर्म के सिद्धान्त और व्यवहारिकता का ज्ञान प्रदान किया गया। उसके उपरांत अर्जुन की ईश्वर को जानने की जिज्ञासा के समाधान में चराचर में स्थित परमेश्वर के विभूति का दर्शन कराया गया। इतना कुछ जानने के बाद अर्जुन की जिज्ञासा समग्र ईश्वर के बारे में जानने का होना स्वभाविक है। क्योंकि ईश्वर के एक अंश के बारे में

जानकर हम ईश्वर का अनुमान वैसे ही लगा सकते हैं जैसा एक प्रसिद्ध कहानी के अनुसार चार अंधों ने एक हॉथी के अलग – अलग अंगो का स्पर्श कर हॉथी के बारे में उनकी अलग– अलग कल्पना की थी। ठीक उसी प्रकार ईश्वर के एक अंश को जानकर ईश्वर के बारे में सही–सही जानना असम्भव है। आगे के अध्याय में भगवान श्री कृष्ण अर्जुन के इसी जिज्ञासा का समाधान करते हैं ।

–:ऊँ तत् सत्:–

मम विभूति अंशमात्र दृश्य जामें सकल जहान।

सखा पार्थ जग में सबकुछ मेरी हीं विभूति जान।।

एकादश अध्याय
विश्वरूपदर्शन योग

श्रीमद्भगवद्गीता एकादश अध्याय एक दृष्टि	
कुल श्लोकों।की संख्या	५५
कुल श्लोक (श्री कृष्ण)	१४
कुल श्लोक (अर्जुन)	३३
कुल श्लोक (धृतराष्ट्र)	0
कुल श्लोक (संजय)	८
मूल विषय	**समग्र दर्शन**

श्री गणेशाय नमः

श्लोक

अनादि मध्यान्त अनन्त वीर्यः ।
अनन्तबाहुं शशि सूर्य नंत्रमं।।
पश्यामि त्वां दीप्तहुताशवक्त्रं ।
स्वतेजसा विश्वमिदं तपन्तम्।।

दो0—अर्जुन करजोरी कहे प्रभु अनुग्रह आपकी भारी।
गोपनीय अध्यात्म विषय सुन गई मूढ़ता सारी।1।
दो0— प्रभु अविनाशी आपने प्रभव प्रलय बतलाया।
स्वयंसिद्ध यह आत्मज्ञान मेरे मानस आया।2।
दो0— प्रत्यक्ष दर्शन दें मुझको ऐश्वर्य तेजयुक्त रूप।
ज्ञान शक्ति बलयुक्त सकल विश्व रूप अनुप।3।

अमियबचन कहे श्री भगवाना। मम विश्वरूप तु देख धिमाना।।
वर्ण सहस्त्र आकृत संसारा। पार्थ आश्चर्यमय रूप हमारा।।
द्वादश आदित्य अरू बसुअष्टा। पार्थ देख अपूर्व जगस्रष्टा।।
एकादशरूद्र द्वो अश्विनीकुमारा।उनचास मरूदगण जगसंसारा।।
सकल जगत सम्पूर्ण चराचर। स्थित मम तन कहे मुरलीधर।।
पार्थ कभी देखा सुना न पूर्वा। देख उसे निश्चीत सत्य धुर्वा।।

असमर्थ प्राकृतनयन तव पार्था। जो समझे यही दृश्य अर्था।।
देख पार्थ योग शक्ति अलौकिक। नही समर्थ दृश्य चक्षु भौतिक।।
दे रहा तुझे दिव्य दृष्टि अनुपा।जो शक्य सकल दृश्य विश्वरूपा।।
प्रकट विश्वरूप प्रभु दिखलाये। विश्वरूपदर्शन पार्थ हैं पाये।।

दो0—संजय कहे हे महीपति पाये अर्जुन दिव्य दृष्टि।
रूप दिखाये महायोगेश्वर निहित जहाँ जगसृष्टी।4।

नाना अयन नयन अपि नाना। अलौकिकरूप को करे बखाना।।
दिव्य भूषण युक्त सब अंगा। हस्त विभुषित शस्त्र के संगा।।
दिव्य वसन उर दिव्य माला।दिव्य गन्ध तन तेज भुआला।।
सीमा रहित आनन चहूँ ओरा। रूप विराट् अति विस्मयधोरा।।
विराट्रूप निहित सब सृष्टि। पार्थ देखे सब अपलक दृष्टि।।
कोटि रवि जो प्रकटे अकाशा। नही सदृश प्रभु तेज प्रकाशा।।
लौकिक जगत में नाना रूपा। विश्वरूप महुँ बिन्दू स्वरूपा।।
आश्चर्यचकित तनतेज स्पन्दन। नमन कीन्ह अब कुन्तीनन्दन।।
कोटी समदसम् विस्तृतनयना। विश्वस्वरूप प्रकाशमय अयना।।
देखी पार्थ प्रभु दिव्य स्वरूपा। करजोरी वचन कहे नरभुपा।।

नयनाभिराम रूप मित तेरा दिव्य ऋषि अहि नमन करे।
जय जगन्नाथ प्रभू हे गिरिधारी हृषीकेशश्री कृष्ण हरे।।

सकल देव ब्रह्म कमलासन अपि महादेव तन बास करे।जय0।
विश्वरूप अनन्ता हे भगवन्ता सब साधु संत के ताप हरे।जय0।
नाना भुजा उदर अरू अयना नयन दृष्टि चहूँ ओर फिरे।जय0।
आदि दृष्टिगोचर नही तेरा मध्य अन्त अपि सबसे परे।जय0।
शीश मुकुट तन तेज विराजे कर शंखचक्र अरू गदा धरे।जय0।
कोटी रवि सम जोत चहूँ ओरा प्रभू दृष्टिगत कौन करे।जय0।
अप्रमेय रूप अविनाशी सनातन कोई ज्ञान न तुझसे परे।जय0।
परम अक्षर परब्रह्म परमात्मा जग धर्म रक्षा तुही करे।जय0।
प्रज्वलित अनलमुख नेत्र शशि—भानु तेज जगत् संतप्त करे।जय0।
अन्नत शक्ती अन्नत बाहु आदि अन्त मध्य भी सबसे परे।जय0।
स्वर्ग धरा अरू गगन है तुझमे विकराल अलौकिक देह धरे।जय0।
व्यथित लोक देखी तव रूप प्रभु करजोरी देव गुणगान करे।जय0।

देव समुह पैठत तन तोरा महर्षि उत्तम सिद्ध स्तोत्र पढ़े।जय0।
कल्याण करो हे प्रभु जगत् के देव समुह सब तुझसे डरे।जय0।
रूद्र एकादश द्वादश भानु अपि अष्टबसु विस्मित निहरे।जय0।
सकल साध्य पितर मरूदगण अश्विनीकुमार अपि ध्यान धरे।जय0।
यक्ष गर्न्धव सिद्ध अपि असुरा विस्मित हो दृष्टिपात करे।जय0।
नाना मुख अपि नाना नयना भुजा विशाल महि गगन घरे।जय0।
पाद् विशाल उदर बहुतेरे अयन विशाल सब लोक हरे।जय0।
मैं व्यकुल देखी तव रूपा सकल जगत् लिए आप खड़े।जय0।
प्रज्वलित अनलसम नैन प्रचण्डा धैर्य प्रभु कोई कैसे धरे।जय0।
गगनचुम्बी विशाल तव अयना नाना वर्णयुक्त ज्योति करे।जय0।
प्रलयअनल सम् मुख प्रज्वलित देखी दिग् दिगन्त विसरे।जय0।
भयभीत मैं अन्तःकरण से हे विष्णु शान्ती प्रदान करे।जय0।
विकराल दाढ़ भयभीत करे प्रभु जगनिबास दुःख कैसे टरे।जय0।
द्रोण कर्ण कुरू चमु पितामह अपि प्रभु मुख में प्रवेश करे।जय0।
वीर अनेक मम पक्ष अपि प्रभु धावत तव मुख पैसार करे।जय0।
कई चुर हुये चिपके दन्तन में सिर चूर्णसम दिख पडे।जय0।
जिमि समद नदी दौड समाये प्रभु जीव तव मुख जा ठहरे।जय0।
जिमि पतंग नाश होवे दीप महुँ तव प्रताप जग नष्ट करे।जय0।
सम्पूर्ण लोक प्रभू लील रहे प्रज्वलीत मुख जग ग्रास करे।जय0।
तव तेज तपाये सकल जगत् प्रभु उग्र रूप क्यु आप धरे।जय0।
हे देवश्रेष्ठ शत नमन आपको प्रसन्न होई कल्याण करे।जय0।
आदि पुरुष कहे निज प्रवृति प्रभु ज्ञान प्रदीप प्रदान करे।जय0।

दो0—कह भगवन् हे पार्थ सुनो में ही हूँ महाकाल।
न मुझसे बच सका है कोई देवासुर ले ढाल।5।
दो0—तुम युद्ध करो या ना करो निश्चित सबका अन्त।
एही क्षण मैं प्रवृत नाश को हो प्रतिचमु या संत।6।
दो0—सव्यसाँची उठ युद्ध करो धन राज सुख पाओ।
वीर पहले हैं मर चुके तुम निमित् मात्र बन जाओ।7।
दो0—जयद्रथ कर्ण द्रोण भीष्म अरू नानावीर महान।
तु मार उन्हे जो मर चुके विजय सुनिश्चित जान।8।

दो0—भय त्याग पार्थ तुयुद्ध करी निज वैरी को जीत।
यही युद्ध कर्तव्य है तेरा तु बना इसी के निमित्/9।
दो0—संजय बोले हे महिपति जो कहे श्री जगन्नाथ।
अर्जुन करन लगे विनय कर जोरी भय साथ/10।
अन्तर्यामी हे जग स्वामी हर्षित अग जग गुणगान करे।
जय जगन्नाथ प्रभू हे गिरिधारी हृषीकेशश्री कृष्ण हरे।।

जय चक्रपाणि मुरली मनोहर तु भवसागर पार करे/जय0।
नाम प्रभावा जन सुख पावा तव अनुराग अपि प्राप्त करे/जय0।
हे स्वामी चराचर दूर निशाचर सिद्धयोगी नित नमन करे/जय0।
ब्रह्मादिक कर्ता जग दूःखहर्ता सत् असत् सकलादि परे/जय0।
तु अनन्त तु ही सच्चिदानन्द ब्रह्मा अपि तुझे नमन करे/जय0।
तु देव सनातन अति पूरातन सकल चराचर व्याप्त करे/जय0।
तु जग आश्रय तु जग ज्ञाता सकल जगत परिपूर्ण करे/जय0।
तु वरूण अनल वायु यमराजा रवि शशी महूँ जोत भरे/जय0।
तु ही ब्रह्मा ब्रह्म के कर्ता जग पुनः पुनः नम नयन करे/जय0।
जय चहूँ ओरा बस प्रभु तोरा पराक्रम जग संताप्त करे/जय0।
तु देव महाना सखा न जाना मम अपराध को क्षमा करे/जय0।
प्रेम अधिना सखा प्रविणा अपि मम अपराध तु उर नधरे/जय0।
कभी कृष्ण कभी यादव मैं कहा हठात् बिना विचार करे/जय0।
कभी विनोद कभी अपमानित् अपि ग्वाला काला नाम धरे/जय0।
अपराध मेरा मित सगं तेरे इसका निदान प्रभु आप करे/जय0।
जगत पिता हे गुरु पूजनीय अनुपम प्रभाव जग कौन धरे/जय0।
प्रभु आप समाना कोइ न आना फिर अति कोई कैसे करे/जय0।
तन—मन अर्पित तुझे समर्पित निज शरण प्रभू अब आप धरे/जय0।
जनक पुत्र सखा—सखा पति—प्रिया अपराध को सहन करे/जय0।
हे पूज्य विधाता प्रिये सखा मम् समर्पण अपि स्वीकार करे/जय0।
अश्चर्यमय रूपा हे सुरभुपा चित्त भिति हर्ष दोनो सें परे/जय0।
सिर मोर मुकुट कर चक्रसुदशर्न दृष्टिगत निज सौम्यरूप करे/जय0।
प्रभू सहत्रबाहु हे विश्वरूप निजरूप चर्तुभुज प्रकट करे/जय0।
मेरी यही तृष्णा हे प्रभू कृष्णा दूर करें शंखचक्रधरे/जय0।

दो0—कह भगवन हे मित् मेरे मम रूप विराट अपुर्व।
किसी ने देखा नही यह रूप तुझसे कभी पुर्व।11।

सकलादि तेजमय सीमाभावा। पार्थ सकल मम योगप्रभावा।।
वेद अध्ययन यज्ञ अरू दाना। उग्र तप कोई क्रिया महाना।।
संत योगी पण्डितया भूपा। देखा नहीं यही विश्वरूपा।।
मुझसे व्याप्त सकल जगसृष्टि। पार्थ पास तेरे दिव्यदृष्टि।।
देखी अलौकिक विराट स्वरूपा। व्याकुल क्यों होये नर भुपा।।
तुझको है मुझसे अति प्रीति। भक्त भावनाधिन मम नीति।।
भयरहित होइ मम देख प्रभावा। पार्थ मोको तव भक्ति भावा।।
पार्थ देख हरि विष्णु ममरूपा। ममभक्ति पार करे भवकुपा।।
शंखचक्र गदा पद्मम् विराजा। चारो भुजा यही साज से साजा।।
चित्त अतिशान्त भुजंग है असना। नाभिकमल देह पीत बसना।।

दो0—दिया धैर्य भगवान ने पार्थ तु मम प्रिये भक्त।
रूप चतुर्भुज धर रहा दृष्टिपात करो इस वक्त।12।
दो0—संजय बोले हे कुरूपति देख अर्जुन की भक्ति।
प्रकट किये निजरूप प्रभु पार्थ ने पायी शक्ति।13।
दो0—पार्थ कहे श्री कृष्ण प्रभु दें मुझको निज भक्ति।
पा लिया निज स्थिति छूटी मम् भ्रम आसक्ति।14।
दो0—मम दर्शर्न है देव दुर्लभ बोले सस्मित भगवान।
यज्ञ ज्ञान तप दान से न सका न इसे जान।15।
दो0—हे परंतप पार्थ सुनो करे निष्काम जो भक्ति।
परमात्मा को जान ले पाये वही अस शक्ति।16।
दो0—जिसे प्रेम हो अग जग से ना कोई गुरु भाव।
प्राप्त करे वही भक्त मुझे जामें अहं अभाव।17।
दो0—सकल कर्म करो तुम होकर मेरा परायण भक्त।
मोक्ष प्राप्त तुझको होगा मत हो फल आसक्त।18।

।।इति एकादश् अध्याय।।

श्रीमद्भगवद्गीता एकादश अध्याय

भावार्थ

श्रीमद्भगवद् गीता का एकादश अध्याय विश्वरूपदर्शन योग के नाम से जाना जाता है। इस अध्याय में कुल ५५ श्लोक हैं। अध्ययन के सुविधा के लिए इसे ८ भागों में बॉटा जा सकता है।

*१. **अर्जुन की प्रार्थना(श्लोक१—४) :—**अर्जुन बोले मुझपर अनुग्रह करने के लिये आपने जो परम गोपनीय अध्यात्मविषयक वचन अर्थात् उपदेश कहा, उससे मेरा यह अज्ञान नष्ट हो गया है,क्योंकि हे कमलनेत्र मैने आपसे भूतों की उत्पत्ति और प्रलय विस्तारपूर्वक सुने हैं । तथा आपकी अविनाशी महिमा भी सुनी हैं। हे परमेश्वर आप अपने को जैसा कहते हैं, यह ठीक ऐसा ही है। परन्तु हे पुरूषोतम आपके ज्ञान, एश्वर्य युक्त बल, वीर्य और तेज से युक्त ऐश्वर्य रूप को मैं प्रत्यक्ष देखना चाहता हूँ। हे प्रभु यदि मेरे द्वारा आपका वह रूप देखा जाना शक्य है, ऐसा आप मानतें हैं, तो हे योगेश्वर उस अविनाशी स्वरूप का मुझे दर्शन कराइये।*

*२. **भगवान द्वारा अपने विश्वरूप का वर्णन(श्लोक ५—८) :—**श्री भगवान बोले, हे पार्थ अब तु मेरे सैकड़ों — हजारो नाना प्रकार के और नाना वर्ण तथा नाना आकृति वाले अलौकिक रूपों को देख। तु मुझमें आदित्यो को अर्थात् अदिति के द्वादश पुत्रों को, आठ वसुओं को, एकादश रूद्रों को, दोनों अश्विनीकुमारों को और उनचास मरूदगणों को देख तथा और बहुत से पहले न देखे हुए आश्चर्यमय रूपों को देख।*

हे अर्जुन अब मेरे शरीर में एक जगह स्थित चराचर सहित सम्पूर्ण जगत् को देख तथा और जो कुछ देखना चाहते हो सो देख।

परन्तु मुझको तु इन अपने प्राकृत नेत्रों द्वारा देखनें में समर्थ नही है, इसी से मैं तुझे दिव्य अर्थात् अलौकिक चक्षु देता हूँ, इससे तु मेरी ईश्वरीय योगशक्ती को देख पायेगा।

*३. **संजय द्वारा विश्वरूप का वर्णन (श्लोक ९—१४) :—**संजय बोले हे राजन ! महायोगेश्वर और सब पापों के नाश करनेवाले भगवान ने इस प्रकार कहने के पश्चात अर्जुन को परम ऐश्वर्ययुक्त दिव्य स्वरूप दिखलाया। अनेक मुख अनेक दिव्य आभूषणों से युक्त और बहुत से दिव्य शस्त्रों को हॉथों में उठाये हुए, सब प्रकार के आश्चर्यों से युक्त सीमारहित और सब ओर मुख किये हुए विराट्स्वरूप परमदेव परमेश्वर ने अर्जुन को दिखाया। हजारों सुर्य के एक साथ उदय होने से उत्पन्न जो प्रकाश हो वह शायद ही विश्वरूप*

परमात्मा के प्रकाश के सदृश हो। अर्जुन ने अनेक भागों में विभक्त सम्पूर्ण जगत को भगवान के दिव्य विश्वरूप में एक जगह देखा। उसकें अनन्तर आश्चर्यचकित अर्जुन पुलकित होकर श्रद्धाभाव से हाँथ जोड़कर स्तुति करते हुए बोले।

४. अर्जुन द्वारा भगवान के विश्वरूप का दर्शन और स्तुति (श्लोक १५–३१) :—हे प्रभु! मैं आपके शरीर में सम्पूर्ण देवों को तथा अनेकों भूतों के समुदायों को, कमलासन ब्रह्म को, महादेव को,सम्पूर्ण ऋषियों कों तथा दिव्य सर्पों को देखता हूँ। हे विश्वनाथ! आपके अनेक भुजा, पेट मुख नेत्रादि हैं। आपका आदि मध्य या अन्त कुछ भी ज्ञानगत नही है। आपका मुकुटयुक्त, गदायुक्त चक्रयुक्त तथा सब ओर से प्रकाशमान तेज के पुंज अग्नि और सूर्य अनन्त तेज के सदृश हैं, जो कठिनता से देखा जाने योग्य है। मैं सब ओर से आपका अप्रमेय स्वरूप ही देखता हूँ। आप ही अनादि अविनाशी परमब्रह्म एवं सनातन पुरुष हैं,ऐसा मेरा मत है। आप आदि मध्य और अन्त से रहित हैं । आपके नेंत्र सूर्य और चन्द्र के समान हैं । आपके तेज से सारा जगत संतप्त हो रहा है। हे प्रभू ! आप सर्वव्यापी हैं । परन्तु आपका भयंकर रूप से तीनों लोक व्यथीत हो रहा है। देवतायों के समुह आपमें समाहित हो रहे हैं। तथा कुछ हाँथ जोड़कर आपका गुणगान कर रहें हैं। महर्षिगण उत्तम स्त्रोतों के द्वारा आपकी स्तुति करते हैं। रूद्र, आदित्य, वसु, राक्षस, इत्यादि आपको विस्मित होकर देखतें हैं। आपके इस विकराल रूप को देखकर सब लोग व्याकुल हो रहें हैं ,तथा मैं भी व्याकुल हो रहा हूँ। आपके इस रूप को देखकर मैं धीरज और शान्ति नही पाता हूँ। इसलिये मैं आपसे प्रार्थना करता हूँ कि आप प्रसन्न हों। कौरव सेना भी आपमें प्रविष्ट हो रहा है। कुछ तो सिरोसहित आपके दॉतों के बीच में लगे हुए दीख रहे हैं। जैसे नदीयों का जल स्वभाविक ही समुद्र में प्रवेश करते हैं, वैसे ही नरलोक के वीर आपके प्रज्वलित मुखों में प्रवेश कर रहे हैं । जैसे पतंग मोहवश नष्ट होने के लिये प्रज्वलित अग्नि में वेग से दौड़ते हुए प्रवेश करते हैं, वैसे ही सब लोग अपने नाश के लिये आपके मुखों में प्रवेश कर रहे हैं । हे प्रभू! आपका उग्र प्रकाश सम्पूर्ण जगत को तेज के द्वारा परिपूर्ण करके तपा रहा है। आप कौन हैंइसे मैं नही समझ पा रहा हूँ। अतः आप स्वयं अपने बारे में बताये।।

5. भगवान द्वारा अपने प्रभाव का वर्णन (श्लोक ३२–३४) :—श्री भगवान वोले मैं इस समय लोकों का नाश के लिये प्रवृत हुआ हूँ। मैं महाकाल हूँ। तुम्हारे न चाहने पर भी कई योद्धा मारे जायेगें। क्योंकि वे पहले ही मेरे द्वारा मारे

जा चुके हैं। अतः तु निमित बन जा और युद्ध कर। तुभय मत कर क्योंकि तुम्हारे प्रतिपक्षी कई योद्धा मेरे द्वारा मारे जा चुकें हैं। तु निःसन्देह वैरीयों को जीतेगा इसलिये युद्ध कर।

6. भयभीत हुए अर्जुन द्वारा भगवान की स्तुति (श्लोक ३५–४६) :– संजय धृतराष्ट्र से कहते हैं कि हे राजन! अब अर्जुन ने हॉथ जोड़कर भगवान की स्तुति करते हुए कहते हैं कि हे प्रभु! आपके गुणगान से लोक अतिहर्षित हो रहा है। तथा दूराचारी भयभीत होकर भाग रहे हैं। सिद्धगण आपको नमस्कार कर रहे हैं। हे जगन्निवास ! आप सत्–असत् से परे हैं । आप ही सनातन पुरुष हैं । आप जगत के आश्रय हैं, आपसे सकल जगत व्याप्त है, एवं आप ही जानने योग्य हैं । आप ब्रह्म के भी जनक हैं । अतः आपके लिये बार– बार नमस्कार है। आप अत्यन्त पराक्रमशाली एवं सर्वव्यापी हैं, आपको कोटी – कोटी नमन है।

आपके प्रभाव को न जानते हुए मैने प्रमादवश आपको सखा तो कभी हे यादव इत्यादि कहकर अपमानित भी किया है, इसके लिये आप मुक्षे क्षमा कर दें। आप चराचर जगत के पिता हैं । आपके समान तीनों लोकों में दूसरा कोई नही है। आप सवसे बड़े गुरु एवं अति पूजनीय हैं । आप प्रसन्न हों इसके लिये मैं आपकी प्रार्थना करता हूँ। जैसे पिता अपने पुत्र के तथा प्रियतमा अपने पति के अपराध को माफ कर देते हैं । उसी प्रकार आप मेरे अपराधों को माफ कर दीजिए।

मैं आपके अलौकिक रूप को देखकर अत्यन्त हर्षित हो रहा हूँ । परन्तु मेरा मन भय से अति व्याकुल भी हो रहा है। इसलिए आप अपने चतुर्भुज विष्णुरूप को मुझे दिखाईये, हेजगन्निवास ! आप प्रसन्न होइये। मैं आपके चक्र, गदा,मुकुट सहित चतुर्भुज रूप में देखना चाहता हूँ।

7. भगवान का चतुर्भुज रूप में पुनः आना (श्लोक ४७–५०) :–श्री भगवान बोले,हे अर्जुन! तुने जो मेरा विराट्रूप का दर्शन किया उसे तेरे अतिरिक्त किसी ने नही देखा था। मनुष्यलोक में इस प्रकार विश्वरूपवाला मैं न वेद और यज्ञों के अध्ययन से, न दान से, न क्रियायों से और न तपों से ही तेरे अतिरिक्त दूसरे के द्वारा देखा जा सकता है। मेरे इस रूप को देखकर तुझे व्याकुल नही होना चाहिए और मूढभाव भी नही होना चाहिए। अब तु भयरहित और प्रीति युक्त होकर मेरे इस शंख–चक्र–गदा–पद्मयुक्त चतुर्भुजरूप को देख।

इसके पश्चात संजय ने धृतराष्ट्र को वताया कि इस प्रकार कहकर भगवान वासुदेव ने अपना चतुर्भुज रूप प्रकट का अर्जुन को धीरज दिया।

8. बिना अनन्य भक्ति के चतुर्भुज रूप के दर्शन की दुर्लभता का और फलसहित अनन्यभक्ति का कथन (श्लोक ५१–५५) :– *अर्जुन बोले, हे प्रभु! मैं आपके इस अति शान्त मनुष्य रूप को देखकर अब स्थिरचित्त हो गया हूँ। और अपने स्वभाविक स्थिति को प्राप्त हो गया हूँ।*

भगवान ने बताया कि मेरा यह रूप अत्यन्त दूर्लभ है,देवतागण भी मेरे इस रूप को देखना चाहतें हैं,परन्तु मेरा यह रूप यज्ञ दानादि से नही जाना जा सकता है। परन्तु अनन्यभक्ति के द्वारा ऐसा शक्य है।

हे अर्जुन! जो लोग केवल मेरे ही लिये सम्पूर्ण कर्तव्यकर्मों को करनेवाला है, मेरे परायण हैं, मेरे भक्त हैं, आसक्ति रहित हैं, और भौतिक प्राणियों में वैरभाव से रहित हैं, वह अनन्य भक्त मुझको ही प्राप्त होता है।

तत्व विवेचना

किसी भी बस्तुके समग्र ज्ञान के बिना उस बस्तुके बारे में ज्ञान को अधुरा ही माना जाता है।दशम अध्याय में परमेश्वर के विभूतियों का वर्णन है, जो चराचर में व्याप्त है। इन विभूतियों का जो पक्ष दशम् अध्याय में बताया गया है, उससे तो ईश्वर की रचनात्मक पक्ष ही परिलक्षित होता है।परन्तुप्रकृति में उपस्थित प्रत्येक बस्तुका दो पक्ष तो होता ही है।उपनिषदों का वाक्य ***यथा पिण्ड़म् तथा ब्रम्हाण्ड़म्*** *के अनुसार जैसा एक छोटा से छोटा कण होता है,ठीक वैसा ही ब्रह्मण्ड़ है । जैसा कि हमें प्रतीत होता है, कि परमेश्वर के विभूतियों का दो पक्ष है 1.रचनात्मक और 2. विखण्डनात्मक या विनाशात्मक। अतः परमेश्वर का भी दो रूप होना चाहिये:*

1.रचनात्मक और 2. विखण्डनात्मक या विनाशात्मक।

आज के भौतिक जगत्त में भी कोई भी चीज प्रामाणिक तब मानी जाती है, जब उसका रचनात्मक और विखण्ड़नात्मक दोनों पक्ष का अच्छी तरह जाँच कर लिया गया हो। उदाहरण के लिये औषधियों का प्रमाणीकरण के पहले दोनों पक्षों का विशिष्ट अध्ययन किया जाता है। किसी भी चीज को प्रामाणीक तब माना जाना चाहिए जब उसके दोनों पक्षों का व्यवहारिक एवं वैज्ञानीक अध्ययन किया गया हो।

सनातन धर्म में मनुष्य को जिस ईश्वर के लिए समर्पण, ध्यान एवं पूजन इत्यादि की बात की जाती है,उस ईश्वर का समग्र दर्शन श्रीमद्भागवत्गीता के अलावा शायद कही उपलध नहीं है, (ऋगवेद के पुरूषसुक्त में भगवान

के विराट्स्वरूप की कल्पना की गई हैं)। इसलिए श्री कृष्ण का यह कथन कि मेरे इस विश्वरूप के दर्शन के लिए ऋषि –मुनि, देवता आदि भी लालायित रहते हैं, इस बात की पुष्टी करता है कि , प्रकृति का समग्र ज्ञान के लिये ज्ञानी वैज्ञानिक एवं शोधकर्ता सदा लालायित रहते हैं। परन्तु उन्हें समग्र ज्ञान प्राप्त नही हो पाता है। समग्र ज्ञान के लिये अनन्य भक्ति (Devotion) का होना आवश्यक है। यह व्यवहारिक रूप से अटल सत्य है। साथ ही साथ श्री कृष्ण का कथन की भौतिक नेत्रों से मेरा समग्र दर्शन संभव नही है। अतः मैं तुझे अलौकिक चक्षु प्रदान करता हूँ ,जिससे तु मेरा अलौकिक रूप देखने में समर्थ होगा, इस बात की पुष्टी करता है कि बिना गुरु द्वारा प्रदत्त ज्ञान के हम किसी भी चीज की विशेषता जानने में असमर्थ होते हैं ।

इस अध्याय में वर्णित परमेश्वर का रूप यह संदेश देता है कि, परमेश्वर ही रचनात्मक ब्रह्माण्ड़ को धारण किये हुये हैं, एवं परमेश्वर का ही विनाशात्मक शंकररूप संसार में प्रलय का कारण हैं। अंग्रजी में परमेश्वर को GOD (G-Generator, O- Operator , D- Destroyer) कहा जाता है,जो परमेश्वर के स्वरूप का ही सार है। सारे भौतिक जीव एवं पदार्थ परमेश्वर के अंश मात्र है। अतः अनेक ग्रन्थो का यह कथन कि परमेश्वर सर्वशक्तिमान है, सिद्ध होता है। विश्वरूप दर्शन में अर्जुन को ऐसा प्रतीत होता है,कि कौरव पक्ष के वीर और उनके पक्ष के वीर भी भगवान के विराट्स्वरूप में समा रहें हैं । यह प्रदर्शित करता है कि हम जो चाह रहे हैं,ईश्वर भी वहीं चाह रहे हैं, जरूरी नही हैं। परन्तु होता वही है,जो ईश्वर चाहते हैं। क्योंकि भविष्य पर केवल ईश्वर का अधिकार है।

इस अध्याय को सनातन धर्म की रीढ़ कहा जा सकता है,जो हमें किसी भी चीज के समग्र ज्ञान के पहले सुनी सुनाई बातो पर विश्वास करने की अनुमति नही देता है। समाज और दुनियाँ में सारे परेशानी का कारण अधूरा ज्ञान है। परमेश्वर ज्ञान का भंडार है। अतः ईश्वर के शरण में जाने का अर्थ है –समग्र ज्ञान अर्जन करना जो सतत् प्रक्रिया है। इसलिए श्री कृष्ण अन्त में कहते हैं कि,जो लोग केवल मेरे ही लिये सम्पूर्ण कर्तव्यकर्मों को करनेवाले हैं, मेरे परायण हैं, मेरे भक्त हैं, आसक्तिरहित हैं , और भौतिक प्राणियों में वैरभाव से रहित हैं, वह अनन्य भक्त मुझको ही प्राप्त होता हैं। इसका व्यवहारिक संदेश है कि व्यक्ति जो चाहता है, वह उसे प्राप्त हो जाता है,

अगर उसकी उसके प्रति भक्ति (Devotion) हो। गोस्वामी तुलसीदास इसे सरल शब्दों में व्यक्त करते हुए कहत`हैं कि :

जेहि के जेहि पर सत्य सनेहू, सो तेहि मिलइ न कछु संदेहू।

उपसंहार

साधारण रूप से यह माना जाता है कि भगवान श्री कृष्ण ने अपना विराट् विश्वरूप अर्जुन को दिखलाकर उसे आस्वस्त कर दिया किया कि युद्ध में उसकी जीत निश्चित है, उसके विपक्षी भगवान द्वारा पहले ही मारे जा चुकेहैं, अर्जुन को मात्र निमित बनना है यह कथन महाभारत युद्ध के तत्कालीन परिस्थिति के अनुसार सत्य हो सकता है। परन्तुभगवान के विराट् विश्वरूप हमें यह संदेश देता है कि,ईश्वर स्वरूप चराचर में व्याप्त ईश्वर के विभूति के समग्र ज्ञान प्राप्त करने के लिये भक्ति (Devotion) की आवश्यकता है। बिना भक्ति के हम किसी भी चराचर को पूर्ण रूप से नही जान सकते हैं। इस अध्याय के अन्तिम श्लोक में भगवान इसी बात पर जोर देते हैं ।

श्रीमद्भगवद्गीता के छठे अध्याय से एकादश अध्याय तक भक्ति की चर्चा की गई है, परन्तुभक्ति के भी दो रूपों का वर्णन वैदिक ग्रन्थों में मिलता है,सगुण भक्ति और निर्गुण भक्ति तो अर्जुन को जिज्ञासा होना स्वभाविक है कि दोनों प्रकार के भक्ति में कौन सी भक्ति श्रेष्ठ है? अर्जुन के इसी जिज्ञासा का समाधान श्री कृष्ण आगे के अध्याय में करते है।।

—:ॐ तत् सत्:—

नयनाभिराम रूप मित तेरा दिव्य ऋषि अहि नमन करे।
जय जगन्नाथ प्रभू हे गिरिधारी हृषीकेशश्री कृष्ण हरे।।

द्वादश अध्याय
भक्तियोग

श्री मद्भगवद्गीता द्वादश अध्याय एक दृष्टि	
कुल श्लोकों।की संख्या	२०
कुल श्लोक (श्री कृष्ण)	१६
कुल श्लोक (अर्जुन)	१
कुल श्लोक (धृतराष्ट्र)	0
कुल श्लोक (संजय)	0
मूल विषय	**सगुण एवं निर्गुण**

श्री गणेशाय नमः
श्लोक

अप्रमेयो हृषीकेशः पद्मनाभोऽमरप्रभुः।
विश्वकर्मा मनुस्त्वष्टा स्थविष्ठः स्थविरो ध्रुवः ।।

दो0—अर्जुन बोले हे हृषीकेश भक्त कौन है श्रेष्ठ।
सगुण उपासक आपका अथवा निर्गुण ज्येष्ठ।1।

अमिय बचन बोले गिरिधारी। जो मम ध्यान करे नर नारी।।
श्रद्धायुक्त करे भजन हमारा। सगुण उपासक मोको प्यारा।।
जितेन्द्रिय हो भजे निराकारा। एकीभाव ब्रह्मध्यान की धारा।।
हितरत सकल भुत समभावा। निराकार उपासक मोको भावा।।
परिश्रम साध्य है निर्गुण भक्ति। कठिन देहाभिमान अनासक्ति।।
सकलकर्म मोकों करे अपर्ण। अनन्य भक्त करे सकल समपर्ण।।
पूजन भजन अपि चिन्तन मोरी। बाँधे प्रभू से प्रेम की डोरी।।
अर्जुन सगुण जो भक्त हमारा। हो शीघ्र मुक्त जीवन उद्धारा।।
जाको मनकर्म बुद्धि प्रभुलय। हो निवास ममलोक बिन संशय।।
यदि कठिन मुझमें मननिग्रह। आभ्यासयोग कर पायो अनुग्रह।।

दो0—योग अभ्यास भी दुष्कर करो कर्तव्य कर्म निःस्वार्थ।
सिद्धि सफलता मिले जगत मिल जाये जीवनार्थ।2।

दो0—निःस्वार्थ कर्म भी कठिन तो करो कर्मफल त्याग।
मन बुद्धि पार्थ होगा सजग भक्ति जायेगा जाग।3।

करे अभ्यास जाने बिन मर्मा। अस अभ्यास ते श्रेष्ठ ज्ञानधर्मा।।
ज्ञानापि अतिउत्तम ममध्याना। सर्वोत्तम त्याग कहे धिमाना।।
कर्मफल त्याग शीघ्र दे शान्ति। पार्थ मिटे सकल जगभ्रान्ति।।
जो सन्तुष्ट न करे जगद्वेषा। अहंकारशून्य दूर क्लेशा।।
रहे सब प्रति समभाव दयालु। सुख दुःख में समभाव कुपालु।।
मनइन्द्रिय जीत अपि क्षमावाना। मम अतिप्रिय कहे कृपानिधाना।।
जो रहित हर्ष—अमर्ष भय—उद्वेगा। पाये जगमुक्ति अतिवेगा।।
ईच्छारहित हो शुद्धअभ्यान्तर। आरम्भत्यागी उदासीन निरंतर।।
दूःख—अविचलित करे दक्षकर्मा। मम भक्त सदा निर्बाहे निजधर्मा।।

दो0—न हर्षित हो ना द्वेष करे न ईच्छा करे न शोक।
शुभाशुभ कामना त्यागी मम प्रिय भक्त इहलोक।4।
दो0—सम व्यवहार मित्र शत्रु से अवचलित मान अपमान।
आसक्ति रहित को शीततापं सुखदूःख लगे समान।5।
दो0—निन्दा स्तुति समभाव रहे हो मननशील सन्तुष्ट।
आसक्तिहिन समव्यवहार करे साधु रहे या दुष्ट।6।
दो0—निज निकेत मोह रहित स्थिरबुद्धि भक्तिमान।
अस भक्त दुर्लभ हे पार्थपर मोहे अतिप्रिय जान।7।
दो0—श्रद्धायुक्त भक्त मम आश्रित धर्मामृत अपनाये।
करे प्रेमयुक्त निष्काम कर्म भक्त मोहेवही भाए।8।

।।इति द्वादश् अध्याय।।

श्रीमद्भगवद्गीता द्वादश अध्याय
भावार्थ

श्रीमद्भगवद् गीता का द्वादश अध्याय भक्तियोग के नाम से जाना जाता है। इस अध्याय में कुल २० श्लोक हैं। अध्ययन के सुविधा के लिए इसे २ भागों में बाँटा जा सकता है।

१. ***साकार और निराकार उपासक (श्लोक १—१२) :—****अर्जुन ने भगवान श्री कृष्ण से प्रश्न किया कि सगुण उपासक और निर्गुण उपासक में श्रेष्ठ उपासक कौन है। श्री भगवान ने बताया कि सगुण उपासक जो मन को*

एकाग्र करके मुझको निरंतर भजतें हैं, ऐसे सगुण उपासक मुझे अति प्रिय हैं। परन्तु जो इन्द्रियों को अपने वश करके नित्य, निराकार ब्रह्म को एकीभाव से ध्यान करते हुए भजतें हैं,वे भी मुझे ही प्राप्त होते हैं। निराकार ब्रह्म के उपासना में विशेष परिश्रम की आवश्यकता होती है,क्योंकि देहाभिमानियों द्वारा अव्यक्त विषयक गति कठिनता से प्राप्त होती है। परन्तु मेरे परायण भक्तजन सम्पूर्ण कर्मों को मुझमें अर्पण करके मुझ सगुणरू परमेश्वर को ही अनन्य भक्तियोग से निरंतर चिन्तन करते हुए भजतें हैं । हे अर्जुन ! मुझमें चित्त लगानेवाले प्रेमी भक्तो का मैं शीध्र संसार – समुद्र से उद्धार कर देता हूँ। इसलिये मुझमें मन लगा एवं मेरे लिए ही बुद्धि का उपयोग कर तो तुम मुझमें ही निवास करेगा,इसमें कुछ भी संशय नही है। अगर तुम मुझमें मन स्थिर नही कर सकता तो योगाभ्यास द्वारा मुझे प्राप्त करने की चेष्टा कर। यदि तु अभ्यास करने में भी असमर्थ है तो, केवल मेरे लिये ही कर्म कर इससे तुम मेरे प्रतिरूप सिद्धि को प्राप्त होगा। यदि इस प्रकार का साधन करने में भी तु असमर्थ है तो मन– बुद्धि आदि पर विजय प्राप्त करने वाला होकर सब कर्मों के फल का त्याग कर। मर्म को न जानकर किये हुये अभ्यास से ज्ञान श्रेष्ठ है। ज्ञान से परमेश्वर का ध्यान श्रेष्ठ है। ध्यान से भी कर्मफल त्याग श्रेष्ठ है।क्योंकि त्याग से तत्काल परम शान्ति की प्राप्ती होती है।

२. **भगवत्प्राप्त पुरूषों के लक्षण(श्लोक १३–२०) :–** जो अहंकार, द्वेष, तथा स्वार्थ से रहित हैं,तथा सुख–दूख में समभाव रखता है, जो निरंतर संतुष्ट है तथा मन इन्द्रिये सहित शरीर को वश में करनेवाला और मुझमें दृढ़ निश्चय वाला है, वह भक्त मुझे अत्यन्त प्रिय है। जो हर्ष, अमर्ष, भय और उद्वेग आदि से रहित है,वैसा भक्त मुझको प्रिय है । इसी प्रकार बाहर –भीतर से शुद्ध, पक्षपातरहित सब आरंम्भो का त्यागी मेरा भक्त भी मुझे प्रिय है, जो शुभ अशुभ से परे हो मान अपमान में समान रहे ममता और आसक्ति रहित हो वह स्थिरबुद्धि भक्त मुझको प्रिय है। श्रद्धायुक्त मेरे परायण निष्काम भक्त मुझको अत्यन्त प्रिय है।

तत्व विवेचना

सगुण और निर्गुण भक्ति :–भारत में अक्सर भक्ति और भक्त का नाम आतें ही दिमाग में दो शब्द गुँजतें हैं:

1. सगुण
2. निर्गुण

वैदिक ग्रन्थों के अनुसार साकार ब्रह्म के उपासक सगुण भक्त कहलातें हैं , एवं निराकार ब्रह्म के उपासक निर्गुण भक्त कहलातें हैं ।

सगुण भक्त मन को एकाग्र करके साकार ब्रह्म का निरंतर स्मरण करते हैं। इसके लिए सगुण उपासक प्रत्यक्ष इन्द्रियों से काम लेतें हैं। इनके लिए इन्द्रियाँ साधन होती हैं, जैसे ऑख परमेश्वर का दर्शन करती है,कान परमेश्वर के कथा लाभ लेती है, जिहवा परमेश्वर के नाम का उच्चारण करती है, पैर तीर्थाटन कराती है, हॉथ फल पुष्प अर्पण करती है। सगुण भक्ति प्रेममय और भावनामय हैं,सगुण भक्ति का साधारण रूप है निःस्वार्थ सेवा। यह वहिर्मुखी होता है,इसका वैदिक रूप यज्ञ है।

जबकि निर्गुण भक्त निराकार ब्रह्म की उपासना सतत् ध्यान के द्वारा करते हैं। निर्गुण उपासक दिन –रात निष्काम भाव से कर्तव्यकर्म में मग्न होते हैं, पता भी नही चलता कि वे परमेश्वर का स्मरण कर रहे हैं कि नही। निर्गुण भक्ति ज्ञानमय है, यह अन्तर्मुखी होता है। इसका साधारण रूप है,एकाग्रता से ज्ञान अर्जन जो उपकार के भावना के साथ हो। इसका वैदिक रूप तप है।

सगुण भक्त और निर्गुण भक्त को रामायण के लक्ष्मण और भरत के चरित्र से समझा जा सकता है। लक्ष्मण राम के साथ रहकर राम की सेवा करते हैं। अतः लक्ष्मण सगुण भक्त के उदाहरण हैं । क्योंकि वे प्रभु की सेवा अपने इन्द्रियो से साक्षात कर रहे हैं,जबकि भरत निष्काम भाव से प्रभु के प्रजा की अयोघ्या में सेवा करते हैं। यह भी प्रभु राम की ही सेवा है, इसमें प्रभुराम साक्षात नही है। अतः यह निर्गुण भक्ति का उदाहरण है। गोस्वामी तुलसीदास साधारण शब्दों में कहतेहैं:

अगुन सगुन दुई ब्रह्म सरूपा। अकथ अगाध अनादि अनूपा।।

अर्थात् सगुण (साकार)और निर्गुण (अगुन अथवा निराकार) दोनों एक ब्रह्म के ही दो अलग अलग रूप हैं,जिनमें अन्तर करना बहुत कठिन है। हमारे पुज्य गुरुदेव श्री लालबहादुर सिंह जी कहा करते थे,कि सगुण का अर्थ है गुणों के साथ तथा निर्गुण का अर्थ होना चाहिए जिससे गुण निकलता है,परन्तु अगर निर्गुण को नीर–गुण कहा जाये तो निर्गुण के विशिष्ट अर्थ को आसानी से समझा जा सकता है। नीर गुण का शाब्दिक अर्थ है,नीर अथवा जल के समान गुण वाला (श्रुति के अनुसार हरि ईच्छा से सर्वप्रथम नीर प्रकट हुआ तदन्तर ब्रह्मा अतः निर्गुण भक्ति का अभिप्राय है, मौलिक स्वरूप का ध्यान।)। सगुण भक्त ईश्वर के गुणों के अनुरूप एक आकार को

हृदयांगम करके उनकी उपासना करते है। जैसे श्री राम, श्री कृष्ण, माता काली, माता दूर्गा आदि के प्रतिमा का पूजन। जबकि निर्गुण अथवा नीर–गुण भक्त ईश्वर को गुणों का भंड़ार मानते हुए कहते हैं कि,ईश्वर को कोई रूप नही दिया जा सकता है, क्योंकि उनकी गुणों की कोई सीमा नही है,परन्तु निर्गुण भक्त की भावना निराकार ब्रह्म को उसी प्रकार रूप दे देता है जैसी उनकी भावना होती है। यह ठीक उसी प्रकार है जैसे पात्र जल को एक निश्चित रूप प्रदान करता है। अर्थात् भावना एक पात्र के समान है, जो निर्गुण ब्रह्म को भी एक निश्चित आकार दे देता है। गोस्वामी तुलसीदास साधारण शब्दों में कहतेहैं:

जाकी रही भावना जैसी। हरि मुरत देखही तिन तैसी।।

अतः सगुण शरीर से निर्गुण की उपासना भी सगुण हो जाती है। इसलिए दोनो की संकल्पना अलग होते हुए भी वास्तविक रूप से दोनों अलग नही हैं। सगुण उपासक मुर्ति की पूजा करते हैं। जबकि निर्गुण उपासक निष्काम कर्म को ही पूजा मानतें हैं। अतः भगवान सगुण और निर्गुण भक्त को समान मानतें हुये समान रूप से प्रेम करते हैं,एवं मुक्ति प्रदान करते हैं।

नवधा भक्ति :–वैदिक ग्रन्थों के अनुसार भक्ति ९ प्रकार से की जा सकती है। जिसे नवधा भक्ति कहते हैं। श्रीमद्भगवद् महापुराण में नवधा भक्तिका वर्णन सातवें स्कंध के पांचवें अध्याय में है , जिसके अनुसार भक्त प्रहलाद ने नवधा भक्ति की शिक्षा अपने पिता हिरण्यकश्यपु को दिये थे,जो इस प्रकार है:

श्रवणं कीर्तनं विष्णोः स्मरणं पादसेवन।।
अर्चनं वन्दनं दास्यं सख्यम् आत्मनिवेदनम्।।

नवधा भक्ति के नौ भाव उदाहरण सहित इस प्रकार हैं

1. श्रवण– परीक्षित 2. कीर्तन – शुकदेव 3.स्मरण – प्रहलाद
4. चरण सेवन – लक्ष्मी 5. पूजन/अर्चन– पृथ्यु 6. वन्दन – अक्रूर
7. दास्य भाव – भक्त हनुमान 8. सखा भाव – अर्जुन
9. आत्म समर्पण – राजा बलि

रामायण में भी नवधा भक्ति के बारे में भगवान राम माता सबरी को नवधा भक्ति की शिक्षा देते हैं,जो अरण्य काण्ड में वर्णित है। गोस्वामी तुलसीदास ने नवधा भक्ति वर्णन इस प्रकार किया हैं :

कह रघुपति सुनु भामिनि बाता। मानउँ एक भगति कर नाता।।
जाति पाँति कुल धर्म बड़ाई। धन बल परिजन गुन चतुराई।।

भगति हीन नर सोहई कैसा। बिन जल बारिद देखिअ जैसा।।
नवधा भगति कहउँ तोहि पाही। सावधान सुनु धरू मन माहीं।।
प्रथम भगति संतन्ह कर संगा। दूसरी रति मम कथा प्रसंगा।।
दो०—गुर पद पंकज सेवा तीसरि भगति अमान।
चौथिभगति मम गुनगन करई कपट तजि गान।।
मंत्र जाप मम दृढ़ बिस्वासा। पंचम भजन सो वेद प्रकासा।।
छठ दम सील बिरति बहु करमा। निरत निरंतर सज्जन धरमा।।
सातवॉ सम मोहि मय जग देखा।मोतें संत अधिक करि लेखा।।
आठवॉ जथालाभ संतोषा। सपनेहुँ नही देखई परदोषा।।
नवम सरल सब सन छलहीना। मम भरोस हियॅ हरष न दीना।।
नव महुँ एकउ जिन्ह के होई। नारी पुरुष सचराचर कोई।।
से अतिसय प्रिय भामिनि मोरे।सकल प्रकार भगति दृढ़ तोरे।।

1. संत सत्संग 2. कथा प्रसंग में व्यस्त 3. गुरु की सेवा
4. भगवद् संकीर्तन करना 5.भगवान का मंत्र जाप
6. इंद्रिय निग्रह 7.प्रत्येक जीव को परमात्म भाव से देखना
8. यथा लाभ संतोष 9. सरलता

भगवान कहते हैं कि , नौ में से कोई एक गुण भी जिस किसी के पास होता है वह मेरा अतिसय प्रिय हैं ।

उपसंहार

सगुण और निर्गुण भक्ति का वर्णन करते हुए भगवान यह स्पष्ट करते हैं कि, सगुण भक्ति सुगम है ,जबकि निर्गुण भक्ति कठीन है ।भक्ति सगुण हो या निर्गुण दोनो में महत्व समान है।

प्रथम अध्याय से द्वादश अध्याय तक स्वधर्म और भक्ति की बातें की गई। द्वितीये अध्याय में जो आत्मा की बात की गई है, परन्तु संसार का कोई भी प्राणी स्वर्ग जाने के लिए या मोक्ष पाने के लिए भी मरना नहीं चाहता है। अतः आगे के अध्यायों में स्वधर्म और भक्ति की चिन्तन की गई है ।

—:ऊँ तत् सत्:—

तृतीय षड़क
अध्याय १३ से अध्याय १८ तक
चिन्तन

त्रयोदश अध्याय
क्षेत्रक्षेत्रज्ञ विभाग योग

श्रीमद्भगवद्गीता त्रयोदश अध्याय एक दृष्टि	
कुल श्लोकों।की संख्या	३५
कुल श्लोक (श्री कृष्ण)	३४
कुल श्लोक (अर्जुन)	१
कुल श्लोक (धृतराष्ट्र)	0
कुल श्लोक (संजय)	0
मूल विषय	**शरीर और आत्मा**

श्री गणेशाय नमः

श्लोकः

किरीटिनं गदिनं चक्रहस्तमिच्छामि त्वां द्रष्टुमहं तथैव।
तेनैव रूपेण चतुर्भुजेन सहस्त्रबाहो भव विश्वमूर्ते।।

दो0–प्रकृति–पुरुष क्षेत्र–क्षेत्रज्ञ क्या बतलाये ह्रषिकेश।
मेरी इच्छा पूर्ण करे करजोरी विनत् गुड़ाकेश।1।
दो0–यह शरीर एक क्षेत्र है आत्मा क्षेत्रज्ञ तु जान।
तत्वज्ञानी कहते यही बोले श्री भगवान।2।

मैं परमपुरूष क्षेत्रज्ञ समाना। सकल क्षेत्र रहस्य मैं जाना।।
सुनो पार्थ क्षेत्र–क्षेत्रज्ञ समासा।जासे होय सकल भ्रम नाशा।।
क्षेत्र –क्षेत्रज्ञ तत्त्व मुख्य ज्ञाना। गाये ऋषि मुनि बिधि नाना।।
ब्रह्मसूत्र अपि पद यही गाये। विभाग पृथक करी वेद सुनाए।।
शब्दस्पर्श रस गन्ध अरू रूपा। पंचभूत पार्थ है बिषय अनुपा।।
पंचभूत रचित विविध शरीरा। खग मानव अपि वृक्ष जीव नीरा।।
अहंकार बुद्धि संग व्यक्त प्रकृति। रचे दशेन्द्रिय मन आकृति।।
ईच्छा–द्वेष सुख–दूःख मन चेतन। सबही बसत है क्षेत्र निकेतन।।
स्थुलपिण्डध़ृति अपि क्षेत्र विकारा।कहे भगवन् क्षेत्र संक्षेप सारा।।
निज देह पार्थ है क्षेत्र समतुला। धारण करे सब कर्मफलमूला।।

दो0—क्षेत्र प्रकृति विकार सहित पुरुष ज्ञेत्रज्ञ को जान।
क्षेत्र क्षेत्रज्ञ तत्वज्ञान को श्रुति पुराण कहे सद्ज्ञान।3।

दम्भाचरण अरू हिंसा अभावा।दया सरलचित क्षमा के भावा।।
भक्ति सहित करे गुरुसेवा। शुद्ध अभ्यन्तर स्थिर मन देवा।।
इन्द्रियसहित देह का निग्रह। आसक्तिरहित भोग अनुग्रह।।
जन्म मरण अरू जरा जवानी। करे विचार कभी दोष न हानि।।
गृहधन अरू परिजन सुत दारा। वहे कबहू नहीं मोहधारा।।
प्रिय अप्रिय महु चित्त समाना। जाकर हो शुद्ध देश विताना।।
परमेश्वर से हो अनन्य भक्ति। जगत् श्रद्धामय बिनआसक्ति।।
आत्म—अनात्म विभेद अपि नाना। समझाये वहीं अध्यात्मज्ञाना।।
तत्वज्ञान कर्म परमात्मा ध्याना। पार्थ जगत व्यवहारिक ज्ञाना।।
ज्ञान वीपरीत सकल अज्ञाना।हो उत्पन्न पुनि पुनि भ्रमनाना।।

दो0—सत् असत्हीन है परंब्रह्म अनादि ज्ञानतरू कन्द।
परंब्रह्म हीं ज्ञानयोग्य अनुभव कर ज्ञान आनन्द।4।

सत्असत्रहित परमब्रह्म अनादि। अहंकारहीन भक्ति भक्तादि।।
जाके हस्त पाद चहुँपासा।नेत्र कर्ण मुख व्याप्त अकाशा।।
जाने सकल इन्द्रिय अनुशासन।इन्द्रियहीन परंब्रह्म निरासन।।
आसक्तिरहित करे सबकोधारण।जगपोषणकरे दू:खनिवारण।।
निगुर्ण रही जो गुण अपि पावा।प्रकटअप्रकट हर भाँतीसुहावा।।
प्रभु निर्गुण सगुण सम कीर्ति।पार्थ आश्चर्यमय ब्रह्म रीति।।
ब्रह्म चर अचर सुक्ष्म स्वरूपा। अविज्ञेय अतिनिकट अनुपा।।
ब्रह्म अतिदुरस्थ मेघ जल भाँती। कृपाकरी हरे भक्त आराती।।
गगन समान विस्तृत बस एका। अनेक भूत महुँ दिखे अनेका।।
परमात्मा विष्णु जगपालनहारा। रूद्र रूप धरी करे संहारा।।

दो0—परमब्रह्म सकल ज्योति के ज्योति माया से अतिदूर।
तत्वज्ञानगम्य बोधस्वरूप अपि बसत ज्ञानीजनउर।5।

ब्रह्मरूप परमात्मा सृष्टि रचयिता।परमपुरुष जग जीवन हिता।।
क्षेत्र क्षेत्रय है अतिगूढ़ ज्ञाना। मैं ज्ञेय स्वरूप संक्षिप्त वखाना।।
तत्वज्ञानी भक्त जाने मम रूपा। बास करे मम् सत्य—स्वरूपा।।
प्रकृति पुरुष है दोनो अनादि। प्रकृति जनित ही राग द्वेषादि।।

जग में जो है त्रिगुण विकारा। सत्व रज तम प्राकृत धारा।।
कार्यकरण सब प्रकृतजनिता। सुखदूःख सकल हित औ मिता।।
महि गगन अनल जल वाता। स्पर्श शब्दरूप गन्ध रस पाता।।
यही प्रकृति के कार्य कहे ज्ञानी। तेरह करण पाए जग प्राणी।।
मन कर्ण त्वचा बुद्धि अहंकारा। रसना नेत्र ध्राण जलधारा।।
वाक्पाद गुदा सकल उपस्थि। हस्तादि तेरह करण विभक्ति।।
प्रकृति कार्यकरण की जननी। सुखदूख जग में इनकी करणी।।

दो0—जीवात्मा स्थित प्रकृति में जामें है गुण तीन।
त्रिगुण भोग त्रिगुण कारण पाये जन्म नवीन।6।

पार्थ देह स्थित जो जिवाात्मा। वास्तव में है वहीं परमात्मा।।
जीवात्मा साक्षी सकल जग कर्मा। पाप पुण्य अरू धर्म अधर्मा।।
उपद्रष्टा एही हेतु कहे ज्ञानी।जीवात्मा साक्षी कर्म करे प्राणी।।
यथार्थ सम्मति देत कहे संता। आत्मा पथ प्रदर्शक अनुमन्ता।।
देह पोषक इसलिए है भर्ता। जीवात्मा विष्णु सम पोषणकर्ता।।
भोगे भोग इसलिय है भोक्ता।चैतन्य यही शरीर संग उक्ता।।
ब्रम्हादि स्वामी इसलिय महेश्वर। शुद्ध सच्चिदानन्द परमेश्वर।।
पुरूषतत्त्व अरू त्रिगुण प्रकृति। है सत्यरूप चैतन्य आकृति।।
करे कर्तव्यकर्म यही जगमाही। पुर्नजन्म के भय न सताहि।।
पुर्नजन्म पार्थ अज्ञान के कारण। तत्त्वज्ञान वस करे निवारण।।

दो0—सुक्ष्मबुद्धि ध्यानसे परमात्मा निजउर पावे।।
ज्ञानयोगी तत्वज्ञान पाई चराचर पाप नशावे।7।

दो0—कर्मयोगी कर्म करे कर्मफल आसक्ति त्याग।
कर्मफल परमात्मा अर्पण अगजग से अनुराग।8।

पार्थ जगत में कछु मन्दबुद्धि। चाहे तनमन बचन की शुद्धि।।
ते अनुशरण करत तत्त्व ज्ञानी। प्रभुप्राप्ती की पंथ यही जानी।।
तद्नुसार उपासना श्रुतिपरायण। तरे भवसागर पाए नारायण।।
जग के सकल स्थावर जंगम। फलरूप पुरुष प्रकृति संगम।।
क्षेत्र क्षेत्रज्ञ जनित जग सृष्टि। सब पर है जग प्रभु शुभदृष्टि।।
अविनाशी समभाव जग स्थित। ईश्वर चैतन्य जीव प्रतिष्ठित।।
परमेश्वर सबमें जो जग सृष्टी। यही जग में है यथार्थ दृष्टि।।

कण कण परमेश्वर अपनाये। वह अन्तहीन परमगति पायें।।
सकल कर्म जग प्रकृति कर्ता। आत्मा तो है पार्थ अकर्ता।।
यथार्थ परमात्मतत्त्व सब दृष्टि। अटल ज्ञानमय है जग सृष्टि।।

दो0—सकल सृष्टि विस्तार में है परमात्मा एक।
जबही मनुज यह जान ले पाये ब्रह्म विवेक।9।
दो0—अलिप्त सदा परमात्मा शरीरस्थ करे न कर्म।
अनादि निर्गुण अविनाशी शास्त्रोक्त यही है धर्म।10।
दो0—लिप्त न हो संसार से जैसे व्याप्त आकाश।
आत्मा अलिप्त हो कर्म पर अर्जुन कर विश्वास।11।
दो0—ब्रह्माण्ड प्रकाशित करे रवि चमके जगमग सृष्टि।
आत्मा क्षेत्रज्ञ रूप है रखे क्षेत्र सकल पर दृष्टि।12।
दो0—सकार्य प्रकृति को जाने अपि जाने क्षेत्रज्ञ क्षेत्र।
परमब्रह्म परमात्मा मिले जाके जागृत नेत्र।।13।

।।इति त्रयोदश् अध्याय।।

श्रीमद्भगवद्‌गीता त्रयोदश अध्याय

भावार्थ

श्रीमद्‌भगवद् गीता का त्रियोदश अध्याय क्षेत्र–क्षेत्रज्ञयोग के नाम से जाना जाता है। इस अध्याय में कुल३५ श्लोक हैं। साधारणतः श्रीमद्भगवद्‌गीता के कई संस्करणो में इस अध्यायमें केवल ३४ श्लोक ही दिये गये हैं। जिसके कारण श्रीमद्भगवद्‌गीता के अठारहो अध्याय के कुल श्लोकों की संख्या ७00 के स्थान पर केवल६९९ प्राप्त होती है। परन्तु श्रीमद्भगवद्‌गीता के कुछ संस्करणों में इस अध्याय में ३५ श्लोक दिये गयें हैं जिससे श्रीमद्भगवद्‌गीताके अठारहो अध्यायके कुल श्लोकों की सेख्या ७00 प्राप्त होती है।इस अध्याय का प्रथम श्लोक इस प्रकार हैं:
अर्जुन उवाच–

प्रकृति पुरूषं चैव क्षेत्रम् क्षेत्रज्ञानं ईवं च।
एतद् वेदितुम इच्छामि ज्ञानं ज्ञेयं च केशवः।।

जिसका अर्थ है –अर्जुन ने कहा कि मैं प्रकृति पुरुष तथा क्षेत्र और क्षेत्रज्ञ के बारे में जानना चाहता हूँ। इस श्लोक को श्रीमद्भगवद्गीता के कुछ संस्करणों में नही दिया गया है।

अध्ययन के सुविधा के लिए इस अध्याय के विषय वस्तु को २ भागों में बॉटा जा सकता है।

१. **शरीर और आत्मा का विभेद (श्लोक१–१६) :–**अर्जुन ने कहा कि मैं प्रकृति पुरुष तथा क्षेत्र और क्षेत्रज्ञ के बारे में जानना चाहता हूँ। भगवान श्री कृष्ण ने बताया कि हे अर्जुन! इस शरीर को क्षेत्र कहतेहैं,और इसको जानने वाले (जिवात्मा) को क्षेत्रज्ञ कहा जाता है, जो मैं ही हूँ। विकार सहित प्रकृति का और पुरुष को तत्त्व से जानना ही ज्ञान है। अब क्षेत्र और क्षेत्रज्ञ के बारे में संक्षेप में मुझसे सुन। क्षेत्र और क्षेत्रज्ञ के बारे में ऋषियों नें विविध प्रकार से बताया है। जैसे वेदमंत्रों द्वारा, ब्रम्हसूत्र के पदो के द्वारा इत्यादि। क्षेत्र में निम्न विकार प्रमुखता से पाये जाते हैं : पंच महाभुत, अहंकार, बुद्धि, मूल प्रकृति, दस इन्द्रियाँ, एक मन,पाँच ज्ञानइन्द्रिय के विषय अर्थात शब्द, स्पर्श, रूप, रस और गन्ध। इच्छा, द्वेष, सुख, दुःख, स्थुल देह, चेतना, धारणशक्ति (सात्विकी,राजसी, तामसी) इत्यादि। मन–वाणी में सरलता, दम्भ अभिमान का अभाव, मन इन्द्रियों सहित शरीर का निग्रह, श्रद्धा भक्ति से गुरु की सेवा, सम्पूर्ण भोगों में आसक्ति का अभाव, जन्म– मृत्यु, जरा और रोग आदि में दुःख ओर दोषों का बार–बार विचार करना। पुत्र, स्त्री, घर,धन आदि में आसक्ति का अभाव, ममता का न होना तथा प्रिय और अप्रिय की प्राप्ति में सदा ही चित्त का सम रहना। मुझ परमेश्वर में अनन्य योग के द्वारा अव्यभिचारिणी भक्ति तथा एकान्त और शुद्ध देश में रहने का स्वभाव और विषयासक्त मनुष्यो के समुदाय में प्रेम का न होना। अध्यात्मज्ञान में नित्य स्थिति और तत्वज्ञान के अर्थरूप परमात्मा को ही देखना – यही सब ज्ञान है। और इसके वीपरीत जो है वह अज्ञान है। जिसको जानकर परमानन्द प्राप्त होता है,अब मैं इसको भलीभाँति कहूँगा। वह अनादि परमब्रह्म न सत् है और न ही असत् है । वह सब ओर हाँथ पैर वाला, सब ओर नेत्र सिर और मुखवाला तथा संसार में सबको व्याप्त करके स्थित है। वह सम्पूर्ण इन्द्रियों के बिषयों को जानने वाला परन्तु इन्द्रियरहित, सबका भरण पोषण करनेवाला परन्तु आसक्तिरहित, गुणों को भोगनेवाला निर्गुण है। वह अति समीप तथा अति दूर भी है। वह चराचर सब भुतों के बाहर भीतर परिपूर्ण है। परन्तु चराचर भी वही है,वह अति सुक्ष्म होने के कारण अविज्ञेय है। वह

विष्णुरूप भूतों को धारण करने वाला, ब्रम्हारूप सबको उत्पन्न करनेवाला तथा रूद्ररूप सबको संहार करनेवाला है। वह परमात्मा विभागरहित एकरूप आकाश के सदृश परिपूर्ण होनेपर भी विभक्त सा स्थित प्रतीत होता है। वह परमब्रह्म ज्योतियों का भी ज्योति एवं माया से अत्यन्त परे कहा जाता है। वह परमात्मा बोधस्वरूप, जानने योग्य एवं तत्वज्ञान से प्राप्त करने योग्य है,और सबके हृदय में विशेषरूप से स्थित है। इस प्रकार क्षेत्र तथा ज्ञान और जाननेयोग्य परमात्मा का स्वरूप संक्षेप में कहा गया। मेरा भक्त इसको तत्त्व से जानकर मेरे स्वरूप को प्राप्त होता है। प्रकृति और पुरुष इन दोनों को ही तु अनादि जान और राग–द्वेषादि विकारों को तथा त्रिगुणात्मक सम्पूर्ण पदार्थो को भी प्रकृति से ही उत्पन्न जान।

२. **प्रकृति और पुरुष (श्लोक२०–३५):**–कार्य और करण को उत्पन्न करने में हेतु प्रकृति कही जाती हैं। और जीवात्मा सुख–दूःखों के भोगने में हेतु कहा गया है। प्रकृति में स्थित ही पुरुष प्रकृति से उत्पन्न त्रिगुणात्मक पदार्थों को भोगता है , और इन गुणों के संग ही इस जीवात्मा के अच्छी–बुरी योनियों में जन्म लेने का कारण है। इस देह में स्थित आत्मा वास्तव में परमात्मा ही है। वह साक्षी होने के कारण उपद्रष्टा, यथार्थ सम्मति देनेवाला होने के कारण अनुमन्ता, सबका धारण–पोषण करनेवाला होने के कारण भर्ता, जीवरूप से भोक्ता, ब्रह्मादि का भी स्वामी होने से महेश्वर और शुद्ध सच्चिदानन्दधन होने से परमात्मा, ऐसा कहा गया है। इस प्रकार पुरुष को और उनके गुणो के सहित प्रकृति को जो मनुष्य तत्त्व से जानता है, वह सब प्रकार से कर्तव्यकर्म करता हुआ भी मुक्ति प्राप्त करता है। उस परमात्मा को कितने ही मनुष्य तो शुद्ध हुई सूक्ष्म बुद्धि से ध्यान के द्वारा हृदय में देखतेहैं, अन्य कितने ज्ञानयोग के द्वारा और दूसरे कितने ही कर्मयोग के द्वारा देखत हैं , अर्थात् प्राप्त करते हैं। परन्तु इनसे दूसरे अर्थात् जो मन्दबुद्धि वाले हैं, वे इस प्रकार न जानते हुए दूसरों से अर्थात् तत्त्व जाननेवाले पुरूषों से सुनकर ही तद्नुसार उपासना करते हैं। और वे श्रवणपरायण पुरुष भी मृत्युरूप संसार–सागर को निःसन्देह तर जाते हैं । हें अर्जुन! यावन्मात्र जितने भी स्थावर– जंगम प्राणी उत्पन्न होते हैं, उन सबको तु क्षेत्र और क्षेत्रज्ञ के संयोग से ही उत्पन्न जान। जो पुरुष नष्ट होते हुये सब चराचर भुतों में परमेश्वर को नाशरहित और समभाव से स्थित देखता है,वहीं यथार्थ रूप को देखता है। क्योंकि जो पुरुष सब में समभाव से स्थित परमेंश्वर को समान देखता हुआ, अपने द्वारा अपने को नष्ट नही करता

इससे वह परमगति को प्राप्त होता है। और जो सम्पूर्ण कर्मों को सब प्रकार से प्रकृति द्वारा ही किये जाते हुए देखता है, और आत्मा को अकर्ता देखता है,वहीं यथार्थ देखता है। जिस क्षण यह पुरुष भूतों के पृथक –पृथक भाव को एक परमात्मा में ही स्थित तथा उस परमात्मा में ही सम्पूर्ण भूतों का विस्तार देखता है, उसी क्षण वह सच्चिदानन्दघन ब्रह्म को प्राप्त हो जाता है। हे अर्जुन! यह अविनाशी परमात्मा शरीर में स्थित होने पर भी वास्तव में न तो कुछ करता है, और न लिप्त ही होता है। क्योंकि वह अनादि और निर्गुण है। जिस प्रकार सर्वत्र व्याप्त आकाश सूक्ष्म होने के कारण लिप्त नही होता, वैसे ही देह में सर्वत्र स्थित आत्मा निर्गुण होने के कारण देह के गुणों से लिप्त नही होता। हे अर्जुन! जिस प्रकार एक ही सूर्य सम्पूर्ण ब्रह्मण्ड़ को प्रकाशित करता हैं, उसी प्रकार एक ही आत्मा सम्पूर्ण क्षेत्र को प्रकाशित करता है। इस प्रकार क्षेत्र और क्षेत्रज्ञ के भेद को तथा कार्यसहित प्रकृति से मुक्त होने को जो पुरुष ज्ञाननेत्रों द्वारा तत्त्व से जानतें है,वे महात्माजन परमब्रह्म परमात्मा को प्राप्त होते है।

तत्व विवेचना

श्रीमद्भगवद्गीताके प्रथम अध्याय के प्रथम श्लोक में धर्मक्षेत्र और कुरूक्षेत्र शब्द का प्रयोग किया गया है। जिसमें कुरूक्षेत्र एक भुभाग को निरूपित करता है जहाँ महाँभारत का युद्ध लड़ा गया था। तथा धर्मक्षेत्र का अभिप्राय मनव शरीर है, जिससे मानव धर्म निभा कर मानव मुक्ति को प्राप्त करता है। द्वितीये अध्यायमें यह बताया गया कि प्राणी शरीर नही आत्मा हैं। परन्तु उसके आगे के अध्यायों में वर्णित स्वधर्म या भक्ति जो मुक्ति का मार्ग है उसे साधने के लिए शरीर की आवश्यकता होती है। तो साधारण लोग (जिनका प्रतिनिधित्व अर्जुन कर रहें हैं।) का एक महत्वपूर्ण प्रश्न का समाधान की जिज्ञासा का होना आवश्यक है कि प्रकृति–पुरुष या क्षेत्र–क्षेत्रज्ञ की जीवन में क्या भूमिका हैं?

जैसा की हम जान चुके हैं कि, इस शरीर को क्षेत्र भी कहतेहैं क्योंकि शरीर का गुण भी क्षेत्र के समान है। अध्यात्म में इसे प्रकृति भी कहते हैं क्योंकि इससे प्राकृतिक गुण भी प्रकट होते हैं । (**जैसे खेत या क्षेत्र में बोये हुए बीजों का फल क्षेत्र के अनुरूप समय पर प्रकट होता है,ठीक उसी प्रकार शरीर में बोये हुए कर्मों के संस्काररूप बीजों का फल समय समय पर प्रकट होता है इसलिए शरीर क्षेत्र भी कहतेहैं ।)**

शरीर रूपी क्षेत्र को जानने वाला आत्मा को ही क्षेत्रज्ञ कहते हैं ।आत्मा को शरीर का स्वामी भी माना जाता है, अध्यात्म में इसे पुरुष कहते हैं ।

द्वादश अध्याय तक जो हमने सीखा वह है कर्मफल के आसक्ति के बिना कर्म करना जिसे निष्काम कर्म की संज्ञा दी गई है, परन्तु कर्मफल तो कर्म से सदैव जुड़ा रहता है। अतः कर्म से कर्मफल को अलग करना लगभग असम्भव है। इसके लिए राजयोग की व्यवस्था बताई गई जिसके अनुसार अगर कर्म परमार्थ हेतु हो तो मनुष्य कर्म भी करता है और वैसे कर्म में कर्मफल के आसक्ति का दोष भी नही होता है। परन्तु सत्य यही है कि कर्म से कर्मफल अलग हो ही नही सकता। ठीक इसी प्रकार शरीर और आत्मा को अलग करके शरीर और आत्मा के बारे में अलग–अलग जानना संभव नही है।

संसार में प्रत्येक वस्तुका दो रूप होता हैं वाह्य और आंतरिक। जैसे ज्यादातर फलों का वाह्य रूप उसका छिलका के रूप में होता है, तथा आंतरिक रूप उसके गुदा के रूप में होता है,तथा फल का वास्तविक स्वाद तो उसके गुदा में हीं होता है, जिसके लिए वह फल जाना जाता है।परन्तुकेवल गुदा से फल नही पहचाना जा सकता है।फल की वास्तविक पहचान गुदा और छिलके के साथ होती है। ठीक इसी प्रकार प्रत्येक प्राणी का बाह्य रूप शरीर है एवं आंतरिक रूप आत्मा है तथा आत्माही प्राणी की वास्तविक पहचान है। परन्तु जीव की पहचान तो आत्मा और शरीर के सम्मिलित रूप से होती है। जबकि आत्मा को शरीर मुक्ति के साधन के रूप में प्राप्त है। प्रत्येक कर्म का भी दो रूप होता है। जब प्राणी शरीर के द्वारा कर्म करता है, तो उस कर्म का फल प्रत्यक्ष रूप से शरीर को प्राप्त होता है,जबकि उस कर्म की आत्मा जो चित्त् की शुद्धि है वह अप्रकट रूप से होता है।

इन बातों का सार यह है कि आत्मा को शरीर से अलग नही किया जा सकता है। अतः जब जक जीवन है आत्मा शरीर के साथ ही रहता है। मृत्यु एक ऐसी घटना है जब आत्मा शरीर से अलग हो जाता है। तो प्रश्न उठता है कि क्या जीवन में ही शरीर को आत्मा से अलग करने का कोई उपाय है? तो इस प्रश्न का अध्यात्मिक उत्तर साकारात्मक है।

व्यवहारिक रूप से अगर हम किसी चीज को देखना चाहतें हैं,तो हमें उससे एक निश्चित दूरी बनानी होगी जिससे वह हमारे दृष्टि क्षेत्र में रहे,अगर हम कार को देखना चाहें तो कार के अन्दर बैठकर ऐसा करना संभव नही है।

इसके लिए हमें कार से बाहर जाना होगा। ठीक इसी प्रकार अगर आत्मा और शरीर को अलग –अलग देखना है,तो आत्मा को शरीर से अलग करना होगा एवं यह भी ध्यान रखना होगा कि शरीर मृत न हो जाये। इस कार्य को सिद्ध ऋषि मुनियों कर पाने में सक्षम होते हैं। इसका एक उदाहरण आदिशंकराचार्य एवं माता भारती (मंड़न मिश्र की पत्नी) के बीच शास्त्रार्थ के दौरान मिलता है। इस कार्य में सफलता प्राप्त करने के लिए शास्त्रों नें साक्षी भाव के अभ्यास करने की सलाह दी है, जो ध्यान के द्वारा संभव है,इस भाव में हम अपने इन्द्रियों को सब कुछ करते हुए ठीक उसी प्रकार देखते हैं,जैसे हम इन्द्रियों के द्वारा किये गये कार्यो में स्वयं सन्लिप्त न होकर इन्द्रियों द्वारा किये गये कार्यो के साक्षी(गवाह)मात्र हों।

अब एक प्रश्न उभरकर आता है कि अगर हम आत्मा को देख ही नही सकते तो साक्षी भाव आने से क्या फायदा हैं ?

सत्य तो ये भी है कि हम मन, बुद्धि इत्यादि को भी नही देख पाते, आज तक के वैज्ञानिक अनुसंधान शरीर में मन के अस्तित्त्व को पहचाना है। जिससे मनोविज्ञान रूपी एक विधा का प्रदूर्भाव हुआ परन्तु यह पूर्ण नही है, और बुद्धि के बारे में भी वैज्ञानिक खोज संतोषजनक स्थिति में भी नहीं है, शरीर में बुद्धि और मन कहाँ होता है, इसकी भी जानकारी अभी तक नही हो पायी है,आत्मा तो मन एवं बुद्धि को नियंत्रित करता है, इसलिए वैज्ञानिक दृष्टिकोण से इसे भी जानना संभव नही है।

जबतक साक्षी भाव नही आता हैं,तबतक हम यही समझतें हैं कि में शरीर हूँ। अगर शरीर को कोई नुकसान होता है,तो हमें दुःख होता है, हम अपना साराक्रिया कलाप अपने शरीर के लिए ही करते है। इसे एक वाक्य में कह सकते हैं कि हम शरीर के दास होकर रह जाते हैं। जबकि अध्यात्म के अनुसार शरीर हमारा साधन है मालिक नही। इसलिए संत कहते हैं कि , जैसे ही साक्षी भाव आता है ,हम अपने शरीर के मालिक बन जाते है। देह के बारे में एक प्रसिद्ध कथानक है कि जब सम्राट द्वारा सुकरात को बिष दिया जाना था तो सुकरात के कुछ शुभचिंतक सुकरात से मुलाकात के दौरान पुछे कि आपके मरने के बाद आपकी अन्तेष्ठि कैसे करना चाहिए, आप अपनी इच्छा बतायें, इसपर सुकरात ने कहा कि अच्छी बात है। एक मुझे मारने की बात कर रहें हैं, और दूसरे मुझे गाड़ने की बात कह रहें हैं। दोनों में अन्तर क्या है, कौन मेरे अपने और कौन मेरे पराये हैं , दोनों तो समान ही हैं । एक मेरी देह को मारने की इच्छा रखता है, तथा एक मेरे

देह को गाड़ने की इच्छा रखता है। परन्तु मैं तो देह नही हूँ।अतः न कोई मुझे मार सकता है और न कोई मुझे दफन कर सकता है। यह सुकरात का साक्षी भाव था। तथा यह भी सत्य है कि सुकरात ज्ञान के रूप में आज भी हमरे बीच है। जबतक देह स्थित आत्मा का विचार नही आता, तब तक मनुष्य वहीं काम करता है जिससे उसे दैहिक सुख प्राप्त हो। अध्यात्म में ऐसा जीवन पशु के जीवन के समान माना जाता है। क्योंकि देह आत्मा के लिए पाश का काम करता है। जीवन में जब कभी हम अपने दैहिक सद् इच्छायों के अनुरूप कार्य करने में लाख कोशिश करने पर भी सफल नही हो पाते तो बुद्धि को ऐसा महसुस होता है, कि हमें किसी और के मदद की भी अवश्यकता है। और हमे जिसके मदद की आवश्यकता होती है, वह है– आत्मबल ,जो हमें आत्मा से प्राप्त होता है।

आत्मा के बारे में चिंतन के उपरांत हम इस निष्कर्ष पर पहूँचतें हैं कि इतना तो निश्चित है कि प्राणी एक शरीर मात्र नही हैं, शरीर प्राणी का होता है, प्राणी स्वयं शरीर नही होता है। तथा साक्ष्यभाव में जाकर मनुष्य अपने शरीर के कर्मो को देख सकता है। इसलिये यह प्रमाणित होता है कि क्षेत्र (शरीर) और क्षेत्रज्ञ (आत्मा) अलग अलग है, परन्तु जीवनकाल में वे साथ –साथ रहते हैं। इन्हे अलग –अलग समझने के लिए ज्ञान चक्षु के साथ–साथ साक्षी भाव की भी आवश्यकता है। साक्षी भाव की महत्व हमारे वास्तविक जीवन में भी बहुत अधिक है। साक्षी भाव सदैव मन को शान्ति प्रदान करता है।

उपसंहार

इस अध्याय में क्षेत्र तथा क्षेत्रज्ञ के बारे में स्पष्ट किया गया है कि, जीवन काल में क्षेत्र तथा क्षेत्रज्ञ साथ–साथ होते हैं। परन्तु साक्षी भाव में रहकर ज्ञान के द्वारा इसे महसूस किया जा सकता है, साथ ही साथ आत्मा परमात्मा का ही अंश है। एक प्रश्न उभरना स्वभाविक है कि परमात्मा तो त्रिगुणातीत है, जैसा श्री कृष्ण अपने बारे में भी अपने को त्रिगुणातीत कहते है। तो क्या त्रिगुणातीत परमात्मा का अंश आत्मा भी त्रिगुणातीत है। आगे के अध्याय में इसी त्रिगुण के बारे में चिंतन एवं चर्चा की गयी है।

ऊँ तत् सत्

चतुर्दश अध्याय
गुणत्रय विभाग योग

श्रीमद्भगवद्गीता चतुर्दश अध्याय एक दृष्टि	
कुल श्लोकों।की संख्या	२७
कुल श्लोक (श्री कृष्ण)	२६
कुल श्लोक (अर्जुन)	१
कुल श्लोक (धृतराष्ट्र)	0
कुल श्लोक (संजय)	0
मूल विषय	**त्रिगुणातीत**

श्री गणेशाय नमः
श्लोक

गोविन्द शंकर हरे गिरिजेशशम्भो
जनार्दन गिरीश मुकुन्द साम्ब।
नान्या गतिर्मम कथचनं वां विहायतस्म
आत्प्रभोमम गतिः कृप्या विधेया।।

दो0—भगवन बोले पार्थ सुनो ज्ञानो में उत्तम ज्ञान।
इसी ज्ञान से मुक्त हुए साधु ऋषिमहान।1।
दो0—प्रलयकाल व्याकुल नही धरते पुनः न रूप।
इसी ज्ञान आश्रय से ज्ञानी पाये मेरा स्वरूप।2।

ब्रम्ह मूल प्रकृति गर्भस्थाना। मैं करूं बीजस्थापन गर्भाधाना।।
प्रकृति पुरुष संयोग के कारण। सकल जीव करे तन धारण।।
जनक पुरुष जननी है प्रकृति। जिनसे जग चैतन्य आकृति।।
सत्व रज तम हे कुन्तिनन्दन। आत्मा को बान्धे तन बन्धन।।
सत्व निर्विकार विमल प्रकाशा। विमल ज्ञानी प्रारब्ध सुखाशा।।
रजस गुण राग रूप आसक्ति। कर्मफल में बाँधे यही शक्ति।।
तमस मोह अभिमान अज्ञाना। आलस प्रमाद निद्रा दोष नाना।।
सत्व बढ़े रज तम करी उना। प्रेम ज्ञानादि पार्थ सत्वगुणा।।
सत्वगुण बढ़े तो चेतना जागे। विवके बढ़े सब दूर्गुण भागे।।

रजस बढ़े सत्व तम घट जाए। सकाम कर्म में यही लगाए।।
सत्व रज मर्दन तमस बढ़ाए। आलस्य प्रमाद दूर्गुण भरमाए।।

दो0—प्रयाणकाल चित्त सत्व तो जीवात्मा स्वर्ग को जाए।
रजस अवसान काल रहे मनुष्ययोनी पुनि पाए।3।
दो0—तमस अन्त काल रहे जो जीव मति अति मूढ़।
कीट पतंग पशु रूप धरे यह रहस्य अति गूढ़।4।

श्रेष्ठकर्म वैराग्य सुख ज्ञाना। निर्मलचित्त सात्विक गुण नाना।।
राजस कर्म सुख दुःख परिणिति।तामस फल भय की अनुभुति।।
सत्वगुण उत्पन करत है ज्ञाना। रजस जनित लोभ मद् नाना।।
तमस जनित अति मोह प्रमादा।भय अज्ञान दूःख रोग बिषादा।।
सत्व दिलाए स्वर्गसम उच्चलोका।सुखशान्ति सह ज्ञान आलोका।।
राजसी गुण मध्यलोक ले जाए।पार्थ यही मृत्युलोक कहलाए।।
तामसी जीव अधोगति अपनाये।कीटपशु आदि योनी वह पाए।।
त्रिगुणयुक्त ही कर्म के कारण। प्रयाण परे जीव करे तनधारण।।
त्रिगुण अतिरिक्त नही कोई कर्ता।यही सद्ज्ञानसकल दुःख हर्ता।।
सच्चिदानन्द पार्थ त्रिगुण रहिता। परम शक्ति करे जग हिता।।

दो0—जगत के सुखदूःख भाव होवे त्रिगुण के कारण।
त्रिगुणातीत करे नही सुख दूःख कछु भी धारण।5।

पाई ज्ञान कहे पार्थ मृदु वचना। त्रिगुण छाडि प्रभु कैसी रचना।।
त्रिगुणरहित जीवन क्या लक्षण। पाये जीव कैसे त्रिगुण संरक्षण।।
मुक्ति हेतु गुण क्या अपनाये। त्रिगुणातीत प्रभु कौन उपाय।।
सुनहु पार्थ प्रिय कहे कृष्णा। ज्ञान पाई करहूँ दूर तृष्णा।।
सत्वगुण देवत अन्तःप्रकाशा। रजोगुण दे कर्मफल अभिलाषा।।
तमोगुण सदा मोह की जननी। अहंकार द्वेष है इनकी करनी।।
इन्द्रियों करे बिषय विचरण। आत्मा करे मर्यादित आचरण।।
परमात्मा घ्यान करे एकीभावा। साक्षी सदृश आसक्ति अभावा।।
करे साक्षी स्थिति को धारण। विचलन का हो जाये निवारण।।
अविचलित प्रकृति त्रिगुणातीता। निर्विकार कर्म करे पुनिता।।

दो0—आत्मभाव स्थिती निरंतर सुख दुख रहे समान।
जग सकल सम लगे उसे मृदा स्वर्ण पाषाण।6।

दो0—निन्दा स्तुति प्रिय अप्रिय ज्ञानी बैरी अरू मित्।
सदा भाव अविचलित रहे हार मिले या जीत।7।
दो0—सदा भजन करे हरि काहो कर्तापन रहित।
मान अपमान सम प्रतीत तो मनुज गुणातीत।8।
दो0—त्रिगुणातीत सच्चिदानन्द सम लाँघे त्रिगुणविकार।
अव्यभिचारी भक्तियोग परमात्मा करे स्वीकार।9।
दो0—मैं आश्रय आनन्द का एकरस नित्य अखण्ड़।
अविनाशी परब्रह्म अपि सुधारस यही ब्रह्माण्ड़।10।

।।इति चर्तुदश् अध्याय।।

श्रीमद्भगवद्गीताचतुर्दश अध्याय
भावार्थ

श्रीमद्भगवद्गीता का चतुर्दश अध्याय गुणत्रयविभाग योग के नाम से जाना जाता है। इस अध्याय में कुल २७श्लोक हैं।अध्ययन के सुविधा के लिए इसे ३ भागों में बॉटा जा सकता है।

*१. **प्रकृति—पुरुषसे जगत् की उत्पत्ति (श्लोक१—४) :—***

श्री भगवान बोले — ज्ञानो में भी उत्तम उस परम ज्ञान को मैं फिर कहूँगा, जिसको जानकर सब मुनिजन इस संसार से मुक्त होकर परम सिद्धि को प्राप्त हो गये हैं ।इस ज्ञान को धारण करके मेरे स्वरूप को प्राप्त हुए पुरुष सृष्टि के आदि में पुनः उत्पन्न नही होते। मेरी महत् ब्रह्मरूप मूल प्रकृति सम्पूर्ण भूतों की योनी है तथा मैं उस योनी में चेतन गर्भ का स्थापन करता हूँ। तथा इस जड़ चेतन के संयोग से सब भूतों की उत्पत्ति होती है। नाना प्रकार के सब योनीयों में जो शरीरधारी प्राणी उत्पन्न होते हैं, प्रकृति उन सबको गर्भ धारण करने वाली माता है, और मैं बीज को स्थापन करने वाला पिता हूँ।

*२. **त्रिगुण का बिषय (श्लोक ५—१८) :—***

प्रकृति से उत्पन्न त्रिगुण अविनाशी जीवात्मा को शरीर में बॉधतें हैं ।सत्वगुण विकाररहित है, वह सुख के सम्बन्ध से और ज्ञान के सम्बन्ध से अर्थात् उसके अभिमान से बाँधता है। रजोगुण जीवात्मा को कर्म और कर्मफल में बाँधता है। क्योंकि आसक्ति के उत्पत्ति का कारण रजोगुण ही है। तमोगुण का पहचान अज्ञान है। जिससे जीवात्मा प्रमाद, आलस्य और निद्रा से बंधता है। सत्वगुण आनन्द का कारक है, रजोगुण कर्म का कारक है । तथा

तमोगुण अज्ञान का कारक है , जो ज्ञान को ढ़ककर प्रमाद में लगाता है। रजोगुण और तमोगुण को दबाकर सत्वगुण, सत्वगुण और तमोगुण को दबाकर रजोगुण वैसे ही सत्वगुण और रजोगुण को दबाकर तमोगुण बढ़ता हैं। जिस समय देह तथा अन्तःकरण और इन्द्रियों में चेतनता और विवेकशक्ति उत्पन्न होती है। उस समय सत्वगुण बढ़ा है, ऐसा जानना चाहिये। रजोगुण बढ़ने पर लोभ, विषयभोग की लालसा स्वार्थ तथा अशान्ति उत्पन्न होती है,तथा तमोगुण के बढ़ने पर प्रमाद, व्यर्थ चेष्टा और निद्रादि अन्तःकरण की मोहिनी वृतियाँ उत्पन्न होते हैं । बढे हुए सत्वगुण के अवस्था में अवसान होने पर स्वर्ग की प्राप्ती होती है। बढे हुए रजोगुण के अवस्था में अवसान होने पर कर्मो के आसक्तिवाले मनुष्य योनी में फिर से उत्पन्न होता है। परन्तु बढे हुए तमोगुण के अवस्था में अवसान होने पर जीवात्मा कीट, पशु आदि मूढ़ योनी में उत्पन्न होता है। सात्विक कर्म का फल सुख, राजस कर्म का फल दुःख एवं तामस कर्म का फल अज्ञान है। सत्वगुण से ज्ञान उत्पन्न होता है , रजोगुण से लोभ तथा तमोगुण से मोह उत्पन्न होता है। सत्वगुण में स्थित पुरुष स्वर्ग को प्राप्त करते हैं। रजोगुण में स्थित राजस पुरुष मनुष्यलोक में ही रहते हैं। तामस पुरुष अधोगति को प्राप्त होते हैं , अर्थात् नर्क को प्राप्त करते है।

३. त्रिगुणातीत होने के उपाय(श्लोक १९–२७) :–जिस समय द्रष्टा त्रिगुण से परे मुझको तत्त्व से जानता है, वह मेरे स्वरूप को प्राप्त कर लेता है।अर्थात् दुःखो से मुक्त होकर,परमान्नद को प्राप्त करता है।

इसके बाद अर्जुन यह जानना चाहतें हैं कि त्रिगुणातीत किन–किन लक्षणो से युक्त होता है? तथा उसका आचरण कैसा होता हैं ?

श्री भगवान ने इस प्रश्न का उत्तर देते हुए समझातें हैं कि , जो पुरुष सत्वगुण के कार्यरूप प्रकाश को और रजोगुण के कार्यरूप प्रवृति को तथा तमोगुण के कार्यरूप मोह में प्रवृत होकर भी उनसे द्वेष नही करता है, एवं निवृत होने पर भी आकांक्षा नही करता है।अतः वह साक्षी के सदृश स्थित हुआ गुणों के द्वारा विचलित नही किया जा सकता है। और गुण ही गुणों में बरतते हैं , ऐसा समझता हुआ जो परमात्मा में एकीभाव में स्थित रहता है, एवं उस स्थिति से कभी विचलित नही होता है। जो निरंतर आत्मभाव में स्थित निन्दा –स्तुति आदि में समान भाववाला है। वह पुरुष त्रिगुणातीत है। ऐसे लोग निरंतर मुझको भजकर त्रिगुण को भलीभाँति लाँध जातें हैं, क्योंकि

उस अविनाशी परब्रह्म और अमृत तथा नित्यधर्म का अखण्ड़ एकरस आनन्द का आश्रय मैं हूँ।

तत्व विवेचना

क्या आत्मा त्रिगुणातीत है इसे जानने के लिए सबसे पहले हमें प्राणी के उत्पत्ती के बारे में जानना होगा। इस विषय परभगवान श्री कृष्ण कहते हैं कि,नाना प्रकार के सब योनीयों में जो शरीरधारी प्राणी उत्पन्न होते हैं, प्रकृति उन सबको गर्भ में धारण करने वाली माता है , और मैं बीज को स्थापन करने वाला पिता हूँ। अतः जब बीज परमात्मा का है तो परमात्मा ही उत्पन्न होगा परन्तु उसके शरीर का विकास प्रकृति के अनुरूप होगा। प्रकृति त्रिगुण से भरी पड़ी है,अतः प्राणी में त्रिगुण का प्रभाव होना स्वभाविक है। इसलिये कहा जाता है कि प्रकृति में उपस्थित त्रिगुण ही अविनाशी जीवात्मा को शरीर में बाँधतें हैं । अतः जीवात्मा तो त्रिगुणातीत ही है। परन्तु शरीर में रहने के कारण यह त्रिगुण से प्रभावित हो जाता है। एक सुविधा प्राणी को उपलब्ध है कि वह अपने कर्मों द्वारा सत्व, रज और तम के अनुपात में परिवर्तन कर सकता है, इसलिए कहा जाता है कि, बढे हुए सत्वगुण के अवस्था में अवसान होने पर स्वर्ग की प्राप्ती होती है। बढे हुए रजोगुण के अवस्था में अवसान होने पर कर्मो के आसक्तिवाले मनुष्य में उत्पन्न होता है। परन्तु बढ़े हुए तमोगुण के अवस्था में अवसान होने पर जीवात्मा कीट, पशु आदि मूढ़ योनी में उत्पन्न होता है।

हम अपने कर्मों के द्वारा त्रिगुण में से किसी एक गुण को अपना सकते हैं, इसलिए कहा गया है कि,सत्वगुण में स्थित पुरुष स्वर्ग को प्राप्त करते हैं। रजोगुण में स्थित राजस पुरुष मनुष्यलोक में ही रहते हैं। तथा तामस पुरुष अधोगति को प्राप्त होते है , अर्थात् नर्क को प्राप्त करते हैं। परन्तु जब अभ्यास के द्वारा हम निष्काम कर्म करने लगतें हैं , तो हम तीनों गुणों से उपर उठ जाते हैं,अर्थात् त्रिगुणातीत हो जाते हैं, इसलिय कहा जाता हैं, कि जिस समय द्रष्टा त्रिगुण से परे मुझको तत्त्व से जानता है वह मेरे स्वरूप को प्राप्त कर लेता है। अर्थात् दुःखो से मुक्त होकर परमानन्द को प्राप्त करता है।

व्यवहारिक दृष्टिकोण से अगर देखा जाये तो त्रिगुणातीत होने के लिय हमें सत्व,रजस और तमस पर अधिकार करना होगा।

तमोगुण का मुख्य परिणाम है– आलस्य। अतः अगर हम तमोगुण पर अधिकार चाहतें हैं तो हमें आलस्य का त्याग करना होगा। आलस्य को

छोड़ने के लिए आवश्यक है शारीरिक श्रम। आलस्य को जीतने का यही उपाय है। कई लोग नींद को भी तमोगुण का प्रभाव मानतें हैं। परन्तु एक सीमा में नींद शरीर को स्वस्थ रखने के लिए अत्यावश्यक हैं। स्वप्न के कारण नींद अपनी सीमा में पूरा नही हो पाता है । इसलिए कहा जाता हैं कि स्वप्नयुक्त नींद दूष्टशत्रु के समान है।क्योंकि नींद शान्ति के लिये होती हैं। परन्तुअगर उसमें तरह –तरह के विचार आते रहेंगें तो नींद में भी हम अशान्त रहेंगे।गहरी नींद हमें शान्ति प्रदान करता है। गहरी नींद के लिए भी शारीरिक श्रम आवश्यक है। अतः शारीरिक श्रम से हम अपने आलस्य पर विजय प्राप्त कर सकते हैं,और तमोगुण के प्रभाव को दूर कर सकते हैं ।

रजोगुण का प्रधान लक्षण है –अनन्त कामना। अनन्त कामना के कारण चित्त् स्थिर नही रहता है, चित्त् को स्थिर करने के लिए स्वधर्म की मर्यादा में काम करना आवश्यक है,परन्तु मनुष्य के लिए स्वधर्म को निश्चित करना ही कठीन है, जबकि ऐसा कहा जाता है, कि स्वधर्म प्राणी का स्वभाविक धर्म है। कुछ संत ऐसा मानतें हैं कि सेवा ही स्वधर्म है। जैसे जिस माता पिता के घर जन्म हुआ उस माता पिता की सेवा स्वधर्म है । जिस समाज में जन्म लिए उस समाज के उत्थान के लिए कर्म करना स्वधर्म है । अतः स्वधर्म मनुष्य को उसके जन्म से ही निश्चित हो जाता है। स्वधर्म की मर्यादा में रहकर कर्म करने से हमारी कामना सीमित हो जाती है। जिससे चित्त् एकाग्र हो जाता है। साधारणतः अगर कोई तमोगुण और रजस गुण पर नियंत्रण कर ले तो सत्वगुण शेष रहता है। जबतक हम जीवित हैं तबतक सत्वगुण का प्रभाव तो कम से कम रहेगा हीं , क्याकि जीवन में हम प्रकृति से अलग नही हो सकते हैं। अतः प्रकृति का कोई न कोई गुण तो हमारे साथ रहेगा हीं। और अगर हमारे साथ सत्वगुण रहेगा तो हम त्रिगुणातीत कैसे हो सकते हैं। संतों ने कहा है कि सत्वगुण के कारण मनुष्य अच्छा–अच्छा काम करने लगता है जिसके कारण कई बार स्वभाविक रूप से अहंकार आने का खतरा रहता है , इसलिए कहा जाता है कि , जिस सत्वगुण के कारण प्राणी स्वर्ग को प्राप्त होता है , वहीं अहंकार के कारण पुनर्जन्म लेता है। अतः अगर सत्वगुण रहते हुए अहंकार न हो तो सत्वगुण भी नियंत्रित हो जाता है। और शरीर छोड़ने के उपरांत आत्मा त्रिगुणतीत होकर परमात्मा के स्वरूप को प्राप्त कर लेता है। अहंकर मुक्त होने के लिए एक ही उपाय है कि हम अपने अच्छे कर्मो को अपना स्वभाव बना ले और जब कोई कर्म हमारा स्वभाव बन जाता है, तो हमें अपने उस

कर्म का अहंकार नही होता है। इसके लिए आत्मज्ञान की परम आश्यकता है। अतः शरीरिक श्रम, स्वधर्म का निर्वाह और अहंकार से मुक्त प्राणी अपने जीवन में ही त्रिगुणातीत हो जाता है। वह साक्षात परमात्मा का स्वरूप ही हो जाता हैं।

उपसंहार

इस अध्याय में प्राणी के उत्पत्ति से लेकर मुक्त होने तक के विषय पर प्रकाश ड़ाला गया है। प्रकृति माता का स्वरूप है,तथा परमेंश्वर पिता के सदृश हैं।माता के गर्भ में जिस प्रकार पिता का अंश पलता है ,तो स्वभाविक है कि संतान में माँ का गुण भी स्वभाविक रूप से आ जाता है। त्रिगुण प्रकृति माता का गुण है। तथा आत्मा जो परमेश्वर का अंश है, वह प्रकृतिमाता के गर्भ में शरीर धारण करता है, उस शरीर में त्रिगुण का अंश होना स्वभाविक है। लेकिन प्राणी को एक अधिकार है,कि वह अपने कर्मों के द्वारा त्रिगुण के अनुपात को बदल सकता है। जीवन में अच्छे –अच्छे काम करके प्राणी अपने तमोगुण और रजोगुण को नियंत्रित कर सत्वगुण में अहंकाररहित रहने का अभ्यास प्राणी को त्रिगुणातित करने में समर्थ है। परन्तु त्रिगुणातीत होने के लिय आत्मज्ञान की आवश्यकता है। त्रिगुणातीत के बारे में जानने के बाद स्वभाविक जिज्ञासा होती है कि आत्मज्ञान क्या है एवं यह कैसे प्राप्त हो ? इसी स्वभाविक जिज्ञासा का समाधान अगले अध्याय में दिया गया हैं ।

–:ऊँ तत् सत:–

प्रकृति पुरुष संयोग के कारण। सकल जीव करे तन धारण।।

पंचदश अध्याय
पुरूषोत्तम योग

श्रीमद्भगवद्गीता पंचदश अध्यायएक दृष्टि	
कुल श्लोकों।की संख्या	२०
कुल श्लोक (श्री कृष्ण)	२०
कुल श्लोक (अर्जुन)	0
कुल श्लोक (धृतराष्ट्र)	0
कुल श्लोक (संजय)	0
मूल विषय	**आत्मज्ञान**

श्री गणेशाय नमः

श्लोकः

त्वं वायुरग्निरवनिर्वियदम्बुमात्राः
प्रणेन्द्रियाणि हृदयं चिदनुग्रहश्च।
सर्वं त्वमेव सगुणो विगुणश्च भूमन्
नान्यत् त्वदस्त्यपि मनोवचसा निरूक्तम्।।

दो0–कहे मुरारी पार्थ सुनो कौन है वेद का ज्ञाता।
भवतरू को जो समझ ले तो सकल द्वन्द्वमिट जाता।1।
दो0–भवतरू आश्चर्य है नीचे तना वृहद उर्ध्वमूल।
पते छन्द है वेद के अव्यय निवास अनुकूल।2।
दो0–भवतरू के मूल में सच्चिदानन्द करते वास।
ज्ञान श्रोत परमात्मा करे अज्ञान विनाश।3।

संसार वृक्ष वट् वृक्ष समाना। अतिमूल तना से निकले नाना।।
त्रिगुण जल सिंचित जग वृक्षा। विस्तृत चहूँओर जगाए ईच्छा।।
तनाप्रस्फूटित कोपल अपि मुला।बृहदतरू मुख्यमूल जग भुला।।
वासना विषय कोपल तरूअंगा। ज्ञानीनके अपि करे ध्यानभंगा।।

देव मनुज सम व्याप्त उपशाखा। ममता अहंता पाश मूल राखा।।
भवतरू स्वरूप बुद्धि सीमातीता।यह अन्तहीन कहे वेद पूनिता।।
तरूवर मौलिक मूल परमेश्वर। ब्रह्म मौलिक शाखा सृष्टिकर।।
अतिमूल शाखा व्याप्त जगमाही। मौलिक ज्ञान सहज जग नाहीं।।
जो चाहे जीव परमेश्वर संगा। वैराग्य कुठार से काट अतिअंगा।।
आदिपुरुष से योग यही युक्ति। वैराग्य दिलाये पार्थ जग मुक्ति।।

दो0—दृढ़ निश्चय वैराग्य है काटे विषय वासना मूल।
अव्यय ब्रह्म को प्राप्त करे मिट भवबन्धन शूल।4।
दो0—मान अपमान मोहमुक्त आसक्ति दोष रहित।
परमात्मा में नित्य स्थिति मनबुद्धि कर्म पुनित्त।5।
दो0—नष्ट सम्पूर्ण कामना सुख दूःख द्वन्द्व न व्याप्त।
सकल मुढ़ता अन्तहो अविनाशी लोक हो प्राप्त।6।

मम परमधाम है स्वयं प्रकाशा। पाये ममभक्त जो करे प्रयासा।।
परमधाम नही कोई उद्दिपक। नही रवि चन्द्र सम अग्निदीपक।।
परमधाम मम भक्त प्रिय जाए। जन्म—मरण बन्धन बिसराए।।
जीवात्मा है मम अंश सनातन। प्रकट होए धरे तन नुतन।।
षष्टइन्द्रि जीवात्मा आकर्षित। मन ज्ञानेन्द्रि हो सुखहर्षित।।
जिमी वायुगन्ध विचरे जगमाही। आत्मा संग षष्टइन्द्रि जाहीं।।
आत्मा नुतन शरीर जो पाए। षष्टइन्द्रि समाहित हो जाए।।
स्थुल देह कर्मेन्द्रिय संयोजन। चैतन्य षष्टइन्द्रि देहि योजन।।
जीवात्मा करे बिषय का सेवन। सहयोग करे बुद्धि इन्द्रिय मन।।
षष्टइन्द्रि सदा प्रारब्ध युक्ता। प्रारब्ध कारण जीव नही मुक्ता।।

दो0—जीवात्मा भोगे विषय चैतन्य शरीर करे बास।
दुस्कर रहस्य है जानना बिना प्रभु विश्वास।7।

बिन जीवात्मा नही जग प्राणी। रहस्य जाने विवेकशील ज्ञानी।।
निज उर स्थित पार्थ है आत्मा। यत्नपुर्वक तत्त्व जाने महात्मा।।
जाके शुचित अन्तःकरण नाही।तत्त्व ज्ञान कवन विधी पाहीं।।
कोटी नक्षत्र जो दिखे अकाशा। रवि शशी अरू अनलप्रकाशा।।
सकल महूँ मम तेज विराजत। दृश्यादृश्य जग जे कछु राजत।।
मैं ही धरा की धारणशक्ति। जिससे घरा—भूत रहे व्यवस्थित।।
मैं शशि सुधा औषधि पुष्टकर्ता। मैं अग जग का जीवन धर्ता।।
मैं सकल प्राणि का प्राण अपाना। जठराग्नि पाचक विधिनाना।।

मैं अन्तर्यामी सकल उर बासी। मैं बुद्धिरूप सकल भ्रम नाशी।।
मैं ज्ञान स्मृति अपि अपोहन। पार्थ सकल भ्रम करूं दोहन।।

दो0—वेद मेरा हीं खोज करे मैं वेद वेदान्त का रचनाकार।
ज्ञान कर्म भक्ति मुझसे मैं सकल जगत आधार।8।

जगत पुरुष के हैं द्विभेदा। नित्य अनित्य कहत है वेदा।।
देह अनित्य आत्मा अविनाशी। दोनो पुरुष सकल भूतबासी।।
एक पुरुष दोनो से उत्तम। वेद जिसे कहता पुरूषोत्तम।।
सकल लोक का पालनहारा। जग अविनाशी भगवान पुकारा।।
नित्य आत्मा से मैं अपि उतम। परमात्मा आदि देव पुरूषोत्तम।।
अनित्य मूल जड़ से मैं अतिता। सर्वदा नित्य पुनीत प्रतीता।।
पुरूषोत्तम वेदान्त प्रतिष्ठित। सकल जगत है उनमें स्थित।।
तत्वज्ञानी मुझे पुरूषोत्तम जाने। करे भजन मुझको सन्माने।।
सर्वज्ञ भजन करे नित मोरा। जिससे मिटे अज्ञान अतिघोरा।।
ईश्वर के ईश्वर जान नरोत्तम। मैं सृष्टि रचनाकार पुरूषोत्तम्।।

दो0—रहस्य युक्त अपि गोपनीय शास्त्र का समझो अर्थ।
जिसे जान हो ज्ञानवान अपि सब प्रकार कृतार्थ।9।

।।इति पंचदश अध्याय।।

श्रीमद्भगवद्गीता पंचदश अध्याय

—: भावार्थ :—

श्रीमद्भगवद् गीता का पंचदश अध्याय पुरूषोत्तमयोग के नाम से जाना जाता है। इस अध्याय में कुल २०श्लोक हैं। अध्ययन के सुविधा के लिए इसे ४ भागों में बाँटा जा सकता हैं ।

१. **संसारवृक्ष (श्लोक१—६)** :—श्री भगवान बोले, यह संसार एक वट वृक्ष के समान है। जिसका मूल उपर की ओर है , तथा इसके तना से भी अनेक अतिमूल प्रकट हुये हैं। परमेश्वर इस संसार वृक्ष का मूल है। इसके मुख्य शाखा ब्रह्म रूप अविनाशी है। वेद की ऋचाए अथवा ज्ञान इसके पते हैं। वेद के तात्पर्य को जानने वाला वेद के श्लोकों के अर्थ से भ्रमित नही होते हैं। इस संसारवृक्ष को त्रिगुण रूपी जल सिंचता है, एवं इससे फूटने वाली कोपले विषय और भोग हैं। तथा मुख्य शाखा के अलावा शाखायें देव, मनुष्य एवं त्रियंक योनी के रूप में सर्वत्र फैली हुई हैं। मनुष्यलोक में बाँधने वाली अहंता—ममता और वासनारूप जड़े नीचे और उपर सर्वत्र व्याप्त हो रही है।

इस संसाररूप वृक्ष का स्वरूप विचार में नही आता क्योंकि यह अंन्तहीन है।इसके अतिमूल और अन्य शाखये इस प्रकार फैली हैंकि मुख्य मूल परमेश्वर और मुख्य शाखा ब्रह्म को पहचानना मुश्किल है।इसलिये अतिमूल एवं अन्य शाखायों को वैराग्यरूपी शास्त्र द्वारा काटकर ही परमेश्वर को प्राप्त किया जा सकता है। आदिपुरुष नारायण के शरण में गये पुरुष मुक्त हो जातें हैं। जिसने आसक्ति रूपी दोष को जीत लिया है। जिनकी परमात्मा के स्वरूप में नित्य स्थिति है। तथा सुख–दूःख नामक द्वन्द्वो से मुक्त पुरुष अविनाशी परमपद को प्राप्त होते है। जिस परमपद को प्राप्त कर पुरुष लौटकर संसार में नही आता वहीं मेरा परमधाम है, जो स्वयंप्रकाशित है, अतः इसे सुर्य–चन्द्र –अग्नि प्रकाशित नही करता है।

२. ***जीवात्मा का विषय(श्लोक ७–११)*** :–इस देह में जीवात्मा मेरा ही सनातन अंश है। जो प्रकृति में स्थित मन और इन्द्रिये कों आकर्षित करती है। वायु सुगन्ध के स्थान से सुगन्ध को जिस प्रकार ग्रहण करता है, वैसे हीं जीवात्मा मन सहित इन्द्रियों को ग्रहण कर नुतन शरीर में प्रवेश करता है। जीवात्मा ज्ञानेन्द्रिय और मन के सहारे विषयों का सेवन करता है। शरीर को छोड़ते हुये अथवा विषयों का सेवन करते हुए अज्ञानी जीवात्मा को नही जानतें परन्तुज्ञानी अपनी विवेक से जीवात्मा के तत्त्व को अच्छी प्रकार से समझतें हैं, यत्नशील योगीजन आत्मा को तत्त्व से जानतें हैं।परन्तुजिसने अपना अन्तःकरण शुद्ध नही किया है,वे यत्न करने पर भी आत्मा को नही जान पाते हैं ।

३. परमेश्वर का स्वरूप (श्लोक १२–१५) :–सूर्यसहित सम्पूर्ण जगत में व्याप्त तेज का मौलिक श्रोत मैं ही हूँ। मैं ही पृथ्वी की धारणशक्ति, वनस्पतियों को पुष्ट करनेवाला अमृतमय चन्द्रमा का रस भी मेरा ही स्वरूप है। मैं ही प्राणियों का प्राण हूँ, तथा मैं हीं अग्निरूप होकर चार प्रकार से अन्न को पचाता हूँ। मैं ही सब प्राणियों के हृदय में अन्तर्यामीरूप से स्थित हूँ। तथा मुझसे ही स्मृति, ज्ञान और विचार होता है। सब वेदों के द्वारा जानने योग्य मैं ही हूँ। वेदान्त का कर्ता और वेदों को जानने वाला मैं ही हूँ।

४. क्षर, अक्षर पुरूषोतम का बिषय (श्लोक १६–२०) :–इस संसार में नाशवान और अविनाशी दो प्रकार के पुरुष हैं । इनमें सम्पूर्ण भूतप्राणियों के शरीर तो नाशवान है, परन्तु जीवात्मा को अविनाशी कहा जाता है। इन दोनो से भी उत्तम पुरुष संसार का धारण पोषण करता है उसे अविनाशी परमात्मा अथवा परमेश्वर कहा जाता है। क्योंकि मैं नाशवान और जड़वर्ग–क्षेत्र से सर्वथा

अतीत हूँ, और अविनाशी जीवात्मा में भी उत्तम हूँ इसलिये मैं वेदों में पुरूषोत्तम नाम से प्रसिद्ध हूँ। हे अर्जुन! जो ज्ञानी मुझको तत्त्वसे पुरूषोत्तम जानता है वह सर्वज्ञ निरंतर मुझको ही भजता है। इस प्रकार यह अति रहस्ययुक्त गोपनीय शास्त्र मेरे द्वारा कहा गया इसको जानकर मनुष्य ज्ञानवान और कृतार्थ हो जाता है।

तत्व विवेचना

पिछले अध्याय में त्रिगुण के बारे में चिंतन किया गया तो एक बात उभरकर आई कि त्रिगुणातीत होने के लिए आत्मज्ञान का होना अति आवश्यक है। आत्मज्ञान का अर्थ है परमात्मा को जानना। जब परमात्मा ही परमपिता है तो जिस प्रकार हम अपने पिता के बारे में जानतें है उसी प्रकार परमपिता भी ज्ञान में आना चाहिए। परन्तु ऐसा नही हो पाता क्योंकि कई कारणों से हम भ्रमित हो जाते हैं। इस अध्याय में इस भ्रम को एक रूपक के द्वारा प्रस्तुत किया गया है। इस रूपक में कहा गया है कि यह संसार एक वट् वृक्ष (जिसमें कोपले फूटकर एक अलग मूल का ही स्वरूप धारण कर लेतें हैं)के समान है, परन्तु इसका मूल उपर की ओर है जबकि इसके तने और पतियाँ, फल इत्यादि नीचे है।इसे प्रकृति त्रिगुण रूपी जल से सिंचती है, वेद अथवा ज्ञान इसके पते है । जब त्रिगुण रूपी जल इसे सींचती है ,तो इस बृक्ष से निकलने वाली कोपले बासना रूपी जड़ के रूप में प्रस्फूटित होती है। ऐसा देखा जाता है कि जब कोई वट् बृक्ष अधिक पूरानी हो जाती है तो ,उसके प्रमुख जड़ और वैकल्पिक जड़ में अन्तर करना मुश्किल हो जाता है।

इस रूपक के द्वारा यह बताने की कोशिश की गई है कि मुख्य जड़ तो परमपितापरमेश्वर के ओर इकिंत करता है, परन्तु जब वैकल्पिक जड़ भी मौलिक जड़ के समान प्रतीत हों तो भ्रम होना स्वभाविक है। इसी भ्रम के कारण मनुष्य विषय वासना में उलझकर रह जाता है,और परमज्ञान अर्थात् आत्मज्ञान से बंचित रह जाता है। आत्मज्ञान पाने के लिए वैराग्य आवश्यक है। भरतीये मुनियों ने वैराग्य की तुलना कमल के फूल और पते से की है। जो रहता तो जल में है । परन्तु वह जल से अलिप्त होता है। अतः अगर हम परमपिता परमेश्वर के शरण में जाकर मुक्त होना चाहतें हैं , तो हमें उसी दिशा में प्रयत्न करना होगा।जहाँ भक्ति और वैराग्य के द्वारा ज्ञान की प्राप्ती हो, इससे हमारा ज्ञान उस ओर अग्रसर होगा जहाँ हमारे अन्दर वह ज्ञान उत्पन्न होगा जो वैकल्पिक जड़ और मौलिक जड़ में अन्तर करने में

सक्षम हो, इसे ही आत्मज्ञान कहते हैं ।व्यवहारिक जीवन में कर्म, ज्ञान और भक्ति को अलग करना असंभव है,लेकिन अगर कोई भी कर्म अपने ज्ञान के द्वारा प्रभु की सेवा (प्रेम)मानकर किया जाता है,तो कर्म ही भक्ति का स्वरूप ले लेता है,और प्रभु अर्थात् परमपिता के सानिध्य प्राप्त करवाता है। कुछ संतों ने कहा है कि प्रेम कर्म ओर ज्ञान भक्त के जीवन के तीन मुख्य स्तम्भ हैं,जो भक्त को हमेशा गिरने से बचातें हैं। साथ ही साथ वे परमात्मा के समीप पहूँचाने में मदद भी करते हैं। अतः आत्मज्ञान प्रेम, कर्म और ज्ञान का मिश्रित रूप हैं ।

आत्मज्ञान = परमपिता से प्रेम +परमपिता के लिए कर्म + अहंकारशुन्य ज्ञान

इस अध्याय के अन्त में यह बताया गया है कि इस संसार में अविनाशी और नाशवान दो प्रकार के प्राणी हैं । परमपिता परमेंश्वर दोनों प्रकार के प्राणीयों से उत्तम हैं, क्योंकि वे ही दोनों प्रकार के प्राणियों का भरण पोषण करते हैं। इसलिए वेद उन्हें पुरूषोत्तम की संज्ञा देते हैं। इसका अभिप्राय हैं कि, सनातन धर्म में अद्वैत का अधिक महत्व है,तथा पुरूषोत्तम अद्वैत रूप का ही द्योतक है। व्यवहारिक जीवन में हमारा लक्ष्य पुरूषोत्तम के समान है,परन्तु लक्ष्य प्राप्ती के मार्ग में अनेक भ्रम रूपी उपमूल और उपशाखा मौजुद रहते है। ऐसी स्थिती में लक्ष्य की प्राप्ती अत्यन्त कठीन हो जाती है। ये उपमूल और उपशाखा का अभिप्राय हमें सचेत करने का है । उपमूल और उपशाखा सुनी सुनाई बातों के समान हैं , जो सत्य के समान प्रतीत होता है तथा हमें कदम कदम परभ्रमित करता है।।

श्रीमद्भगवद्गीतापंचदश अध्याय

उपसंहार

इस अध्याय में बस्तुतः आत्मज्ञान के माध्यम से पुरूषोत्तम तक पहूँचने के मार्ग के बारे में चिंतन किया गया है। इससे यह तो स्पष्ट हो गया कि अगर पुरूषोत्तम अर्थात परमसत्य तक पहूँचने की इच्छा हो तो आत्मज्ञान ही परम सत्य तक पहूँचने का मार्ग प्रसस्थ करता है।

एक स्वभाविक जिज्ञासा होती है कि इस सुन्दर संसार में जब हम सुखपूर्वक रह सकते है तो परमपिता परमेश्वर तक पहूँचने की इच्छा ही उत्पन्न क्यो एवं किसे होती है?इसी जिज्ञासा का चिंतन आगे के अध्याय में किया गया है ।

–ःऊँ तत् सतः–

षोड़श अध्याय
दैवासुरसम्पद्विभाग योग

श्रीमद्भगवद्‌गीता षोड़श अध्यायएक दृष्टि	
कुल श्लोकों।की संख्या	२४
कुल श्लोक (श्री कृष्ण)	२४
कुल श्लोक (अर्जुन)	0
कुल श्लोक (धृतराष्ट्र)	0
कुल श्लोक (संजय)	0
मूल विषय	**प्रारब्ध सम्पदा**

श्री गणेशाय नमः

श्लोक

मनोजगर्वमोचनं विशाललोललोचन।
विधूतगोपशोचनं नमामि पद्मलोचन।।
करारविन्दभुधरं स्मितावलोकसुन्दर।
महेन्द्रमानदारणं नमामि कृष्णवारणम्।।

दो0—प्रारब्ध प्राप्त जीव सम्पदा जानो पार्थ धीमान।
दैवी आसुरी सम्पदा कहे जिसे वेद विज्ञान।1।

इन्द्रियदमन दान यज्ञ ध्याना। लोभमुक्त सहृदय धिमाना।।
निर्भय शान्त विगत अभिमाना। स्वध्यायलीन रहे विधी नाना।।
स्वधर्मपालन योग व्यवस्थित। करे सत्‌कर्म प्रभु प्रेमस्थित।।
अहिंसक सत्यवादी अक्रोधी। सरलबुद्धि मन विचलन रोधी।।
दयावान अनासक्त सत्‌चारी। धैर्य क्षमा तेज शुद्धता धारी।।
रहे अविचलित आये जब विपदा।यही पार्थ है दैवीय सम्पदा।।
दम्भ घमण्ड़ क्रोध अभिमाना। अज्ञानी करे निन्दा विधि नाना।।
यहीमनुज की आसुरी सम्पदा।अत्याचारी पाए जग विपदा।।
दैवीसम्पदा दे मुक्तिअभिनन्दन।आसुरीसम्पदा करे जगबन्धन।।
प्रारब्ध पार्थ तव दैवीसम्पदा। शोक न कर मिटा मन विपदा।।

दो०—दो भाँती की सम्पदा से भरी पूरी जग सृष्टी।
दैवी सम्पदा मुक्त करे आसुरी अपावन दृष्टि।2।
दो०—दैवी धन विस्तार कहा सुनो आसुरी पहचान।
मिथ्याभाषी अत्याचारी हो शोक युक्त अज्ञान।3।
दो०—आसुरी सम्पदायुक्त हो अशुद्ध आचरण हीन।
प्रवृति निवृति ज्ञान नही अपि विचार से दीन।4।

आश्रयरहित है यह जग सारा। हे पार्थ यही आसुरी विचारा।।
ईश्वर का अस्तित्त्व न कोई।प्रकृतिजनित जगत सब होई।।
जग जब संयोग करे नर नारी। स्वयं उत्पन्न हो सृष्टी सारी।।
अवलम्बन करे मिथ्या ज्ञाना। जगतनाश क्रुर कर्म नाना।।
वह मन्दबुद्धि जगत्अपकारी।ईश्वर उपहास करे अपि भारी।।
काम को समझे सुखसाधना।दम्भीअभिमानी न करे अराधना।।
दुष्पूरक कामना का ले आश्रय।आचरणभ्रष्ट हो सदा निराश्रय।।
मिथ्या सिद्धान्त जग में फैलाये। करे कामपुरण हेतु अन्याय।।
विषय भोगरत रहे मृत्युपर्यन्ता। अशान्तचित्त के काम अनन्ता।।
कामभोगार्थ करे संचय नाना।करे अन्याय कुचेष्टा अधिमाना।।
अनन्त आशा पडे जगबन्धन। असुर वहीं जग कुन्तीनन्दन।।

दो०— आज अर्जित कल अर्जन इच्छा नही मनोरथ अन्त।
आज हना कल अपि हनुगाँ बनने को धनबन्त।5।
दो०—मैं ईश्वर सब भोग मेरा सिद्धि युक्त बलवान्।
धनी कुटुम्बबली जग में कोई न मेरे समान।6।
दो०—आमोद प्रमोद अधिकार मेरा दूसरे दया अधीन।
यज्ञ दान अहंकारबस जाने जग समीचिन।7।
दो०—नीति विरूद्ध कर्म सदा अज्ञानी मोह फँस जाए।
अति आसक्त ही असुर है सदा नरक ही जाये।8।

अहंकारी क्रोधी कामआसक्ता। छली लोभीपाखण्ड़ी अभक्ता।।
अन्तर्यामी प्रभू से करे विद्वेषा।बिन कारण नित करे क्लेशा।।
निज धर्म को अतिश्रेष्ट बखाने। दूजा धर्म कभी ना सन्माने।।
परकार्य सदैवदोष निहारे। अहंकारी द्वेषी पाप आचारे।।
क्रूर नराधम जन्मे बारंबारा। पाए वह आसुरीयोनी संसारा।।
आसुरीवृति बन्धन का कारण। बारंबार योनी आसुरी धारण।।

होय मूढ़ कवहूँ नही मुक्ता। जीवन बने सदा शोक युक्ता।।
करे कर्म नीच यही संसारा। भवसागर भटके पाये न पारा।।
अस प्राणीको कवहूँ ना शान्ति। अज्ञान बढ़े रहे चित्त भ्रन्ति।।
लोभक्रोध कामासक्ति संसारा। यही त्रिदोष नरक मुख्य द्वारा।।

दो0— चाहे सुख समृद्धि शांती सिद्धि जगत उद्धार।
त्याग त्रिदोष कर्तव्यकर्म करहो भवसागर पार।9।
दो0— शस्त्रविरूद्ध कर्म मनमानी सुखशान्ति न पाए।
त्रिदोषमुक्त शुद्ध आचरण परमधाम नर जाए।10।
दो0—कर्तव्य अकर्तव्य कर्म को शास्त्र सिद्ध प्रमाण।
शास्त्र नियत कर्म करे मनुज बनते जगतमहान।11।

।।इति षोडश अध्याय।।

श्रीमद्भगवद्गीता षोडश अध्याय

भावार्थ

श्रीमद्भगवद् गीता का षोडश अध्याय दैवासुरसम्पद्विभाग योग के नाम से जाना जाता है। इस अध्याय में कुल २४ श्लोक हैं। अध्ययन के सुविधा के लिए इसे ३ भागों में बाँटा जा सकता है।

*१. **दैवी और आसुरी सम्पदा (श्लोक१—५)** :—श्री भगवान बोले अभय, निर्मल, घ्यानयोगी, जितेन्द्रीय, स्वधर्मपालन के लिय कष्ट सहन,शास्त्र निमित यज्ञकर्ता, गुरुजनों का सेवक, अहिंसक, यथार्थप्रिय,अक्रोधी, निराभिमानी, शान्तचित्त, अनिन्दक, दयावान, अनासक्त, तेजवान, धैर्यवान, इत्यादि शुभलक्षणयुक्त दैवी सम्पदा को लेकर उत्पन्न हुये पुरूषों के लक्षण है। दम्भ, घमण्ड, अभिमान क्रोध, निर्दयता, अज्ञानादि आसुरी सम्पदा लेकर उत्पन्न हुए पुरुष के लक्षण है। दैवी सम्पदा मुक्ति के लिए और आसुरी सम्पदा बन्धन के लिये मानी गई है। हे अर्जुन ! तुझे शोक करने की आवश्यकता नही है,क्योंकि तुम दैवी सम्पदा लेकर उत्पन्न हुए हो।*

*२.**आसुरी सम्पदावालों के लक्षण(श्लोक ६—२०)** :—इस लोक में मनुष्य दो ही प्रकार के हैं, एक तो दैवी प्रकृति वाले तथा दुसरा आसुरी प्रकृति वाले। आसुरी प्रकृति वाले न तो प्रवृति को जानते हैं और न तो निवृति को जानतेहैं। इसलिये उनमे न तो बाहर —भीतर की शुद्धि है, न श्रेष्ठ आचरण है और न तो सत्य भाषण ही है। उनका मानना होता है, कि जगत*

आश्रयरहित, असत्य और बिना ईश्वर के अपने आप केवल नर–नारी के संयोग से उम्पन्न है। अर्थात् काम के अलावा संसार में कुछ भी नही है। इस प्रकार का मिथ्या ज्ञान के कारण उनका स्वभाव नष्ट हो गया है। इनकी बुद्धि मन्द है । वे सबका अपकार करनेवाले क्रूरकर्मी जगत के विनाश के लिए समर्थ होते है। वे दम्भ, मान और मद से युक्त मनुष्य किसी प्रकार भी पूर्ण न होनेवाली कामनाओं का आश्रय लेकर अज्ञानजनित मिथ्या सिद्धान्तों को ग्रहण करके भ्रष्ट आचरणों को धारण करके संसार को भ्रमित करते है। वे मृत्युपर्यन्त असंख्य चिन्ताओं से परेशान रहतेहै। तथा वे विषय भोग को ही परम सुख मानतें हैं। वे आशा के असंख्य पाशों में बँधे हुए काम– क्रोध के परायण होकर विषय भोगों के लिए अन्यायपूर्वक धनादि पदार्थों का संग्रह करने की चेष्टा करते हैं । वे सोचा करते हैं कि, आज मैने यह प्राप्त कर लिया है और अब इस मनोरथ को प्राप्त कर लूँगा। मेरे पास आज इतना धन है, और फिर और बढ़कर ज्यादा हो जायेगा। वह शत्रु मेरे द्वारा मारा गया और मैं अन्य शत्रुयों को भी मार डालूँगा। मैं ही ईश्वर हूँ मैं सारे सिद्धियोसे युक्त हूँ। मैं बलवान और सुखी हूँ। मैं धनी हूँमैं बड़े कुटुम्बवाला हूँ। मेरे समान दूसरा कोई नही है। मैं यज्ञ करूँगा, दान करूँगा, आमोद प्रमोद करूँगा। इस प्रकार के अज्ञान से भ्रमित विषयभोगों में अत्यन्त आसक्त आसुरी प्रवृति के लोग नरक में गिरते हैं। वे लोग अपने–आप को ही श्रेष्ठ माननेवाले घमण्डी धन और मान के मद से युक्त होकर केवल नाममात्र के यज्ञों के द्वारा पाखण्ड से शास्त्रविधिरहित यजन करते है। वे अहंकारी, बल, घमण्ड़, कामना, क्रोधादि के परायण और दूसरों की निन्दा करनेवाले पुरुष अपने और दूसरों के शरीर में स्थित मुझ अन्तर्यामी से द्वेष करनेवाले होते हैं ।उन द्वेष करनेवाले पापाचारी और क्रूरकर्मी नराधमों को मैं संसार में बार–बार आसुरी योनियों में ही डालता हूँ। हे अर्जुन ! वे मूढ़ मुझको न प्राप्त होकर बार–बार आसुरी योनी को प्राप्त होते हैं,फिर उससे भी अति नीच गति को ही प्राप्त होते हैं अर्थात् घोर नरक में पड़ते हैं ।

३. शास्त्रानुकूल आचरण की प्रेरणा (श्लोक २१–२४) :–काम, क्रोध तथा लोभ – ये तीन प्रकार के नरक के द्वार हैं। जो आत्मा का नाश करनेवाले तथा अधोगति देनेवाले हैं । अतएव इन तीनों को त्याग देना चाहिये। इन तीनों से मुक्त पुरुष अपने कल्याण का आचरण करता है, और परमगति को प्राप्त होता है।जो शास्त्रविधि को त्यागकर मनमाना आचरण करता है, वह न तो सिद्धि को प्राप्त करता है और न परमगति को और न सुख को। अतः तेरे

लिये कर्तव्य और अकर्तव्य की व्यवस्था में शास्त्र ही प्रमाण है। तु ऐसा जानो कि शास्त्रविधि से नियत कर्म ही करनेयोग्य है।।

–:तत्व विवेचना:–

अगर ध्यान देकर पढ़ा जाये तो अध्याय एक से लेकर अध्याय १५ तक में जीवन में सनातन धर्म का मर्म (परमपिता परमेश्वर का सानिध्य– परमानन्द की प्राप्ति) को प्राप्त करने का मार्ग बतलाया गया है। जो निष्काम कर्म के द्वारा प्रसस्त होने का अद्‌भुत मार्ग है। परन्तुसाधारण मानस पटल पर यह विचार आता हैकि लोग सनातन धर्म के मार्ग पर चलकर परमपिता परमेश्वर को क्यों प्राप्त करे। साथ ही साथ एक बात और साधारण लोगों को भ्रमित करता है कि संसार में वैसे कौन लोग है , जो सांसारिक सुख से ज्यादा परमपिता परमेंश्वर का सानिध्य चाहतें हैं? साधारण मानव के इसी जिज्ञासा पर चिंतन इस अध्याय में किया गया है।

जैसा कि तेरहवें अध्याय में मानव शरीर को क्षेत्र बताया गया है तथा जैसे क्षेत्र का मुल्यांकन उसके उपज से होता है, वैसे ही मानव जीवन के मूल्यांकन के लिए भी कोई पैमाना का होना आवश्यक है। व्यवहारिक रूप से जीवन में जो कर्म करके हम धन इक्कठा करते हैं,उसे इसी संसार छोड़कर जाना पड़ता है। परन्तु परमार्थ के लिये किये गये कर्म, जीवन में अनुभवसिद्ध सद्‌गुण, एवं सद्‌वृतियाँ हमारे साथ जातीं हैं और इसे हम दैवी सम्पदा के नाम से जानतें हैं। इसके विरूद्ध जीवन में किये गये स्वार्थ हेतु कुकर्म, दूर्वृतियाँ एवं दूर्गुण भी हमारे साथ होते हैं, जिसे हम आसुरी सम्पदा के नाम से जानतें हैं। पुनर्जन्म के बाद जीवन भर प्ररब्ध से अर्जित सम्पदाओं के बीच संधर्ष चलता रहता है। इसी संधर्ष को हम धर्मक्षेत्र का संधर्ष कहतेहैं, जिसका परिचय श्रीमद्भगवद्‌गीता के प्रथम अध्याय के प्रथम श्लोक में दिया गया है। जिस प्रकार कुरूक्षेत्र में युद्ध की तैयारी कौरव और पाण्ड़व के बीच है। ठीक उसी प्रकार का युद्ध दैवी और आसुरी सम्पदा के बीच मानव के मन में जीवनभर चलता रहता है। अतः हमारे अन्तःकरण में एक ओर सद्‌गुण और दूसरी ओर दूर्गुण मोर्चा बाँधे युद्ध के लिय हमेशा तैयार रहता है, दोनों सेनाओं का एक –एक सेनापति होता है, सद्‌गुणों का सेनापती को अभय कहते हैं। तथा दूर्गुणों के सेनापति भय के रूप में विद्यमान होता है। अभय अपनी सेना को तीन मुख्य शस्त्र 1. सत्य, 2. अहिंसा, 3. नम्रता से सुसज्जित रखता है, जबकि दूर्गुण की सेना

1. दंभ, 2. अज्ञान एवं 3. क्रोध नामक तीन प्रमुख शस्त्रों से सुसज्जित रहती है। इस प्रकार जीवन के समरस्थल धर्मक्षेत्र में दो सेनायें मुस्तैदी से हर पल तैयार खड़ी रहती हैं।

जीवन में अहिंसा का एक विकृत रूप दृष्टिगोचर होता है कि, अहिंसा व्रत को धारण करनेवाले मरना पसंद करते हैं परन्तु हिंसा करना पसंद नही करते। जैसा की प्रथम अध्याय में जब अर्जुन के मन में हिंसा और अहिंसा का विचार आता हैं, तो वे अहिंसा को धर्मसम्मत मानकर युद्ध को छोड़ना श्रेष्यकर समझते हैं। परन्तुहमारे लौकिक जीवन में अहिंसा का अर्थ कमजोरी माना जाता है । राष्ट्रकवि रामधरी सिंह दिनकर अहिंसा का प्रतिफल क्षमा को मानते है, और अपना उद्‌गार भीष्म पितामह और अर्जुन के संवाद के माध्यम से व्यक्त करते हुए कहते हैं कि:

क्षमा,दया, तप, त्याग,मनोबल सबका लिया सहारा।
पर नरव्याध्र सुयोधन तुमसे कहो कहाँ कब हारा ?

क्षमाशील हो रिपु –समक्ष तुम विनित हुये जितना ही।
दुष्ट कौरवों ने तुमको कायर समझा उतना ही।।
अत्याचार सहन करने का कुफल यही होता है।
पौरूष का आतंक मनुज कोमल होकर खोता है।।
क्षमा शोभती उस भुजंग को जिसके पास गरल हो।
उसको क्या जो दन्तहीन विषरहित विनीत सरल हो।।

इसका सामान्य संदेश हैं कि अगर कमजोर लोग अहिंसा की बात करते हैं। तो यह हास्यास्पद है,अहिसा भी वीरो का पहचान है, भारतवर्ष में ऐसे अनेको उदाहरण हैं जिसमें हमने अहिंसा के व्रत को धारण करने के चक्कर में अपने पीढ़ियो को गुलामी के जंजीर में जकड़ दिया। सच तो यह है कि वीर जब अहिंसक होतें हैं, तव ही हिंसा पर विजय प्राप्त कर पाते है। क्योकि हिंसा से हिंसा पर विजय प्राप्त नही किया जा सकता है। संसार में कई युद्ध लड़े गये परन्तु परिणाम विनाश के अतिरिक्त कुछ भी नही मिला।

सत्य तो यह हैं कि दैवी सम्पदायुक्त मनुष्य अगर हिंसा भी करता है तो समाज को आसुरी प्रभाव से बचाने के लिये। और ऐसा युद्ध धर्मयुद्ध कहलाता है, अहिंसा का अर्थ होता है, कि किसी को मन, वाणी या कर्म से नुकसान न पहुँचाया जाये परन्तु मन ,कर्म ,वाणी से नुकसान पहुँचाने वालों से समाज की रक्षा करना भी वीरों के लिये अहिंसा के ही श्रेणी में आता है।

अब हमें आसुरी सम्पदा को जानना पड़ेगा क्योंकिबिना आसुरी सम्पदा के पहचाने हम उसे अपने से दूर कैसे कर सकते हैं। आसुरी सम्पदा का प्रतिफल हैं : काम, क्रोध और लोभ।

इस अध्याय में यह संदेश है कि मनुष्य को दैवी सम्पती को बढ़ाना चाहिए एवं आसुरी सम्पती के प्रभाव से दूर रहना चाहिए। इस संदेश के अनुसार जो अपने प्रारब्ध से दैवीसमपदायुक्त होता है। अर्थात् जो अपने प्रारब्ध के कारण आसुरी सम्पदा की तुलना में अधिक दैवी सम्पदा (सत्य, अहिंसा, नम्रता इत्यादि) धारण करता है। वह अपनी दैवी सम्पदा को बढ़ाना चाहता है जिसका परिणाम होता है, उसका परमपिता परमेश्वर के शरण में जाने की उत्कट जिज्ञासा होती है। परन्तु जो अपने प्रारब्ध के कारण दैवी सम्पदा की तुलना में अधिक आसुरी सम्पदा (काम, क्रोध, लोभ इत्यादि) धारण करता है वह अपनी आसुरी सम्पदा को बढ़ाना चाहता है, जिसका परिणाम होता है उसका सासांर के प्रति आसक्ति।

उपसंहार

इस अध्याय में इस जिज्ञासा पर चिंतन किया गया है कि, कौन लोग सासांरिक कर्मो में लिप्त होते है, एवं कौन लोग सासांरिक जीवन से विरक्त होते हैं। इससे यह तो प्रमाणित हो जाता है,कि प्रारब्ध के कारण अलग–अलग लोगों का झुकाव अलग– अलग होता है। किसी का झुकाव संसार के प्रति होता है, तो किसी का झुकाव परमात्मा के प्रति।

साधारण लोगों को इस जिज्ञासा का होना स्वभाविक है कि जब प्रारब्ध ही मानवीय झुकाव को निश्चत करता है, जो फिर शास्त्रोक्त विधियाँ क्या हैं? जिसके बारे में कहा जाता है, कि शास्त्रोक्त विधि से जीवन यापन करने से मोक्ष की प्राप्ती होती है। आगे के अध्याय में मानव के इसी जिज्ञासा का समाधान है।

–ःऊँ तत् सतः–

सप्तदश अध्याय
श्रद्धात्रयविभाग योग

श्रीमद्भगवद्गीता सप्तदश अध्याय एक दृष्टि	
कुल श्लोकों।की संख्या	२८
कुल श्लोक (श्री कृष्ण)	२७
कुल श्लोक (अर्जुन)	१
कुल श्लोक (धृतराष्ट्र)	0
कुल श्लोक (संजय)	0
मूल विषय	**शास्त्रोक्त विधान**

श्री गणेशाय नमः

पद्यानुवाद

श्लोक

गुणाकरं सुखाकरं कृपाकरं कृपापर।
सुरद्विषनिकन्दनं नमामि गोपनन्दन।।
नवीनगोपनागरं नवीनकेलिलम्पट।
नमामि मेघसुन्दरं तडित्प्रभालसत्पटम्।।

दो0—शास्त्र विधि त्यागी करे सुमिरण श्रद्धा के साथ।
रजस तमस सात्विकी कैसी यह श्रद्धा है नाथ।1।
दो0—कहे कृष्ण शास्त्र परे स्वभावजा श्रद्धा है तीन।
सात्विकी राजसी अरू तामसी जाने वेद प्रवीण।2।

श्रद्धा नही है शास्त्र आधारित। श्रद्धा सकल प्रारब्ध सवाँरित।।
श्रद्धा सदैव हो आत्मअनुरूपा।जस श्रद्धा तस पाये स्वरूपा।।
सात्विक श्रद्धा आश्रय देवपूजा।आचरणशुद्ध विश्वास न दूजा।।
राजस श्रद्धा पूजे राक्षस यक्षा। करे सदा सुख काम की ईच्छा।।
तामसी करे भूत प्रेत अराधन। भ्रमित आलसी माँगें साधन।।
शास्त्रविरूद्ध तप मनकल्पित। करे कामासक्त कर्म संकल्पित।।
शास्त्रविरूद्धयज्ञ तप दर्शन। दम्भजनित अभिमान प्रदर्शन।।

अज्ञानी शास्त्र विरूद्ध उपवासा।हो धर्म हानि करे देह नाशा।।
कल्पित यज्ञ हेतु करे कृश देहा। पाखण्ड यही नही प्रभू नेहा।।
अन्तःकरण परमात्म निवासा। कृश परमात्म न पूर्ण हो आशा।।
नाना पाखण्ड़ न ईश्वर भावा। यही अज्ञानी असुर स्वभावा।।

दो0—ज्ञानार्जित प्रकृतिस्वरूप होता जप तप दान।
सात्विक राजसी तामसी प्रकृतिनुसार पहचान।3।
दो0—भोजन के अपि तीन रूप निज प्रकृति अनुसार।
प्रकृतिनुसार भोजन रूचे भोजन प्रभाव व्यवहार।4।

जग सरस पुष्टकारी आहारा।सात्विक भोजन शुद्धविचारा।।
रसयुक्त स्थिर अपि प्रीतिकारी। स्वस्थ रखे चित देह हमारी।।
कटु खट्ठा उष्ण हरता आयु। असंतुलित करे कफपीत वायु।।
अस भोजन राजस कहे लोगा।बढ़े अप्रीति चिन्ता अरू रोगा।।
अर्द्धसिद्ध निरस अरू बासी। अशुद्ध जुठन तामस भोजराशि।।
शास्त्रोक्त विधि अनासक्त कर्मा। रखे सेवा भाव निर्वाहे धर्मा।।
जन प्रसन्न बढ़े अगजग नेहा। अस यज्ञ सात्विक विगत संदेहा।।
जो यज्ञ भाव हो भौतिक बृद्धि। करे दम्भ अभिमान की सिद्धि।।
असयज्ञ पार्थ राजस प्रकारा।निज स्वार्थहित करे बिचारा।।
तामस यज्ञ शास्त्रविधिहीना।बिनश्रद्धा कल्पित मात्र प्रविणा।।

दो0—न वेदमंत्र का उच्चारण नही पुरोहित दक्षिणा।
तामस यज्ञ है श्रद्धाहीन कल्पित प्रदक्षिणा।4।

देवद्विज गुरु ज्ञानी पुजा। जनक जननी अपि देव है दुजा।।
सरल अहिंसक पवित्र ब्रम्हचारी।अस मनुज सात्विक तप धारी।।
पठनपाठन वेद शास्त्र अभ्यासा।परमेश्वर नाम जप हरे निराशा।।
अनुद्वेगकर प्रियबचन अनुशासीत। वाणीतप यथार्थ जगभाषित।।
मन प्रसन्न भगवतचिन्तन पुष्टी।मनतप सरलस्वभाव सन्तुष्टि।।
मनतप तनतप अरू तपबचना।यही हैसात्विक तप संरचना।।
स्वार्थ दम्भ पाखण्ड़ जनित तप।करे सम्मान हेतु मिथ्याजप।।
अस तप फल रहे अनिश्चिता। राजस तप हेतु निज हिता।।
पीडित करे निज देहमन वाणी। हठी मूढ़ करे सकल नादानी।।
पर अनिष्ट की रखे मन भावा। तामस तप हो फलाभावा।।

देश कालपात्रानुसार उपकारा। सात्विकदान इसे कहे संसारा।।
करे दान प्रत्युपकार फलआशा। राजस दान की यही परिभाषा।।

दो0—श्रद्धारहित दान कुपात्र को देश काल प्रतिकूल।
तामस दान यह दान है हिय उपजाय शूल।5।

ऊँ तत् सत् पार्थ मौलिक त्रिबचना।इनसे वेद ब्रम्हण यज्ञ रचना।।
ये त्रिशब्द सच्चिदानन्द नामा। जहाँ पाये अग जग विश्रामा।।
शास्त्र सम्मत् यज्ञ तप दाना। सकल कर्म परमेश्वर ज्ञाना।।
श्रेष्ठपुरुष करे जब पावनकर्मा।आरम्भ ऊँ उच्चारण सत्धर्मा।।
तत् अर्थ सबकुछ परमात्मा। अनासक्त कर्म करे महात्मा।।
यज्ञ तप दान करे कल्याणा। तत्काल मोक्षदाता कहे धिमाना।।
परमसत्य जग सत् कहलाए। दैवीय त्याग जिसका है उपाय।।
सत् सात्विक यज्ञतपदाना। कर्म ईश्वर हेतु सत् समाना।।
श्रद्धा सहित जग कर्तव्य कर्मा। सबही सत् कहे शश्वत धर्मा।।
श्रद्धारहित सब यज्ञ तप दाना। असत् कहे मुनि योगी धीमाना।।

दो0—असत् मन भ्रमित करे बढ़े जग बाद विबाद।
असत् सदा हानि करे जीवन या जीवन बाद। 6।
दो0—श्रद्धारहित यज्ञ दान तप फल चिन्ता अरू शोक।
असतकर्म निष्फल सदा इहलोक अपि परलोक।7।

।।इति सप्तदश् अध्याय।।

श्रीमद्भगवद्गीता सप्तदश अध्याय

भावार्थ

श्रीमद्भगवद् गीता का सप्तदश अध्याय को श्रद्धात्रयविभाग योग के नाम से जाना जाता है। इस अध्याय में कुल २८ श्लोक हैं । अध्ययन के सुविधा के लिए इसे ३ भागों में बाँटा जा सकता है।

*१. **श्रद्धा (श्लोक१—६) :—**अर्जुन वोले —हे कृष्ण ! जो पुरुष शास्त्रविधि को त्यागकर श्रद्धा से युक्त देवादि का पूजन करते हैं । उनकी स्थिति फिर कौन सी हैं ? सात्विकी राजसी अथवा तामसी।*

श्री भगवान बोले मनुष्यों की शास्त्र संस्कार से रहित केवल स्वभाव से उत्पन्न श्रद्धा सात्विकी, राजसी व तामसी तीनों प्रकार की हो सकती हैं । क्योंकि

श्रद्धा अन्तःकरण के अनुरूप होती हैं । इसलिये श्रद्धा भी वैसी ही होती है जैसा मनुष्य स्वयं होता है। सात्विक पुरुष देवताओं की पूजा करते हैं। राजस पुरुष यक्ष और राक्षसों की तथा तामसी पुरुष भुत–प्रेत की पूजा करते हैं। जो मनुष्य शास्त्रविधि से रहित केवल मनःकल्पित घोर तप को तपतें हैं,तथा दम्भ और अहंकार से युक्त एवं कामना, आसक्ति और बल के अभिमान से भी युक्त हैंजो शरीररूप से स्थित भूतसमुदाय को और अन्तःकरण में स्थित मुझ परमात्मा को भी कृश करते हैं। उन अज्ञानियों को तु असुर स्वभाव वाला जान।

२. **आहार, यज्ञ, तप, और दान के प्रकार(श्लोक ७–२२) :**–मनुष्य को भोजन भी अपनी –अपनी प्रकृति के अनुसार प्रिय होता है। अतः भोजन तीन प्रकार का होता है। इसी प्रकार यज्ञ, तप और दान भी तीन प्रकार के होते है।

आयु, बुद्धि, बल, आरोग्य,सुख,और प्रीति को बढ़ानेवाले, रसयुक्त,चिकने और स्थिर रहनेवाले तथा स्वभाव ये ही मन को प्रिय–ऐसे आहार करने के पदार्थ सात्विक पुरुष को प्रिय होते हैं।कड़वे, खट्टे, लवणयुक्त, बहुत गरम, तीखे, रूखे, दाहकारक,दुःख,चिन्ता और रोगों को उत्पन्न करनेवाले अहार करने के पदार्थ राजस पुरुष को प्रिय होते हैं । अधपका ,निरस, दुर्गन्धयुक्त ,बासी और उच्छिष्ट, अपवित्र भोजन तामस पुरुष को प्रिय होते है। सात्विक पुरुष यज्ञ को कर्तव्य मानतें हैं । फलों के आशा से किया जानेवाला यज्ञ राजसी पुरुष करते हैं । तथा शास्त्रविधि रहित, बिना दान, बिना मंत्रों तथा बिना श्रद्धा के किये जानेवाला यज्ञ तामस यज्ञ कहते हैं ।

देवता, ब्रह्मण,गुरु, और ज्ञानीजन का पुजन,पवित्रता,सरलता,ब्रह्मचर्य और अहिंसा शरीर–सम्बन्धी तप है। जो उद्वेग न करनेवाला, प्रिय और हितकारक एवं यथार्थ भाषण, वेद शास्त्रों का पठन–पाठन,परमेश्वर नामजाप का अभ्यास को वाणी –सम्बन्धी तप कहा जाता है। मन की प्रसन्नता, शान्तभाव,भगवत्चिन्तन करने का स्वभाव, मन का निग्रह और अन्तःकरण के भावों की भली–भॉति पवित्रता को मन सम्बन्धी तप कहा गया है। इन तीनों प्रकार के तप को सात्विक तप कहा जाता है।

जो तप सत्कार, मान,और पूजा के लिये तथा अन्य किसी स्वार्थ के लिये भी स्वभाव या पाखण्ड़ से किया जाता है, वह अनिश्चित और क्षणिक फलवाला तप राजस कहा गया है। मुढ़तापूर्वक,हठ से,मन वाणी और शरीर की पीड़ा के सहित अथवा दूसरे का अनिष्ट करने के लिये किया जानेवाला तप तामस तप कहा जाता है। देश, काल, और पात्र के अनुसार दान देना ही

कर्तव्य है, इसे किसी के प्रति उपकार नही समझा जाता है। ऐसा समझकर दियाजानेवाला दान सात्विक दान है। जो दान क्लेशपूर्वक तथा प्रत्युपकार के प्रयोजन से अथवा फल को दृष्टि में रखकर दिया जाता है,वह दान राजस है। जो दान बिना सत्कार के अयोग्य और कुपात्र को दिया जाता है, वह दान तामस है।

३. ऊँ तत्सत् के प्रयोग की व्याख्या (श्लोक २३—२८) :—ऊँ,तत् सत्ब्रह्म के ही नाम हैं ।तथा इन्ही के द्वारा सृष्टि के आदिकाल में ब्राह्मण, वेद और यज्ञ की रचना हुई। इसलिय शास्त्र नियत यज्ञ, तप और दान क्रियाये सदा परमेश्वर के नाम **ऊँ**से आरम्भ होती हैं । प्रभु के **तत् सत्** नाम के साथ कल्याण की इच्छा वाले तप और दान करते हैं। सत् का अर्थ परमात्मा के प्रति सत्य एवं श्रेष्ठ भाव हैं। बिना श्रद्धा के किया हुआ, यज्ञ, तप, और दान सब असत् है, वह न तो इस लोक में कल्याणकारी है, और न ही परलोक मे।

तत्व विवेचना

संसार में मानव जितना भी कर्म करता हैं ,उसकी कर्म प्रेरणा तीन तथ्यों से प्रभावित होती हैं:

1. हमारा शरीर
2. समाजिक संस्कार (माता—पिता, गुरु एवं समाज द्वारा प्रदत्त संस्कार)
3. भौगोलिक परिस्थिति (सृष्टि अथवा पर्यावरण)

प्रारब्ध से तो हम दैवी और आसुरी सम्पदा के साथ एवं प्राकृतिक गुण (सत्व,रजस और तमस) के साथ उत्पन्न होते हैं। जो हमारे सांसारीक कार्यो सें परिलक्षित होता है। परन्तु भारतीय वेद का मुख्य उदेश्य है, सकल मानव जाती का कल्याण। अतः ऋषि मुनियों ने वैदिक ग्रन्थों में कुछ सांकेतिक विधियॉ बताई जिसका अनुसरण कर मानव जीवन का उत्थान होता है। उनमें मुख्य हैं —यज्ञ, तप और दान। यज्ञ का सांकेतिक उदेश्य है , प्राकृतिक सम्पदा को बिना नुकसान किये जीवन को उन्नती के मार्ग पर ले जाना। जबकि दान का अभिप्राय है समाजिक कर्तव्य का पालन। तथा तप का अभिप्राय है शरीर एवं मन को स्वस्थ रखना।

जैसा की पूर्व के अध्यायों में चितन किया जा चुका है, कि प्राणी का जन्म प्रकृति के गर्भ में रहने के कारण प्राकृतिक गुणों के साथ होता है। इसलिए उन प्रकृतिक गुणों का प्रभाव भी यज्ञ, तप और दान इत्यादि में भी परिलक्षित होता है। इसलिए यज्ञ, तप और दान में से प्रत्येक तीन प्रकार

(सात्विक, राजसी और तामसी) के होते है। चुकि शरीर को स्वस्थ रखने के लिए भोजन की आवश्यकता होती है जिससे मनुष्य की रूचि अपने गुणों के प्रभाव के अनुसार अलग – अलग होती है। अर्थात् भोजन भी तीन प्रकार (सात्विक, राजसी और तामसी) का होता है। मनुष्य के प्रकृति के अनुसार उसकी रूचि होती है,जिसे श्रद्धा कहा जाता है।

हम जितने भी कर्म करते हैं। उसे ईश्वर को अर्पण करने से मुक्ति प्राप्त होती हैं। ऐसा पूर्व के अध्यायों में हम समझ चुकें हैं। इसलिये ऋषियों ने एक सांकेतिक मंत्र **ऊँ ततसत्** जैसे लोककल्याण्कारी मंत्रका प्रतिपादन किया तथा इसका प्रयोग यज्ञ, तप तथा दान के समय अभिमंत्रित करने का उपदेश दिया जिसका शाब्दिक अर्थ इस प्रकार हैं:

ऊँ (परमात्मा),**तत्** (वह जो इस सृष्टी में अलिप्त हैं), **सत्** (सच्ची श्रद्धा के साथ)

अर्थात् मैं अपने कर्मों (यज्ञ, तप और दान) को सच्ची श्रद्धा के साथ उस परमात्मा को अर्पित करता हूँ जो इस सृष्टी से अलिप्त है।

अगर श्रीमद्भगवद् गीता के इस संदेश को हम व्यवहारिक दृष्टिकोण से समझना चाहें तो शस्त्रोक्त विधी – विधान हमारे लिये एक आचार संहिंता है। जिसका पालन करने सें मानव जीवन कल्याणमय हो जाता है। हमारे प्रारब्ध से प्राप्त सम्पदा तथा प्रकृति से प्राप्त त्रिगुण के अनुसार संसार में हमारा कर्म होता है। जिससे हमारा सासांरिक जीवन चलता है। यह जीवन के नाव के चप्पु के तरह है। जो नाव को तो चला सकती है,परन्तु नाव को सही दिशा में ले जाने के लिये पतवार की आवश्यकता होती है। शस्त्रोक्त विधि – विधान जीवन के नाव के लिए पतवार का काम करतीहै। एव दिशा प्रदान करती है। शास्त्रोक्त विधि– विधान का मुख्य प्रयोजन है,कि हम अपने कर्मो को इस प्रकार प्रतिपादित करें, जो शरीर के हित में हो, समाज के हित में हो एवं पर्यावरण के हित में हो। यज्ञ, तप और दान इसी प्रकार के कर्मो का साकेतिक रूप है। आज समाज में प्रचलित यज्ञ, तप और दान इत्यादि के प्रयोजन को हम अपने अज्ञान के कारण बिना कर्म किये फल को देनेवाला मानतें हैं,जिसका व्यवहारिक या अध्यात्मिक पक्ष से समर्थन प्राप्त नही है। इस अध्याय के चिंतन से एक बात स्पष्ट होती है कि शास्त्रोक्त विधि से किया गया कर्म मानव को व्यवहारिक और अध्यात्मिक उत्थान में बहुत सहायता करता है। सनातन संस्कृति में देव पूजन का बहुत अधिक महत्व दिया जाता है। जिसका अभिप्राय चित्त की शुद्धि है,जो मनुष्य को

कर्तव्य कर्म करने के लिए एकाग्र करता है। शास्त्रोक्त आचरण के गुण को हम एक वाक्य में कह सकते हैं,की जीवन के नाव को दिशा देने के लिये शस्त्रोक्त विधि पतवार के तरह है, तथा जीवन के नाव को चलाने के लिये प्रारब्ध और प्रकृति से प्रभावित कर्म चप्पु के समान है।

श्रीमद्भगवद्गीता सप्तदश अध्याय
उपसंहार

इस अध्याय में यज्ञ, तप, दान और भोजन के प्रकृति के अनुसार विशेषतायों पर चितंन किया गया।जिससे यह प्रमाणीत हो गया की मनुष्य को शास्त्रोक्त विधि का आचरण करना चाहिए। इससे मानव लोककल्याणकारी मार्ग पर अग्रसर होता है। इस अध्याय के चिंतन से यह संदेह भी दूर हो गया कि हमें शास्त्रोक्त आचरण क्यो करना चाहिए। परन्तु श्रीमद्भगवद्गीता के प्रथम अध्याय में अर्जुन द्वारा संप्रेसित प्रश्न कि युद्ध प्रासागिक है अथवा अप्रसागिक,इसका समुचित उत्तर अभी तक के अध्यायों के संदेशों से स्पष्ट नही हुआ। अतः साधारण लोगों में यह जिज्ञासा होना स्वभाविक है,कि अर्जुन के युद्ध के प्रसागिकता के प्रश्न का क्या उत्तर है। आगे के अध्याय जो श्रीमद्भगवद्गीता के अन्तिम अध्याय हैं उसमें साधारण मानव के इसी जिज्ञासा पर चिंतन किया गया है।

—ःॐ तत् सतः—

ज्ञानार्जित प्रकृतिस्वरूप होता जप तप दान।
सात्विक राजसी तामसी प्रकृतिनुसार पहचान।।

अष्टदश अध्याय
मोक्ष सन्यास योग

श्रीमद्भगवदगीताअष्टदश अध्यायएक दृष्टि	
कुल श्लोकों।की संख्या	७८
कुल श्लोक (श्री कृष्ण)	७१
कुल श्लोक (अर्जुन)	२
कुल श्लोक (धृतराष्ट्र)	0
कुल श्लोक (संजय)	५
मूल विषय	**निर्णय क्षमता**

श्री गणेशाय नमः
श्लोक

स्थाने हृषीकेश तव प्रकीर्त्या
जगत्प्रहृष्यत्यनुरज्यते च।
रक्षांसि भीतानि दिशें द्रवन्ति
सर्वे नमस्यन्ति च सिद्धसंघा ।।

दो0—श्रवण करि अमिय बचन उपजा मन विश्वास।
पार्थ जिज्ञासा किये भेद क्या त्याग सन्यास।1।

मोहन कहे अति गूढ़ बचना। कर्मव्यकर्म को हीं तन रचना।।
त्याग काम्य कर्म विधि नाना। संन्यास इसे कछु कहे धिमाना।।
पूर्ण त्याग जो कर्मफल त्यागे। कहे विद्वान ज्ञान जब जागे।।
कछु कहे कर्ममात्र में दोषा। त्याग सकल कर्म नही भरोषा।।
कछु कहे कर्तव्यकर्म पुनिता। त्याग इसे जग होय अहिता।।
जानो अर्जुन अब त्याग स्वरूपा। सकल त्याग अपि हो त्रिरूपा।।
सात्विक राजस तामस त्यागा। कहे विस्तार ज्ञानी मुनिजागा।।
त्यज्य नही पार्थ कर्तव्यकर्मा। अतिपुनित यही मानव धर्मा।।
कर्तव्यकर्म करे आसक्ति त्यागी। पार्थ वहीं जग में बड़भागी।।
कर्तव्य कर्म अनिवार्य नरोत्तम। यही धिमान् निश्चित मत् उत्तम।।

दो0—कर्तव्य कर्म नही त्यज्य है उत्तम् जीवन भाग।
भ्रमवश कोई छोड़े इसे तो कह तामस त्याग।2।

सकल कर्म जग है दुःखरूपा। छोडे अगर यह मानी नर भूपा।।
त्याग कतर्व्यकर्म क्लेश अनुमानी। जिससे ना हो निज तनहानि।।
अस त्याग पार्थ है राजस त्यागा। मन बुद्धी कर्मफल में लागा।।
त्याग आसक्ति करे कर्तव्यकर्मा।जगहितकारी निर्वाहे निजधर्मा।।
आसक्ति त्याग है सात्विकत्यागा।मन शास्त्रोक्त कर्म में लागा।।
अकुशल कर्म से करे न द्वेषा। अनासक्त कर्म पर करे भरोषा।।
सकलकर्म त्याग तनधारी असंभव। फलत्याग मात्र है जगसंभव।।
कर्मफल त्याग करे शुद्ध त्यागी। रहे चिन्तामुक्त वही बड़भागी।।
शुद्ध चित्त संशयरहित देहा। सात्विक त्यागी करे जग नेहा।।
जो न त्यागे कर्मफल मनुदेहा। भोगे कर्मफल न कछु संदेहा।।

दो0—कर्मफल निश्चित भोगे यदि हो फलासक्ति।
कर्मफल भोगे नही जाके अनासक्त कर्मभक्ति।3।
दो0— कर्मफल के रूप है तीन अपावन मिश्रित पावन।
कछु फल जीवन बाद कछु जीवन जस भावन।4।

जाको रहे कर्मफल आसक्ति। कहाँ करे वो जग में भक्ति।।
कर्मानुसार मिले दुःख शोका। फल नियत इहलोक परलोका।।
कर्मफल वह कवहुँ नही पाता। जिसने फल आसक्ति निपाता।।
कहे वेदान्त करी पावन जाँचा। कर्म सिद्धि हेतुयुक्ति पाँचा।।
हे पार्थसकल ले मुझसे ज्ञाना। सस्मित बोले कृष्ण भगवाना।।
प्रथम सिद्धि हेतु कर्मअधिष्ठाना। जाको शरीर सब कहे धिमाना।।
द्वितीय सिद्धि हेत ु करण कहलाता। इन्द्रिय विषय से रखेनाता।।
तृतिय सिद्धि हेतुजगत प्रयासा। कर्म सिद्धि की यही मूकभाषा।।
चतुर्थसिद्धि हेतुकर्ता कहे ज्ञानी।इसे अहंकार वेदान्त ने मानी।।
पंचमसिद्धि हेतुदैव कहे लोगा। यह प्रारब्धप्राप्त प्रेरण संयोगा।।

दो0— जस कर्म करे मानव शास्त्रोचित या वीपरीत।
पंच हेतु हीं कारण है जिससे जग हित अहित।5।

अज्ञानी कहेआत्मा ही कर्ता। भ्रमित क्या जाने पंचअहर्ता।।
हो जाके विचार अकर्ता भावा। न पड़े कर्मबन्धन के प्रभावा।।

कर्म प्रेरणा अपि तीन प्रकारा। करे प्रेरित कर्म हेतु संसारा।।
प्रेरणा भेद ज्ञेय ज्ञान ज्ञाता। रखे सदा मनबुद्धि से नाता।।
कर्मसंग्रह अपि है तीन भेदा। कर्ता करण क्रिया कहते वेदा।।
ज्ञान कर्ता कर्म प्रकृति अनुसारा। कहे तीन है साख्यशास्त्र धारा।
सात्विकराजसतामसी ज्ञाना। सर्वशास्त्र यही करे वखाना।।
सकल भूत महूँ एक अविनाशी। भाव सात्विक ज्ञान की राशी।।
पृथक भाव पृथक भूत को धारे। राजस ज्ञान कहे श्रुतिसहारे।।
तुच्छ अर्थरहित युक्तिहीन ज्ञाना। तामस ज्ञान इसे कहे धिमाना।।

दो0— निज तन आसक्ति कहे निजतन को सम्पूर्ण।
तत्त्व अर्थ जाने नहीं वह तामस ज्ञान अपूर्ण।6।

शास्त्र विधी नियत जग कर्मा। कर्ता अभिमान विगत करे धर्मा।।
बिन राग द्वेष अपि बिन आसक्ति।करे कर्म यथा निज शक्ति।।
हो कर्म सुफल मिले युक्तिनाना। सात्विककर्म इसे कहे धीमाना।।
अतिश्रमयुक्त कर्म करे अहंकारी।अतिभोगइच्छा लिए मनसारी।।
अस कर्म पार्थराजस कहलाता। जो रखे मात्र स्वार्थ से नाता।।
कर्म का परिणाम यदि हानि। वह शास्त्रविरुद्ध कर्म मनमानी।।
अज्ञान हिंसा जाकर पहचाना। बिना बिचारे कर्म है तामस नाना।।
जो करे कर्म त्यागी आसक्ति। सहित उत्साह करे यथाशक्ति।।
रखे धैर्य छाड़ि मिथ्याहंकारा।असकर्ता सात्विक संसारा।।
करे कर्म हो कर्मफल लिप्ता। लोभ आनन्द सुख दुःख दीप्ता।।
सदा सर्वदा स्वार्थ पे मरता। पार्थ इन्हे कह राजसकर्ता।।

दो0— शस्त्र विरुद्ध कर्म करे कपट आलस दिखलाये।
हो छल हिंसा कर्म में तामसी कर्ता कहलाये।7।
दो0— पार्थ सुनो अब ध्यान लगा बुद्धि धृति बिस्तार।
जिसे जान बढ़े आत्मबल हो भव बाधा निस्तार।8।
दो0— बुद्धि धृति के भी तीन भेद प्रकृति गुण अनुसार।
राजस तामस सात्विकी यह ज्ञानी कहेसुबिचार।9।

अनासक्त जगत गृहस्थ प्रवृति। जगज्ञानी कहते इसे ही धृति।।
संन्यास अपनाये जो मुक्ति हेतु। इसे कहे शास्त्र निवृति सेतु।।
प्रवृति निवृति जग भेद जो जाने। कर्तव्य अकर्तव्य वही पहचाने।।
जो समझे बन्धन मोक्ष सच्चाई। भय अभय अपि शत्रुता मिताई।।

अस बुद्धि को है सात्विक कहते। चित् भ्रमित कभी नही रहते।।
जो जाने न धर्म अधर्म विभेदा। कर्तव्य कर्म अनुशासन वेदा।।
कर्तव्य अकर्तव्य यथार्थ न जाने। असबुद्धि ज्ञानी राजस माने।।
वेदोक्त अधर्म अपि धर्म ही माने। पाप पुण्य का भेद न जाने।।
चले सकल जग बुद्धि वीपरीता। अस बुद्धि ही तामस है मिता।।
राजसी तामसी सात्विक बुद्धि। मनुज जो जाने करे सो शुद्धि।।

दो0—धारण शक्ती धृति है कर्म पर करे प्रभाव।
सुख दूःख होता धृति से नही प्रमाण अभाव।10।
दो0—भगद्धचिंतन छोड़कर रखे भौतिक कामना प्रीति।
व्यभिचारदोष यही वीपरीत अव्यभिचारिणी धृति।11।

मनप्राणक्रिया को ध्यान में धारे। भगवद् प्राप्ती कर्म करेसारे।।
अव्यभिचारिणी धृति ही सात्विकधृति।करे ध्यान मय भगon~स्मृति।।
धर्म अर्थ काम क्रोधे धारण।हो फलइच्छा आसक्ति कारण।।
हो सदा सकाम धारणा आवृति। शास्त्र कहे उसे राजस धृति।।
रखे भय चिन्ता प्रमाद उन्मादा। निद्रा दुःख भ्रम अति बिषादा।।
हो प्रकृति विरूद्ध कर्म से प्रीति। शास्त्र कहे इसे तामस धृति।।
मानव सुख अपि तीन प्रकारा। प्रकृति अनुसार जाने संसारा।।
आरम्भ जो विषतुल्य होय प्रतीता।अन्त सुधा सम लगे पूनिता।।
जो मिटा भ्रम आत्मज्ञान जगाए। यही सात्विक सुख कहलाए।।
विषय इन्द्रिय संयोग सुख कैसा। आदि अमृत अन्त विष जैसा।।
है राजस सुख इन्द्रिय विलासा। अति क्षणिक बान्धे भवपाशा।।

दो0—निद्रा आलस्य प्रमाद जनित मिथ्या सुख वेबात।
तामस सुख मोहित करे भोग प्रति दिन रात।12।
दो0—त्रिगुण मुक्त है सत्व नही धरा गगन देवलोक।
त्रिगुण प्रकृति युक्त सकल कर्म बुद्धि मन शोक।13।

प्रारब्ध प्राकृतिक गुण अनुरागा। ब्राह्मण क्षत्रि वैश्य शूद्रविभागा।।
शान्तक्षमाशिल अरू धर्मपालक।सहनशील सौम्य इन्द्रियघालक।।
करे वेदशास्त्र अध्ययन अध्यापन।ईश्वर श्रद्धा सबसे अपनापन।।
सकलब्राह्मण गुण स्वभाविक।बढ़े ज्ञानबुद्धि मान चतुर्दिक।।

रहेवीरता धीरता तेज चतुरता। हिम्मत नेतृत्व दान आतुरता।।
युद्धकौशल दृढ़ स्वाभिमाना। बल बुद्धिशाली क्षत्रिय पहचाना।।
कृषि गोपालन अनेक व्यापारा। व्यवहारकुशल जग दे आहारा।।
धनअर्जन वैश्य कर्म स्वभाविक। बढ़े धनबल से मान चतुर्दिक।।
कर्मकौशल सेवा मानव कल्याणा। यही शूद्र प्राकृतिक पहचाना।।
तत्परता से स्वभाविक कर्मा। मिले परमसिद्धि माने निजधर्मा।।

दो0—स्वभाविक गुण प्राकृतिक है कोई उच्च न नीच।
कर्म प्रकृतिक गुण अनुसार लिक कोई ना खीच।14।

प्राकृतिकगुण कारण जनधर्मा। निज गुणानुसार करे जग कर्मा।।
करे धर्मनिर्वाह पावे जनमुक्ति। स्वभाविक कर्म ही इनकी युक्ति।।
स्वभाविक कर्म सकल तनधारी। परम सिद्धि मिले कहे मुरारी।।
परमेश्वर से सकल प्राणी उत्त्पति। उनके बल जगगति स्थिति।।
करे कर्म स्वभाविक और न दूजा।स्वभाविक कर्म जग सम पूजा।।
करे नित स्वभाविक कर्म अभ्यासा।पाए परमसिद्धि करो विश्वासा।।
परमसिद्धि पाए पार्थ जनमुक्ति।स्वभाविक कर्म ही मुक्तियुक्ति।।
परधर्म श्रेष्ठ सदैव निजधर्मा। मनबुद्धि निर्द्वन्द्व न करे अधर्मा।।
यदिनिजधर्म प्रतीत युक्त दोषा। तौ परधर्म न कवहूँ भरोषा।।
धर्म सकल कछु दोष अच्छादित। जिमि पावक धुम्र से छाजित।।

दो0—अनासक्त बुद्धि सीमितमन करे त्याग अभ्यास।
साधक पाये सिद्धि जो रखे स्वधर्म विश्वासा।15।
दो0—नैष्कर्म्यसिद्धि साख्ययोग से करता साधक प्राप्त।
परमसत्य को जानो पार्थ जो सर्वत्र है व्याप्त।16।

स्पृहारहित अनासक्त जो बुद्धि। अन्तःकरण साधक की शुद्धि।।
नैष्कर्म्यसिद्धि परानिष्ठा ज्ञाना। हो कैसे प्राप्त नही जन जाना।।
तु सुनो पार्थ संक्षिप्त विचारा। जो करे सकल भरम के पारा।।
नैष्कर्म्यसिद्धि से आत्मअनुभूति। जग पाए इसे अनासक्त विभूति।।
सात्विक आहार रखे बिशुद्ध बुद्धि। विषय त्यागी हो आश्रयशुद्धि।।
हो सात्विक धृति इन्द्रियनियंत्रित। शुन्य रागद्वेष घ्यानयंत्रित।।
अल्पाहारी अपि अहंकारहीना। मोहरहित कर्म ही करे प्रविणा।।
साधक प्राप्त परम नैष्कर्म्यसिद्धि। हो सदा भक्ति की अभिबृद्धि।।

नैष्कर्म्यसिद्धि शान्ताकार ब्रह्मयोगा।है ईच्छा शोक अन्त संयोगा।।
प्राप्त परमसुख प्राणि समभावा। पार्थ वहीं नैष्कर्म्यसिद्धि पावा।।
जानी परमृतत्त्व पाए पराभक्ति। हो प्राप्त मुझे वो पाये मुक्ति।।
करे सकलकर्म हो मेरा परायण।वो करे प्राप्त शाश्वतनारायण।।
सकल कर्म करे मुझमें अर्पण। समबुद्धि चित हो करे समर्पण।।

दो0—करे कर्म चित मुझमेंचैतन्ययोगी सउल्लास।
ममृकृपा से भक्त के संकट मिटे अनायास।17।
दो0—जो रमें भौतिक सुख में रखे मन अहंकार।
परमार्थ भ्रष्ट नष्ट हो अपि उसका ना उद्धार।18।

अहंकारी चित्तहो अति चंचल। हो नष्ट भ्रष्ट कर्म सब निष्फल।।
अहंकारवश यदि चाहे संन्यासा। उसको जग में मिले निराशा।।
तव प्राकृतगुण क्षत्रिय स्वभावा। स्वभावजन्य रण ही तोहे भावा।।
यदि युद्ध छोड़े तुमोह कारण। प्रारब्धवश क्षत्रिय धर्मधारण।।
प्रारब्धवश तु कभी युद्ध न छोड़े। युद्ध से क्षत्रिय मुख ना मोड़े।।
परमात्मा सकल ह्रदय में स्थित। मम माया करे कर्म व्यवस्थित।।
पार्थ परमेश्वर शरण में जायो। भगवद्कृपा शश्वत शाँति पायो।।
पार्थ कहा गोपनिय ज्ञान सारा। करो कर्म निज मति अनुसारा।।
तु है अतिशय भक्तप्रिय मोरा। यह गूढ़वचन सकल हित तोरा।।
पार्थ करो मेरी घ्यान अरू भक्ति। करो कर्म हो चित्त अनाशक्ती।।

दो0—ममप्रिय हे पार्थ तु मैं हूँ सर्वत्र ही व्याप्त।
पूजन ध्यान भक्ति मेरी करे मुझे ही प्राप्त।19।

छोडो पार्थ सकल आड़म्बर। कर्तव्यकर्म मुझको अर्पणकर।।
छाडीशोक आयो मम शरणा। जो इच्छा हो पापउवरनाा।।
पार्थ यह गूढ़ रहस्य पुनिता। न कहो उसे जो भक्तिरहिता।।
जो तपरहित रखे भगवद्द्वेषा। न दे ताकोगूढ ज्ञान उपदेशा।।
जो करे यह गूढरहस्य प्रचारा। मैं करू भक्त जगत्त उद्धारा।।
नही भक्त कोई तुझसे बढ़कर। भविष्य अपि न होय धरा पर।।
धर्ममय संवाद यह ज्ञानयुक्त नाना।पठनपाठन ज्ञान यज्ञ समाना।।
होउ पूजित ज्ञान गीता द्वारा। हो सकल सिद्धि यही संसारा।।
श्रोता जो शास्त्र सुने श्रद्धायुक्ता। पाये श्रेष्ठलोक होये पापमुक्ता।।

पार्थ हुआ क्या तव भ्रम अन्ता। क्या मिटा मोह पूछे भगवन्ता।।

दो0—क्या एकाग्रचित किया श्रवण यही पावन ज्ञान।
बता तेरा क्या मिट गया मोह जनित अज्ञान।20।
दो0—पार्थ कहे हृषीकेशसे मोह हुआ मम नष्ट।
संशयरहित आज्ञापालन को मम दृष्टि स्पष्ट।21।
दो0—हर्षित संजय हो रहे सुन कृष्ण अर्जुन संवाद।
अद्भुत कथन श्री कृष्ण के हितकारी निर्विवाद।22।
दो0—मैंने सुना अद्भुत संवाद जो कहे स्वयं भगवान।
व्यास कृपा दिव्य दृष्टि का करूं बड़ा सम्मान।23।
दो0—राजन मैं अति हर्षित सुन गीता गूढ़ ज्ञान।
हरिद र्शन संभाषण से मिटा सकल अज्ञान।24।
दो0—राजन अर्जुन जान गये धर्म अधर्म का भेद।
साथ परमेंश्वर कृष्ण स्वयं जिनको गाये वेद।25।
दो0—अचल नीति श्री विजय विभूति अपि धर्म का सार।
सकल वहीं हैं कृष्ण जहाँ राजन सुसिद्ध विचार।25।

।।इति अष्टदश अध्याय।।

श्रीमद्भगवद्गीता अष्टदश अध्याय

भावार्थ

श्रीमद्भगवद् गीता का अष्टदश अध्याय मोक्ष—सन्यास योग के नाम से जाना जाता है। इस अध्याय में कुल ७८श्लोक हैं ।अध्ययन के सुविधा के लिए इसे ७ भागों में बाँटा जा सकता है।

१. त्याग का विषय (श्लोक१—१२) :— *अर्जुन बोले—हे वासुदेव मैं संन्यास और त्याग के तत्त्व को पृथक— पृथक जानना चाहता हूँ।*

श्री भगवान ने बताया कि कितने ही पंड़ितजन काम्य कर्मों के त्याग को संन्यास मानते हैं,तथा दूसरे कर्मों के फल के त्याग को त्याग कहते हैं। कई विद्वान कर्ममात्र को दोषयुक्त मनकर त्यज्य मानते हैं, दूसरे कई विद्वान यज्ञ, दान और तप रूपी कर्म को त्यज्य नही मानते हैं इसलिये हे अर्जुन !सन्यास और त्याग में सबसे पहले त्याग के विषय में सुन।

त्याग तीन प्रकार का होता है।सात्विक, राजसी और तामसी। यज्ञ, दान, तप त्याग करने योग्य नही है, बल्कि वह अनिवार्य कर्तव्य है। क्योंकि ये पवित्र

करने वाले है। परन्तु इन कर्मों के फलों पर आसक्ति का त्याग अवश्य करना चाहिए। भ्रम के कारण इन कर्तव्य कर्मों का त्याग करना तामस त्याग कहा गया है। यदि कोई शारीरिक क्लेश के भय से कर्तव्य कर्म का त्याग करे तो वह राजस त्याग माना जाता है। शास्त्रविहित कर्म करना कर्तव्य है– इसी भाव से आसक्ति और फल का त्याग करके कर्तव्य कर्म करना सात्विक त्याग माना गया है। जो मनुष्य अकुशल कर्म से द्वेष नही करता और कुशल कर्म में आसक्त नही होता वह शुद्ध सत्वगुण से युक्त पुरुष संशयरहित, बुद्धिमान और सच्चा त्यागी है। क्योंकि शरीरधारी किसी भी मनुष्य के द्वारा सम्पूर्ण कर्मों का त्याग संभव नही है। इसलिय जो कर्मफल में आसक्ति को त्यागता है वहीं त्यागी है। कर्मफल में आसक्ति का त्याग नही करने वाले मनुष्य को कर्मफल जीवन में या जीवन के बाद भी जरूर मिलता है। परन्तु जिसकी कर्मफल में आसक्ति नही होती वह कर्मफल से कभी प्रभावित नही होता है।

२. सांख्यसिद्धान्त(श्लोक १३–१८) :–साख्यशास्त्र में सम्पूर्ण कर्मों सिद्धि अथवा विनाश के पाँच हेतु बताये गये हैं १. अधिष्ठान (शरीर), २.करण(कर्मेन्दिय), ३. चेष्टा (प्रयास), ४. कर्ता (अहंकार), ५. दैव (प्रारब्ध)। मनुष्य अपने शरीर मन और वाणी से जो कुछ करता है चाहे वह शास्त्र के अनुकूल हो अथवा शास्त्र के वीपरीत सबका कारण यही पाँच हेतु है। परन्तु कुछ अज्ञानी मतिभ्रम के कारण आत्मा को कर्मों का कारक मानतें हैं क्योंकि वे यथार्थ नही जानते हैं। वह मनुष्य जिसमें मैं कर्ता हूँ ऐसा भाव नही रहता है, वह कर्मों से नही बंधता। ज्ञाता, ज्ञान और ज्ञेय ये तीन प्रकार की कर्म प्रेरणा हैं । और कर्ता, करण, और क्रिया ये तीन प्रकार के कर्मसंग्रह हैं ।

३. ज्ञान, कर्म, कर्ता, बुद्धि, धृति, सुख (श्लोक १९–४०) :–सांख्यशास्त्र में ज्ञान,कर्ता और कर्म के तीन–तीन भेद कहे गये हैं ।

जिस ज्ञान से मनुष्य पृथक– पृथक सब भूतों में एक अविनाशी परमात्मभाव को विभागरहित समभाव में स्थित देखता है,उस ज्ञान को तु सात्विक जान। किन्तु जो ज्ञान मनुष्य को पृथक– पृथक भुतों में अलग अलग भाव उत्पन्न कराता है, उस ज्ञान को तु राजस जान। जो ज्ञान एक कार्यरूप शरीर में ही सम्पूर्ण के सदृश आसक्त है तथा जो बिना युक्तिवाला तात्विक अर्थ से रहित और तुच्छ है, वह तामस कहा गया है।

जो कर्म शास्त्रविधि से नियत किया हुआ और कर्तापन के अभिमान से रहित हो तथा फल न चाहनेवाले पुरूषद्वारा बिना राग–द्वेष के किया गया हो वह

सात्विक कहा जाता है। परन्तु जो कर्म बहुत परिश्रम से युक्त होता है। तथा भोगों को चाहनेवाले पुरूषद्वारा या अहंकारयुक्त पुरूषद्वारा किया जाता है, वह कर्म राजस कहा गया है। जो कर्म परिणाम, हानि, हिंसा और सामर्थ्य को विचारकर केवल अज्ञान से आरम्भ किया जाता है,वह तामस कहा जाता है।

जो कर्ता सगंरहित, अहंकार के वचन न बोलनेवाला, धैर्य और उत्साह से युक्त तथा कार्य के सिद्ध होने और न होने में हर्ष–शोकादि विकारों से रहित है,वह सात्विक कहा जाता है। जो कर्ता आसक्ति से युक्त,कर्मों के फलको चाहनेवाला और लोभी हैतथा दूसरों को कष्ट देने के स्वभाववाला, अशुद्धाचारी और हर्ष–शोक से लिप्त है,वह राजस कहा गया है।जो कर्ता अयुक्त, शिक्षा से रहित, घमंडी,धूर्त और दूसरों के जीविका का नाश करनेवाला तथा शोक करनेवाला,आलसी और दीर्घसूत्री है , वह तामस कहा जाता है।

बुद्धि और धृति भी तीन–तीन प्रकार के होते हैं। जो बुद्धि प्रवृतिमार्ग और निवृतिमार्ग को, कर्तव्य और अकर्तव्य को भय और अभय को तथा बन्धन और मोक्ष को यथार्थ जानती है, वह बुद्धि सात्विकी है। जो बुद्धि के द्वारा धर्म और अधर्म को तथा कर्तव्य और अकर्तव्य को भी यथार्थ नही जानता, वह बुद्धि राजसी है। जबकि तमोगुण से घिरी हुई बुद्धि अधर्म को भी धर्म मान लेती है। तथा अन्य सम्पूर्ण पदार्थों को भी विपरीत मान लेती है,वह तामसी बुद्धि है।

भगवत् बिषय को छोड़कर अन्य सांसारिक विषयों को धारण करना ही व्यभिचार दोष है,इस दोष से रहित धारणा को अव्यभिचारिणी धारणा कहतेहैं। अव्यभिचारिणी धारणा शक्ति से युक्त मनुष्य ध्यानयोग के द्वारा मन प्राण और इन्द्रियों की क्रियायों को धारण करता है, वह सात्विक धृति है। परन्तुफल की इच्छा वाले मनुष्य जिस धारणशक्ति के द्वारा अत्यन्त आसक्ति से धर्म,अर्थ और कामों को धारण करता है,वह धारणशक्ति राजसी है। दुष्ट बुद्धिवाला मनुष्य जिस धारणशक्ति के द्वारा निद्रा, भय,चिन्ता और दुःख को उन्मतता को भी नही छोड़ता है, वह तामसी धारणशक्ति हैं ।

सुख भी तीन प्रकार का होता है। जिस सुख में साधक मनुष्य भजन, ध्यान और सेवादि के अभ्यास से रमण करता है, और जिससे दुःखों के अन्त को प्राप्त हो जाता है। वह आरम्भ में जो विषतुल्य प्रतीत होता है। परन्तु उसका परिणाम अमृत के तुल्य होता है। इसलिये परमात्म विषयक बुद्धि के प्रसाद

से उत्पन्न होनेवाला सुख सात्विक है। जो सुख विषय और इन्द्रियों के संयोग से होता है। वह पहले भोगकाल में अमृत के तुल्य प्रतीत होता है। परन्तु परिणाम विष तुल्य होता है,इस प्रकार के सुख को राजस कहा गया हैं। जो सुख भोगकाल में अथवा परिणाम में भी आत्मा को मोहित करनेवाला है, वह निद्रा, आलस्य और प्रमाद से उत्पन्न सुख तामस कहा गया है। पृथ्वी में आकाश में अथवा देवताओं में तथा इनके सिवाय और कही भी ऐसा कोई भी सत्व नही है जो प्रकुति से उत्पन्न इन तीनों गुणों से रहित हो।

४. वर्णधर्म (श्लोक ४१—४८) :—हे अर्जुन! ब्राह्मण, क्षत्रिय वैश्य तथा शूद्र के कर्म स्वभाव से उत्पन्न गुणों द्वारा विभक्त किये गयें हैं । अन्तःकरण का निग्रह करना, इन्द्रियों का दमन करना, धर्मपालन के लिये कष्ट सहन करना, बाहर भीतर से शुद्ध रहना, दूसरों के अपराधों को क्षमा करना, मन, इन्द्रिय और शरीर को सरल रखना, वेद, शास्त्र, ईश्वर और परलोक आदि में श्रद्धा रखना, वेद —शास्त्रों का अध्ययन—अध्यापन करना और परमात्मा के तत्त्व का अनुभव करना, ये सब ही ब्राह्मण के स्वाभाविक कर्म हैं। शुरवीरता, तेज, धैर्य, चतुरता और युद्ध में न भागना, दान देना और स्वामीभाव,ये सब क्षत्रिय के स्वभाविक कर्म है। खेती, गोपालन और क्रय—विक्रय सत्य व्यवहार ये वैश्य के स्वभाविक कर्म है। तथा सब वर्णो की अपने कार्य कुशलता /क्षमता के अनुसार मदद करना शूद्र का स्वभाविक कर्म है। अपने अपने स्वभाविक कर्मों में तत्परता से लगा हुआ मनुष्य भगवत्प्राप्ति रूप परम सिद्धि को प्राप्त हो जाता है। अपने स्वभाविक कर्म में लगा हुआ मनुष्य जिस प्रकार से कर्म करके परम सिद्धि को प्राप्त होता है। उस विधि को तु सुन, जिस परमेश्वर से सम्पूर्ण प्राणियों की उत्पत्ति हुई है, और जिससे यह समस्त जगत् व्याप्त है, उस परमेश्वर की अपने स्वभाविक कर्मों द्वारा पूजा करके मनुष्य परमसिद्धि को प्राप्त हो जाता है। अच्छी प्रकार आचरण किये हुए दूसरे के धर्म से गुणरहित भी अपना धर्म श्रेष्ठ है,क्योंकि स्वभाव से नियत किये हुए स्वधर्मरूप कर्म को करता हुआ मनुष्य पाप को नही प्राप्त होता। अतएव हे अर्जुन! दोषयुक्त होनेपर भी सहज कर्म को नही त्यागना चाहिये,क्योंकि धूए से अग्नि की भाँति सभी कर्म किसी न किसी दोष से युक्त हैं

५. ज्ञाननिष्ठा (श्लोक ४६—५५) :—सर्वत्र आसक्ति रहित बुद्धिवाला, स्पृहारहित और जीते हुए अन्तःकरणवाला पुरुष साँख्ययोग के द्वारा उस परम नैष्कर्म्यसिद्धि को प्राप्त होता है। जो कि ज्ञानयोग की परानिष्ठा है,उस

नैष्कर्म्य–सिद्धि को जिस प्रकार से प्राप्त होकर मनुष्य ब्रह्म को प्राप्त होता है।उस प्रकार को तु संक्षेप में मुझसे समझ।विशुद्ध बुद्धि युक्त तथा हलका, सात्विक और नियमित भोजन करनेवाला,शब्दादि विषयों का त्याग करके एकान्त और शुद्ध देश का सेवन करनेवाला,सात्विक धारणशक्ति के द्वारा अन्तःकरण और इन्द्रियों का संयम करके मन, वाणी और शरीर को वश में कर लेनेवाला, राग–द्वेष को सर्वथा नष्ट करके भलीभाँति दृढ़ वैराग्य का आश्रय लेनेवाला तथा अहंकार बल, धमण्ड़, काम,क्रोध और परिग्रह का त्याग करके निरन्तर ध्यानयोग के परायण रहनेवाला,ममतारहित और शान्तियुक्त पुरुष सच्चिदानन्दघन ब्रह्म में अभिन्नभाव से स्थित होने का पात्र होता हैं। फिर वह सच्चिदानन्दघन ब्रह्म में एकीभाव से स्थित, प्रसन्न मनवाला योगी न तो किसी के लिये शोक करता है और न किसीकी आकांक्षा ही करता है,ऐसा समस्त प्राणियों में समभाववाला योगी मेरी पराभक्ति को प्राप्त हो जाता है। उस पराभक्ति के द्वारा वह मुझ परमात्मा को मैं जो हूँ और जितना हूँ,ठीक वैसा का वैसा तत्त्व से जान लेता है, तथा उस भक्ति से मुझको तत्त्व से जानकर तत्काल ही मुझमें प्रविष्ट हो जाता है।

६. भक्तिसहित कर्मयोग (श्लोक ५६–६६) :–मेरे परायण हुआ कर्मयोगी तो सम्पूर्ण कर्मों को सदा करता हुआ भी मेरी कृपा से सनातन अविनाशी परमपद को प्राप्त हो जाता है। सब कर्मों को मन से मुझ में अर्पण करके तथा समबुद्धिरूप योग को अवलम्बन करके मेरे परायण और निरन्तर मुझमें चितवाला हो। उपर्युक्त प्रकार से मुझमें चितवाला होकर तु मेरी कृपा से समस्त संकटों को अनायास ही पार कर जायगा, और यदि अहंकार के कारण मेरे वचनों को नहीं सुनेगा तो नष्ट हो जायेगा,अर्थात् परमार्थ से भ्रष्ट हो जायगा। जो तु अहंकार का आश्रय लेकर यह मान रहा है,कि मैं युद्ध नही करूँगा तो तेरा यह निश्चय मिथ्या है,क्योंकि तेरा स्वभाव तुझे जबर्दस्ती युद्ध में लगा ही देगा।हे अर्जुन !जिस कर्म को तु मोह के कारण करना नहीं चाहता, इसको भी अपने पूर्वकृत स्वभाविक कर्म से बँधा हुआ परवश होकर करेगा। शरीर यन्त्र में आरूढ़ हुए सम्पूर्ण प्राणियों को अन्तर्यामी परमेश्वर अपनी माया से उनके कर्मों के अनुसार भ्रमण कराता हुआ सब प्राणियों के हृदय में स्थित है। हे अर्जुन! तुसब प्रकार से उस परमेश्वर की ही शरण में जा उस परमात्मा की कृपा से ही तु परम शान्ति को तथा सनातन परमधाम को प्राप्त होगा। इस प्रकार अति गोपनीय ज्ञान मैनें तुझसे कह दिया।

अब तु इस रहस्ययुक्त ज्ञान को पुर्णतया भलीभॉति विचारकर जैसा चाहता है, वैसा ही कर। *अति गोपनीय मेरे परम रहस्ययुक्त वचन को तु फिर भी सुन। तु मेरा अतिशय प्रिय है, इससे परम हितकारक बचन मैं तुझसे कहूँगा।हे अर्जुन! तु मुझमें मनवाला हो, मेरा भक्त बन, मेरा सम्मान करनेवाला हो ऐसा करने से तु मुझे ही प्राप्त होगा। यह मैं तुझसे सत्य प्रतिज्ञा करता हूँ। क्योंकि तु मेरा अत्यन्त प्रिय है। सम्पूर्ण धर्मो को अर्थात् सम्पूर्ण कर्तव्यकर्मों को मुझमें त्यागकर तु केवल एक मुझ सर्वशक्तिमान् सर्वाधार परमेश्वर की ही शरण में आ जा। मैं तुझे सम्पूर्ण पापों से मुक्त कर दूँगा, तु शोक मत कर।*

७. श्रीमद् भगवत्गीता का महत्व (श्लोक ६७–७८) *:–हे अर्जुन! इस गीतारूप परम रहस्य को तपरहित, भक्तिरहित, तथा बिना सुनने की इच्छावाले से या मुझमें दोषदृष्टि रखने वाले से कभी नहीं कहना चाहिय। परन्तु इस गीता के रहस्ययुक्त ज्ञान को जो मेरे भक्तों में कहेगा वह मुझको ही प्राप्त होगा इसमें कोई सन्देह नही है। इससे बढ़कर मेरा प्रिय कार्य करनेवाला कोई नही है। जो इस गीताशास्त्र का मनन करेगा उसके द्वारा मैं ज्ञानयज्ञ से पूजित होऊँगा ऐसा मेरा मानना है। जो मनुष्य श्रद्धायुक्त और दोषदृष्टि से रहित होकर इस गीताशास्त्र का श्रवण भी करेगा वह भी पापों से मुक्त होकर उतम कर्म करनेवालों के श्रेष्ठ लोकों को प्रप्त होगा। हे पार्थ! क्या तुने गीता शास्त्र को एकाग्रचित होकर सुना और क्या तुम्हारा अज्ञानजनित मोह नष्ट हो गया ?*

अर्जुन बोले – आपकी कृपा से मैने स्मृति प्राप्त कर ली है,क्योंकि मेरा मोह नष्ट हो गया है। अब मैं संशयरहित होकर स्थित हूँ, अतः आपकी आज्ञा का पालन करूँगा।

संजय बोले – इस प्रकार मैने श्री वासुदेव और महात्मा अर्जुन के इस अद्भुत रहस्ययुक्त रोमांचकारक संवाद को सुना। श्री व्यास जी की कृपा से दिव्य दृष्टि पाकर मैने परम गोपोनीय योग को अर्जुन के प्रति कहते हुए स्वयं भगवान श्री कृष्ण से प्रत्यक्ष सुना। हे राजन! मैं कृष्ण अर्जुन के रहस्ययुक्त, कल्याणकारक,और अद्भुत संवाद को पुनः–पुनः स्मरण करके मैं बार–बार हर्षित हो रहा हूँ। श्री हरि के उस अत्यन्त विलक्षण रूप को भी पुनः–पुनः स्मरण करके मेरे चित्त में महान आश्चर्य होता है। मैं बार–बार हर्षित हो रहा हूँ। हे राजन ! मेरे विचार से जहाँ योगेश्वर भगवान् श्री कृष्ण

हैं और जहाँ गाण्डीव–धनुषधारी अर्जुन हैं वहीं पर श्री, विजय,विभूति और अचल नीति हैं।

तत्व–विवेचना

१. **त्याग एवं संन्यास :–**

अर्जुन का अन्तिम प्रश्न है कि, **त्याग और संन्यास में क्या अन्तर हैं** ?
सामान्य अर्थ में त्याग और सन्यास में कोई अन्तर पता नहीं चलता है। परन्तु आध्यात्म में त्याग का अर्थ है – आसक्ति का त्याग । जबकी सन्यास का अर्थ है कर्तापन का अभाव । श्रीमद्भगवत्गीता में अर्जुन साधारण मनुष्य का प्रतिनिधित्व कर रहें हैं । सांसारिक जीवन में साधारण मनुष्य भय, क्रोध या चिन्ता जैसे नाकारात्मक भावों के प्रभाव के कारण किसी कर्तव्यकर्म का भी त्याग कर देता है। तथा इसी को सन्यास मान बैठता है । ऐसे लाखो उदाहरण हमें संसार में देखने को मिलता है । जैसे कोई किसी अपराध की सजा के भय से गृहत्याग करके स्वयं को सन्यासी घोषीत करता है , तो कोई धरेलुविवाद से तंग आकर गृहत्याग कर देता है । अर्जुन भी युद्ध परिणाम की चिन्ता कर युद्ध को त्यागना चाह रहे थे । एवं वे इसको सन्यास समझ रहे थे ।
वास्तव में त्याग या सन्यास अनायास नहीं होता इसके लिए बहुत हीं ज्यादा प्रयत्न की आवश्यकता होती है जिससे मन पर नियंत्रण पाया जा सके ।
संन्यास और त्याग के बारे में जानकर अर्जुन को समझ में आ जाता है कि वे जिस त्याग को संन्यास समझ रहे हैं,वह वास्तव में न तो संन्यास है और न हीं कोई त्याग, उन्हें यह आभास हो जाता है कि वे तो अपने कर्तव्यकर्म को त्यागने की सोचकर उसे सन्यास समझ रहे हैं इसलिए जब श्री कृष्ण उनसे उनके ज्ञान के आधार पर स्वयं निर्णय लेने को कहतें हैं, तो अर्जुन कहतें हैं कि उनका अज्ञान (मोह के कारण त्याग को संन्यास मानना) समाप्त हो गया है अब उन्हे निर्णय लेने में कोई दूविधा नहीं है, क्योकि वे जान चुके हैं कि, कर्तव्यकर्म का त्याग तो त्याग है हीं नहीं। अतः वे अपने कर्तव्यकर्म का पालन करते हुये युद्ध के लिए तैयार हो जातें हैं ।

२. **युद्ध की प्रसांगिकता** :–मनुष्य का कोई भी कर्म अथवा युद्ध केवल यांत्रिक क्रिया नहीं हैं, इसमें विवेक के समावेश के साथ–साथ कर्मकुशलता का भी योगदान होता है। अतः युद्ध जैसे भयंकर कर्म के लिये यह निर्णय

करना किसी के लिये आसान नहीं है। अर्जुन के प्रश्न कि युद्ध करना या न करना में कौन कल्याणकारी है? इस प्रश्न का उत्तर देना भगवान कृष्ण के लिए भी आसान नही था, अतः गीता के अन्तिम अध्याय में वे जीवन के कुछ अन्य व्यवहारिक एवं अध्यात्मिक सिद्धान्तों का ज्ञान देकर निर्णय अर्जुन पर ही छोड़ दिये कि अब तुइस रहस्ययुक्त ज्ञान को पुर्णतया भलीभाँति विचारकर जैसा चाहता है , वैसा ही कर।

इसका अर्थ है कि, **युद्ध दृष्टिकोण आधारित होता है,** युद्ध का निर्णय कभी भी युद्ध में होनेवाले विध्वन्स अथवा युद्ध परिणाम के आधार पर नही लिया जा सकता है।

सबसे पहले हम धर्मक्षेत्र के युद्ध के बारे में चिंतन करें जो हमारे मन में आसुरी सम्पदा और दैवी सम्पदा के बीच लगातार चलता ही रहता है। आसुरी सम्पदा के विजय होने पर हम काम,क्रोध,लोभ एवं अहंकार के सांसारिक पाश में बंध जाते है। परन्तु जब दैवी सम्पदा का विजय होता है, तो हमारे अन्दर अहिंसा, सद्‌भाव और नम्रता का प्रादुर्भाव होता है, जो वैराग्य के तरफ ले जाता है। अतः अध्यात्मिक दृष्टिकोण से यह मुक्ति की ओर ले जाता है।

यह मनुष्य के अपने दृष्टिकोण पर निर्भर करता हैं, कि वह अपनी आसुरी सम्पदा को बढ़ाये या दैवी सम्पदा को। आसुरी सम्पदा को बढ़ने के लिये अपने आसुरी अस्त्र (काम,क्रोध और लोभ) के धार को तेज करना होगा तथा वैसा काम करेगा, जिससे उसके अहंकार को समर्थन मिले, इसी प्रकार दैवी सम्पदा बढ़ाने के लिये दैवीय अस्त्र (अहिंसा, सद्‌भाव और नम्रता) को धार देना होगा। आसुरी सम्पदा और दैवी सम्पदा में युद्ध तो निश्चित है, जो मन के भीतर ही होता है,साथ ही साथ अगर मन निष्क्रिय होकर बैठ जाता है। अर्थात् वह न तो आसुरी सम्पदा को बढ़ाता हैं,और न ही दैवी सम्पदा को बढ़ाता हैं, तो यह उसके तमोगुण का परिचायक है,तमोगुण के कारण मनुष्य हमेशा शोकग्रस्त रहता है। शोक मनुष्य के मूल लक्ष्य आनन्द के प्राप्ति के वीपरीत होता है।

मानव अपने जन्म से दो प्रकार के सम्पदाओं के साथ जन्म लेता हैं। तथा सृष्टी के प्रारंभ से हीं दो विषम विचारों (स्वार्थ और परमार्थ) के बीच युद्ध चलता ही रहा है। किसी के युद्ध से मुख मोड़ लेने से युद्ध केवल टल सकता है,समाप्त नही हो सकता है दैवी सम्पदा वाले युद्ध के लिए अहिंसा आदि को अपना हथियार बनातें हैं,जबकि आसुरी सम्पदा वाले हिंसा आदि को अपना हथियार बनातें हैं ।

भय के कारण अहिंसावादी बनना मिथ्याचार है धर्माचरण नहीं। जबकि शक्ति रहते हुए अहिंसा को युद्ध के लिए अपनाना दैवी सम्पदा का परिचायक है। हिंसक युद्ध सदा से स्वार्थ एवं अहंकार के लिए लड़ा जाता है, जबकि प्रायः अहिंसक युद्ध का अभिप्राय परमार्थ होता है।

व्यवहारिक रूप से हिंसक के साथ अहिंसक युद्ध संभव ही नही है, हिंसक के लिए अहिंसा आत्मसर्मपण प्रतीत होता है। इसलिए परमार्थ हेतु अगर युद्ध हिंसक पद्धति से भी लड़ा जाये तो यह अधर्म न होकर धर्मयुद्ध माना जाता हैं। क्योंकि धर्म के मूल में परमार्थ ही हैं।

जिस प्रकार अग्नी को बुझाने के लिए जल की आवश्यकता होती है,उसी प्रकार युद्ध समाप्त करने के लिए शान्ति की आवश्यकता होती है। हिंसक युद्ध के लिए हिंसा का सहारा लेने से युद्ध का मूल कारण अहंकार का मर्दन हो जाता है,और जब युद्ध का कारण ही समाप्त हो जाये तो शान्ति स्थापित होना स्वभाविक है। शान्ति जल के समान है और युद्ध अग्नि के समान। अग्नि को बुझाने के लिये समुचित मात्रा में जल की आवश्यकता होती है। जब जल की मात्रा समुचित होती है तो , जल युद्ध करके अग्नि को अपने गर्भ में समेट लेता है। इसी प्रकार अगर शान्ति अधिक शक्तिशाली हो तो भी शान्ति को अशान्ति से तब तक युद्ध करना पडता है जबतक अशान्ति के कारक अहंकार का मर्दन न हो जाये। अतः शान्ति या अहिंसा कायरों का काम नहीं हैं ।

पुरे गीता के उपदेश सुनने के बाद अर्जुन को यह आभास हो जाता है कि अगर अर्जुन युद्ध छोड़ भी दे तो भी युद्ध नही रूक सकता क्योंकि कौरव पक्ष अपने स्वार्थ और अहंकार के पूर्ति लिए युद्ध में शामिल हुए हैं,इसलिये अर्जुन को यह स्पष्ट हो जाता है कि उनके लिए युद्ध करना ही श्रेष्ठ है। क्योंकि कौरव पक्ष के अहंकार का मर्दन होने के बाद ही शान्ति स्थापित हो सकतीहै(युद्धपूर्व की शान्तिवार्ता विफल हो चुकी हैं ।)।

युद्ध उचित्त है या अनुचित्त का साधारण उत्तर है कि युद्ध सदा हीं दृष्टिकोण आधारित होता है। इसका निर्णय कभी भी परिणाम को आधार मानकर नहीं लिया जा सकता है। ज्यादातर युद्ध का कारण अज्ञानजनित होते है, अहंकार अज्ञान का हीं एक प्रकट रूप है । इस प्रकार के अहंकार को समाप्त करने के लिए ज्ञान की आवश्यकता होती है, और ज्ञान का मुख्य श्रोत है अनुभव।

संसार के इतिहास से यह सिद्ध हो चुका है कि युद्ध दो प्रकार का होता है।

1. वैचारिक युद्ध :— इसे लड़ने के लिए ज्ञान की आवश्येकता होती है शस्त्र की नहीं । इस युद्ध में जनहानि नहीं होती है ।
2. अज्ञानजनित युद्ध :— इस प्रकार का युद्ध में क्रोध, लोभ, ईर्ष्या आदि का प्रमुख योगदान होता है । इसे लड़ने के लिए शस्त्र की आवश्यकता होती है । इसमें जनहानि के साथ —साथ कई प्रकार की भौतिक हानि होती है ।

युद्ध उचित है या अनुचित — सत्य तो यह है कि युद्ध/ संघर्ष प्रकृति का नियम है । जो संघर्ष करता है उसी का अस्तित्व रहता है । तथा जो सधर्ष से बचना चाहता है वह समाप्त हो जाता है। अतः युद्ध उचित या अनुचित नहीं होता है । युद्ध तो युद्ध होता है और इसे लड़ना हीं पड़ता है । अगर युद्ध वैचारिक है तो इसे तर्क अथवा ज्ञान से लड़ा जाता है । परन्तु युद्ध अगर अज्ञानजनित है तो इसे तर्क अथवा ज्ञान से नहीं लड़ा जा सकता है, इसके लिए शस्त्र की आवश्यकता होता है । इसलिए विदूरनीति में कहा गया है कि :

कृते प्रतिकृतिं कुर्याद्विंसिते प्रतिहिंसितम्।
तत्र दोषं न पश्यामि शठे शाठयं समाचरेत्।।

अर्थात — जो जैसा करता है उसकी प्रतिक्रिया भी वैसी हीं होनी चाहिए। अगर कोई हिंसा करता है तो हिंसक प्रतिक्रिया में कोई दोष नहीं है । क्योकि मूर्खता का जबाव विद्वता से नहीं दिया जा सकता है । इसलिय कहा गया है कि:

उपदेशो हि मूर्खाणां प्रकोपाय न शान्तये।
पयः पान भुजंगानां केवलं विषवर्धनं ।

अर्थात मूर्खो को उपदेश देने से उनका क्रोध शान्त नहीं होता है वल्कि बढ़ जाता है जैसे सर्प को दूध पिलाने से उसका विष वढ़ जाता है ।

निष्कर्ष :— संधर्ष/युद्ध प्रकृति का नियम है, जो हमेशा अनिश्चित होता है। इसका सामना हमें कहीं भी और कभी भी किसी भी रूप में करना पड़ सकता है । अतः प्रत्येक मनुष्य को इस अनिश्चित के लिये हमेशा तैयार रहना चाहिए। अपने अहंकार को पोषित करने के लिये युद्ध अधर्म के श्रेणी में आता है । परन्तु अपने अस्तित्व के रक्षा के लिये किया जानेवाला युद्ध अधर्म के श्रेणी में नहीं आता है। इसे धर्मयुद्ध भी कहा जाता है ।

श्रीमद्भगवद्गीता मानव जीवन में आनेवाले प्रत्येक अनिश्चित से मुकावला करने के लिए कर्मयोग को अपनाने की जरूरत का भरपुर समर्थन किया है, जो मनुष्य को स्थितप्रज्ञ अथवा कर्मयोगी बना देता है , जो प्रत्येक स्थिति में

विषाद से मुक्त होता है । इसलिए भगवान श्री कृष्ण अर्जुन को योगी/कर्मयोगी बनने की सलाह देतें हैं। कर्मयोगी हमेंशा जोश और होश से परिपूर्ण होता है ।

उपसंहार

श्रीमद्भगवद् गीता में हमारे रोजमर्रा के जीवन से सम्बन्धित अनेको उपदेश हैं । परन्तु इसका अतिविशिष्ठ एक ही संदेश है कि, श्री कृष्ण के समान पथ प्रर्दशक अथवा समर्थ गुरु के सानिध्य में रहना चाहिए। जो प्रत्येक स्थिति में हमें सही निर्णय लेने में मदद करे । सौभाग्य से वह निर्लेप्य समर्थ गुरु हमारे पास आत्मा के रूप में सदैव उपस्थित रहता है। हमें अपने आत्मा के शरण में जाने से ही आत्मबल प्राप्त होता है, एवं हमें अपने समस्यायों का समाधान मिल जाता है, तथा मन का द्वन्द्व समाप्त हो जाता है। निर्द्वन्द मन धर्मानुकूल निर्णय लनें में सक्षम होता है। धर्मानुकूल निर्णय तब ही हो सकता है जब हम अहंकार एवं स्वार्थ को छोड़कर निर्णय लें। राक्षसों (अहंकारी) पर देवतायों (सौम्य) का विजय को अधर्म पर धर्म के विजय के रूप में बताया जाता है। परमात्मा के शरीर धारण का उदेश्य भी पृथ्वी पर आसुरी शक्ति को परास्त कर दैवीय शक्ति को बढ़ावा देने का रहा है। श्रीमद्भगवद्गीता में श्री कृष्ण कहतेहैं :

यदा यदा ही धर्मस्य ग्लानिर्भवति भारत,
अभ्युत्थानमृधर्म्स्य तदात्मानं सृजाम्यहम्।
परित्राणय साधूनां विनाशाय चदुष्कृताम्,
धर्मसंस्थपनार्थाय सम्भवामि युगे युगे।।

गोस्वामी तुलसीदास ने भी इसी बात को सरल शब्दों में कहा हैः–

जब जब होई धरम के हानि। बाढ़े असुर अधम अभिमानी।।
तब तब धरि प्रभु विविध शरीरा। हरहिं दयानिधि सज्जन पीरा।।

कई लोग इन श्लोकों से यह निष्कर्ष निकालते हैं, कि जब धरती पर अधर्म बढ़ता है, तो भगवान स्वयं अवतार लेतें हैं। यह बात सत्य हो सकता है, परन्तु श्रीमद्भागवद् गीता के माध्यम से महर्षि वेद व्यास ने यह बतलाया है कि **प्रत्येक मनुष्य थोड़ा अभ्यास करके स्थितप्रज्ञ/कर्मयोगी, अर्थात् देवतुल्य हो सकता है**, *तथा धर्म की मर्यादा को बनाये रख सकता है,जो मनुष्य का परम कर्तव्य है। कर्मयोगी के लक्षण को निम्न श्लोक से परिभाषित किया जाता हैः* **विपत्ति धैर्य धनं अभ्युदये क्षमा, सदसी वाक्पटूता युद्धि विक्रमा।**

अर्थात कर्मयोगी विपत्ति आने पर धैर्य को धारण करते हैं, जब उनके पास धन बल की बृद्धि होती है तो, वे क्षमाशील हो जातें हैं, जब वे विद्वानों की सभा में बैठते हैं तो , वे अपनी विद्वता का परिचय देतें हैं एवं युद्ध आवश्यक होने पर वे अपने रण कौशल का परिचय देतें हैं। श्रीमद्भगवतद्गीता साधारण मनुष्य अपने जीवन में कर्मयोगी बननें लिए प्रेरित करता है।जो सदा समभाव में रहकर अपना कर्तव्यकर्म करता है। वह मानसीक तनाव नहीं लेता है वल्कि अनिश्चित का उचित ढ़ग से पुरे जोश और होश में रहकर करता है। महाभारत के युद्ध में श्री कृष्ण का यह निर्णय की वे सारथी के रूप में अर्जुन के रथ का संचालन करेंगें , यह दर्शाता है कि भगवान हमेंशा पथ प्रदर्शक के रूप में धर्मयुद्ध में भाग लेनेवालों कर्मयोगी के साथ रहते हैं। युद्ध तो मनुष्य को प्रत्येक क्षण अनिश्चित से करना हीं पड़ता है।

श्रीमद्भागवद् गीता के माध्यम से सनातन संदेश यही हैं कि, मनुष्य को स्वधर्म की मर्यादा (अहंकाररहित स्थिति) में रहकर सतत् कर्तव्यकर्म करते रहना चाहिये। यहॉ कर्तव्यकर्म का आशय है मानव जीवन के चारो पुरूषार्थ (धर्म–अर्थ – काम– मोक्ष) को ध्यान में रखकर किया जाने वाला कर्म । इस प्रयास से मनुष्य देवतुल्य स्थितप्रज्ञ हो जाता है एवं प्रत्येक अनिश्चित का सामना या स्वागत बिना किसी मानसिक तनाव के बिना विचलित हुये करता है । सनातन धर्म का पालन अथवा स्वधर्म का पालन परमानन्द प्राप्ती का प्रमाणित पथ है, इसमें भय एवं शोक का कोई स्थान नहीं है। **श्रीमद्भागवद्गीता में स्थापित ज्ञान सफल मानव जीवन की कुँजी है। इसका अध्ययन एवं मनन मनव को अपने–आप को जानने एवं आजीवन जोश और होश में रहकर अपने जीवन का उद्देश्य मानव पुरूषार्थ (धर्म–अर्थ – काम– मोक्ष) प्राप्त करने का पथ प्रदर्शित करता है ।**

–:ऊँ तत् सत्:–

|| जय श्री कृष्ण ||

अचल नीति श्री विजय विभूति अपि धर्म का सार।
सकल वहीं हैं कृष्ण जहाँ राजन सुसिद्ध विचार।।

परिशिष्ट– सप्तक

परिशिष्ट–1

श्रीमद्भगवद्गीता का नामकरण

सनातन धर्म का आधार स्तम्भ श्रीमद्भगवद्गीता का नामकरण के बारे में चर्चा करना जरूरी है।क्योंकि किसी भी विषय के बारे में जानकारी का सूत्र उस विषय के शिर्षक में होता है।

*सनातन धर्म मुख्य चार प्रकार के योगों का आचरण करने का संदेश देता है–1.***कर्मयोग 2. साख्ययोग 3.भक्तियोग 4. राजयोग।**

गृहस्थ आश्रम वालों के लिए **राजयोग** *को उपयुक्त माना जाता है। जो कर्मयोग और भक्तियोग का सम्मिलित रूप है,जिसे हम साधारण भाषा में परमार्थ हेतु सत्कर्म कहते हैं।*

संसार का कोई भी व्यक्ति अपने जीवन में परेशानी नही चाहता है। संसार का प्रत्येक मनुष्य अपने जीवन में आन्नद चाहता है। आनन्द के परम अनुभूति को परमानन्द की प्राप्ती कहा जाता है। सनातन धर्म के अनुसार परमानन्द की प्राप्ती ही ईश्वर की प्राप्ती का स्वरूप है।

कोई मनुष्य जिस मर्म (प्रकृतिक गुण) को धारण करता हैं, उसे ही उसे हीं उस मनुष्य का धर्म (धारण किया हुआ मर्म) कहते हैं । प्रत्येक मनुष्य का मर्म हैं, परमानन्द की प्राप्ती।

कुरूक्षेत्र में मोह के कारण अर्जुन को विषाद हो गया था । तथा भगवान श्री कृष्ण ने अर्जुन को ज्ञान देकर अर्जुन का विषाद को दूर किया था। विषाद के दूर होनेपर आनन्द का होना स्वभाविक है । अतः युद्ध जैसे वीपरीत परिस्थिति में भी अर्जुन को आन्नद की अनुभूति हुई थी ।

आन्नद के अवस्था में मनुष्य की सामान्य चाल भी नृत्य के समान प्रतीत होता है, एवं सामान्य बातें भी आनन्ददायी गीत प्रतीत होती है। *अर्जुन को उसके कर्तव्यबोध होने के कारण युद्ध जैसे वीपरीत परिस्थिति में भी कृष्ण–अर्जुन संवाद आनन्दायी गीत सा प्रतीत होता है। इसलिये श्रीकृष्ण –अर्जुन के इस संबाद को श्रीमद्भगवद् गीता की संज्ञा प्राप्त हैं।* ***श्रीमद्भगवद्गीता का साधारण अर्थ हैं–भगवान के श्रीमुख से उद्धरित मानव कल्याणकारी गीत।***

–ःऊँ तत् सतः–

परिशिष्ट—२

कर्मण्येवाधिकारास्ते मा फलेषु कदाचन्

प्रायः लोग श्रीमद्भगवद्गीता के एक श्लोक **कर्मण्येवाधिकारास्ते मा फलेषु कदाचन्** का स्मरण करते हुये यह बतातें हैं कि हमारा अधिकार सिर्फ कर्म पर है, कर्मफल पर कभी नहीं। इससे साधारण जनमानस में निराशा उत्पन्न होती है,क्योंकि प्रायः कर्मफल की आशा से ही लोग कर्म करते है। और कई लोग यह कहते है कि, अगर कर्मफल की ही निश्चितता न हो, तो कर्म ही क्यो करें। उपर्युक्त श्लोक का सही व्याख्या के लिये श्लोक में प्रयुक्त शब्दों पर गहराई से विचार करना होगा। इसमें श्लोक में तीन प्रमुख शब्द हैं :—**कर्म, अधिकार और कर्मफल।**

कर्म :—जैसा कि हम जानतें हैं कि, प्रत्येक कर्म का कोई न कोई फल होता ही है। अर्थात किसी भी कर्म का फल तो निश्चित है, परन्तुकर्म की सफलता कर्ता के निष्ठा पर निर्भर करता है। कर्ता की निष्ठा उसकी दक्षता पर निर्भर करता है। और दक्षता अनुभव जनित ज्ञान पर। किसी भी कर्म की सफलता का मूलाधर है —ज्ञान। मनुष्य अपने प्रयासों से ज्ञान प्राप्त कर सकता है। इसलिये कहा गया है कि मनुष्य का उसके कर्मों पर पूर्ण अधिकार है। क्योकि **कर्म बर्तमान का विषय है।**

अधिकार :— अधिकार का अर्थ हैं स्वयं के नियंत्रण में। मनुष्य कर्म तो करता हैं, परन्तु वह प्रायः कर्मफल से प्रेरित होता है। कर्मफल हमेंशा भविष्य के गर्भ में होता है । अतः भविष्य पर किसी का नियंत्रण हो हीं नही सकता।

कर्मफल :—प्रत्येक कर्म का कोई न कोई फल अवश्य होता है। परन्तु कर्मफल भविष्य का विषय है, भविष्य पर किसी का नियंत्रण नही हो सकता है। अतः कर्मफल पर किसी का नियंत्रण नही हो सकता है।

अतः उपर्युक्त श्लोक **कर्मण्येवाधिकारास्ते मा फलेषु कदाचन** का भावार्थ है : कि हम अपने कर्म पर ही नियंत्रण रख सकते है, क्योंकि यह वर्तमान का विषय होता है,तथा हम अपने कर्म को अकर्म की अवस्था तक ले जा सकते हैं,जहाँ कर्मफल के भय के स्थान पर कर्म में हीं आनन्द की अनुभूति होती है। कर्मफल तो भविष्य के गर्भ में होता है,इसलिये अगर कर्मफल के स्थान पर अपने कर्म पर ध्यान रखा जाये तो सफलता निश्चित है। आज के सभी सफल लोग अपने वर्तमान में जीते है, भविष्य में नहीं ।

—ःॐ तत् सतः—

परिशिष्ट–३

शोक किसके लिए

श्रीमद्भगवद्गीता कं अनुसार भगवान श्री कृष्ण अर्जुन को समझाते हुए कहतें हैं कि युद्ध में उपस्थित लोग शोक करने योग्य नहीं हैं,क्योकि मृत्यु निश्चित है,जो बस चिरनिद्रा के समान है। आत्मा अमर है और उसकी दो गति है :

१. आत्मा का पुर्नजन्म से मुक्त हो जाना

२. आत्मा का पुर्नजन्म को प्राप्त होना

ये सब ज्ञान की बातें युद्ध के पूर्व की है। इसमें श्रीकृष्ण ने अर्जुन को मोहित न होने की सलाह देतें हैं। परन्तु साधारण जीवन में मनुष्य तो मोहित होता हीं है। लोगों को अपनों से बिछड़ने का दूःख होता हीं है। इस बिषय पर ऋषि मुनियों का कथन है कि, किसी को मृत्यु के प्राप्त होने पर हमें शोक तब करना चाहिए जब ऐसा प्रतीत हो कि मृत्यु के उपरांत आत्मा मुक्त न होकर जन्म–मरण के चक्र में पड़कर भटकेगा। इसकी पहचान के लिये गोस्वामी तुलसीदास ने गुरू वशिष्ठ के माध्यम से राजा दशरथ के परलोक प्रयाण के बाद भरत के शोक को दूर करने के हेतु निम्न पक्तियों के द्वारा शोक निर्णय व्यक्त किया है :

दो०–सुनहू भरत भावी प्रवल बिलखि कहेउ मुनिनाथ।
हानि लाभ जीवनु मरनु जसु अपजसु बिधि हाथ।।

अस बिचारि केहि देइअ दोसू। ब्यरथ काहि पर कीजिअ रोसू।।
तात बिचारू करहु मन माहीं। ब्यरथ काहि पर कीजिअ रोसू।।
तात बिचारू करहु मन माहीं। सोच जोगु दसरथु नृपु नाहीं ।।
सोचिअ बिप्र जो बेद बिहीना। तजि निज धरमु बिषय लयलीना।।
सोचिअ नृपति जो नीति न जाना।जेहि न प्रजा प्रिय प्राण समाना।।
सोचिअ बयसु कृपन धनवानू। जो न अतिथि सिव भगति सुजानू।।
सोचिअ सुद्रु बिप्र अवमानी। मुखर मानप्रिय ग्यान गुमानी ।।
सोचिअ पुनि पति बंचक नारी। कुटिल कलहप्रिय इच्छाचारी।।
सोचिअ बटु निज ब्रतु परिहरई। जो नहिं गुर आयसु अनुसरई।।
सोचिअ गृही जो मोह बस करई करम पथ त्याग।
सोचिअ जती प्रपंचरत बिगत बिबेक बिराग।।
बैखानस सोइ सोचै जोगु। तपु बिहाइ जेहि भावइ भोगू।।

सोचिअ पिसुन अकारण क्रोधी। जननी जनक गुर बंधु बिरोधी।।
सब बिधि सोचिअ पर अपकारी। निज तनु पोषक निरदय भारी।।
सोचनीय सबहीं बिधि सोई। जो न छाड़ि छलु हरि जन होई ।।
सोचनीअ नहिं कोसलराउ। भुवन चारिदस प्रगट प्रभाउ।।
भयउ न अहइ न अब होनिहारा।भूप भरत जस पिता तुम्हारा ।।
बिधि हरि हरु सुापति दिसिनाथा। बरनहिं सब दसरथ गुन गाथा।।

कहहु तात केहि भँति कोउ करिहि बड़ाई तासु।
राम लखन तुम्ह सत्रुहन सरिस सुअन सुचि जासु ।।

इन पक्तियो का अर्थ बहुत हीं सरल है जो यह बताता है कि अपने लौकिक धर्म / जिम्मेवारी से च्युत लोगों की आत्मा मुक्त नहीं हो पाती हैं,परन्तु जो निष्काम भाव से अपनी लौकिक धर्म / जिम्मेवारी का निर्वाह करते हैं उसके लिए शोक नहीं करना चाहिये क्योकि उसका जन्म जिस काम के लिए इस धरती पर हुआ था, उन्होने उसे पूरा किया है, अतः वे मुक्ति के अधिकारी हैं ,और उनके लिए शोक करने की कोई आवश्यकता नहीं। इन पक्तियों में छुपे हुए भाव को समझना चाहिए जो इस प्रकार है :

राजा दशरथ शोक के योग्य नहीं हैं,क्योकि उन्होने अपना धर्म / जिम्मेवारी का निर्वाह किया है। शोक के योग्य अज्ञानी ब्रह्मण हैं जो अपने लौकिक धर्म से च्युत हैं। शोक योग्य वैसा राजा है जिसे नीति का ज्ञान नहीं है जिससे उनकी प्रजा दूखी रहती है। शोक के योग्य धनवान परन्तु कृपण व्यापारी है जो अतिथि की सेवा न करता हो। शोक योग्य वह शूद्र है जो विद्वानों का उपहास करता हो और अपना ज्ञान न बढ़ाकर अपने को परम ज्ञानी मानता हो। वो नारी शोक के योग्य है जो अपने पति का विश्वासी न हो तथा सदा वेवजह की कुटिलता में रत रहती हो। इसी प्रकार हमें उनके लिये शोक करना चाहिए जो अपने लौकिक धर्म का निर्वाह नहीं करतें हों। साधारण भाषा में हम कह सकतें हैं कि,अपने लौकिक धर्म का निर्वाह नहीं करने वाले उनके जीवनकाल में हीं शोक के योग्य है। अर्थात जो अपने वृति अथवा जिम्मेवारीके साथ न्याय नहीं करता वह सचमुच शोक के योग्य है। जो लोग अपने जीवन में अपने धर्म /लौकिक जिम्मेवारी का निर्वहन करतें हों उनके लिए किसी को शोक नहीं करना चाहिए, क्योकि वे वही काम कर रहें हैं जिसके लिए उनका जन्म हुआ है। इसलिए कहा जाता है कि मोह शोक का कारण है, और मोह का कारण अज्ञानता है। इसलिए तत्वज्ञानी कभी शोक नहीं करते हैं ।

परिशिष्ट–४

राधा –कृष्ण

आजकल कौतुहल वश एक विवाद माता राधा और श्री कृष्ण के बारे मे लोगों को भ्रमित कर रहा है कि अक्सर मंदिरों में एक साथ पूजे जानेवाले माता राधा एवं श्री कृष्ण का क्या समबन्ध है।

ऐसा बताया जाता है कि माता राधा का वर्णन श्री कृष्ण लीला से सम्बधित ग्रन्थ जैसे श्रीमदभगवत् महापुराण, महाभारत, हरिवंश महापुराण,विष्णुपुराण इत्यादि में कहीं नहीं है।श्रीमदभगवत्महापुराण, और महाभारत में श्री कृष्ण की सोलह हजार आठ रानियाँ बताई गई है। जबकि हरिवंश पुराण और,विष्णुपुराण में श्री कृष्ण की सोलह हजार एक सौ आठ रानियाँ बताई गई है। जिनमें माता राधा का नाम कहीं नहीं है ।

कुछ विद्वान राघा शब्द को आराध्या का अपभ्रंश मानतें हैं और कहतें हैं कि माता राधा श्री कृष्ण की आराध्या है। जबकि कुछ लोगों का कहना है कि श्री कृष्ण तो योगी थे एवं श्रीमद्भगवद्गीता में वर्णित विश्वरूप के अनुसार सबकुछ उनमें हीं समाहित है। इसलिए श्री कृष्ण से अलग माता राधा का कोई अस्तित्व नहीं है ।

गर्ग संहिता (महर्षि गर्ग श्री कृष्ण के कुलगुरु थे) के अनुसार श्री कृष्ण और राधा के बीच विवाह सम्पन्न हुआ था। जिसमे श्री कृष्ण को आदि पुरूष का अवतार एवं माता राधा को आदि शक्ति का अवतार माना गया है ।

कुछ प्रसिद्ध कथाकार माता राधा और श्री कृष्ण की कहानी को आनन्दप्रद बनाने के लिए माता राधा को श्री कृष्ण की प्रेमिका बतातें हैं ।

इस प्रकार माता राधा और श्री कृष्ण के समबन्ध के बारे में अनेक विरोधाभाषी जन श्रुतियाँ हैं। जो भक्तों मे भ्रम की स्थिति उत्पन्न करता है ।

श्रीमद्भगवद्गीता के १३ वें अध्याय के अनुसार किसी भी चेतन की उत्पती प्रकृति और पुरुष के संयोग से होता है। तथा प्रकृति और पुरुष दोनों अनादि हैं। किसी भी कर्म के लिये कर्ता को कर्मप्रेरणा की आवश्यकता होती है। श्री कृष्ण आत्मा अथवा कर्ता के प्रतीक हैं। इसी प्रकार माता राधा प्रकृति अथवा कर्मप्रेरणा की प्रतीक मानी जाती हैं। श्रीमद्भगवद्गीता के १३वें अध्याय में ऐसा बताया गया है कि आत्मा प्राणी के शरीर में निवास करती है। बिना आत्मा के शरीर या बिना शरीर के आत्मा का कोई अतित्व नहीं हैं। इस प्रकार किसी भी प्राणी का आत्मा और शरीर अविभाज्य है। इसी प्रकार माता राधा और श्री कृष्ण अलग नहीं हैं ।

कई विद्वानों के विचार में सारे विरोधाभाष का मौलिक कारण यह है कि हम माता राधा और श्री कृष्ण के समबन्ध को भौतिक दृष्टीकोण से जानना चाहतें हैं।

इतने विरोधाभाष के बावजुद इस बात को मानने को प्रत्येक भक्त तैयार है कि माता राधा और श्री कृष्ण के बीच अलौकिक तारतम्यता थी। चाहे माता राधा श्री कृष्ण की प्रेमिका रहीं हों अथवा श्री कृष्ण की पत्नी अथवा दोनो एक हीं हों ।

गर्ग संहिंता के अनुसार माता राधा और श्री कृष्ण का विवाह हुआ था। अतः माता राधा श्री कृष्ण की अर्द्धागनीं थी। यह माना जाता है कि श्री कृष्ण और माता राधा का प्रेम वासनात्मक न होकर अलौकिक था।

अलौकिक प्रेम का पहचान है दो मिलकर एक हो जाना अतः दोनों में से किसी का अपना अलग पहचान नहीं होना जैसे शरीर और आत्मा का अलग– अलग पहचान संभव नहीं है ।

अगर माता राधा और श्रीकृष्ण का विवाह हुआ था (जैसा की गर्ग संहिता में कहा गया है ।) तो उनका प्रेम अलौकिक था। और जब प्रेम अलौकिक था, तो दोनो की पहचान अलग–अलग नहीं हो सकती।

उपर्युक्त विवेचना के बाद एक प्रश्न उत्पन्न होता है कि मंदिरों में राधा और कृष्ण की मुर्ति लगाई जाती है जिसमें वे दो अलग – अलग पहचान के प्रतीत होते हैं ।

यहां स्वमी विवेकानन्द का एक कथन का उल्लेख उचित जान पड़ता है कि जब वे बच्चों को मंदिर के तरफ जाते देखतें हैं तो उन्हे बहुत खुशी होती है। परन्तु जब वे बुढ़ो को मंदिर के तरफ जाते देखतें हैं तो बहुत अधिक पीड़ा होती है। मंदिर मे लोग जाकर आध्यत्मिक संदेशों को उसी प्रकार समझतें हैं जैसे प्राथमिक विद्यालय में अक्षर का ज्ञान। आध्यत्मिक संदेशों को जबतक आचरण में नहीं लाया जाता तो मंदिर में मूर्ति की पूजा का कोई लाभ नहीं होता। माता राधा और श्री कृष्ण की मंदिर में स्थापित मुर्तियाँ हमें द्वैत से अद्वैत होने का संदेश देती है। इसे आचरण में लाने की आवश्यकता हैं । बच्चों का प्राथमिक विद्यालय पढने के लिए जाना उचित है परन्तु अभिभावकों का पढ़ने के उद्देश्य से विद्यालय जाना तर्कसंगत नहीं है ।

भौतिक जीवन में पति–पत्नी के प्रेम को वासनात्मक हीं समझा जाता है । परन्तु सनातन धर्म का उद्देश्य मानव कल्याण रहा है । इसलिए सनातन धर्म में पत्नी को धर्मपत्नी कहा जाता है । जिसका लक्ष्य दोनों के बीच प्रेम का

वासनात्मक न होकर धार्मिक होता है । जो बन्धन के स्थान पर मुक्ति का साधन बन जाता है । सनातन धर्म के इसी उद्देश्य को ध्यान में रखकर उद्लक आरुणी के पुत्र महर्षि श्वेतकेतु (भारतीय विवाह पद्यति के जनक) ने कुछ उपाय सुझायें हैं,जिसे अपनाकर तत्कालीन समाज में अभुतपूर्व बदलाव आया था । इसे हम सप्तपदी के नाम से जानते हैं। जो आज के समय में वैवाहिक कर्मकाण्ड़ का एक विधि मात्र रह गया है ।

प्रायः गृहस्थ जीवन का आरंभ विवाह संस्कार के बाद होता है , जिसका आधार नैसर्गिक आकर्षण है, परन्तु कई वार समय के साथ इसे दूषित होने का खतरा भी बना रहता है । अगर सप्तपदी के सुझावों को आत्मसात किया जाये तो वैवाहिक बन्धन अलौकिक तारतम्यता में परिवर्तित हो जाता है। सनातन विवाह में अग्निदेव को साक्षी मानकर सफल गृहस्त जीवन के लिए अनिवार्य वचनों को निभाने का संकल्प लिया जाता है , इसके अतिरिक्त वर और कन्या दोनों कुछ प्रतिज्ञा भी करतें हैं ।

सनातन विवाह में कन्या सात वचनों के वर द्वारा स्वीकृति के साथ विवाह बन्धन स्वीकार करती है । वे इस प्रकार हैं:

1. **तीर्थ–व्रतोद्यापन यज्ञकर्म मया सहैव प्रियवयं कुर्याः** – पहला वचन यह है कि आप तीर्थ–व्रत एवं धार्मिक कार्य में मुझे अपना भागीदार बनायेंगें ।
2. **पुज्यो यथा स्वौ पितरौ ममापि तथेशभक्तो निजकर्म कुर्याः** – दूसरा वचन यह है कि, आप मेरे अभिभावको का भी सम्मान अपने अभिभावकों के समान करेंगें।
3. **जीवनम् अवस्थात्रये पालनां कुर्यात** – तीसरा वचन यह है कि, आप जीवन के तीनो अवस्था (युवावस्था, प्रोढ़ावस्था एवं वृद्धावस्था) में मेरा पालन करेंगें अथवा मेरा साथ देंगें ।
4. **कुटुम्बसंपालनसर्वकार्य कर्तु प्रतिज्ञां यदि कान्त कुर्याः** – चतुर्थ वचन यह है कि, अभी तक आप परिवार के पालन की चिन्ता से मुक्त थे , परन्तु विवाहोपरान्त आपकी पारिवारिक जिम्मेदारी बढ़ जायेगी , जिसका आप वहन करेंगें ।
5. **स्वसद्यकार्ये व्यहारकर्मण्ये व्यये मामापि मन्त्रयेथा** – पंचम वचन यह है कि, अपने धर के कार्य हेतु या किसी अन्य कार्य हेतु व्यय के लिये आप मेरा भी सलाह लेंगें ।
6. **न मेपमानमं सविधे सखीना द्यूतं न वा दुर्व्यसनं भंजश्वेत** – षष्ठ वचन यह है कि, अगर मैं अपने सहेलियों के बीच या किसी समारोह में हूँ तो आप मेरा किसी भी कारण से अपमान नहीं करेंगें । साथ हीं साथ आप जुआ एवं नशे से दूर रहेंगें ।

7. **परस्त्रियं मातुसमं समीक्ष्य स्नेहं सदा चेन्मयि कान्त कूर्या** –सप्तम् वचन यह है कि, आप पराई स्त्री को माता के समान मानेंगें , तथा कभी भी तीसरे व्यक्ति को पति–पत्नी के प्रेम के बीच नहीं लायेंगें।

इन वचनों के स्वीकृति के उपरांत विवाह सम्वन्ध को मधुर बनाये रखने के लिये वर और कन्या दोनों कुछ प्रतिज्ञा लेतें हैं । जो इस प्रकार है :

वर द्वारा लिया जानेवाला प्रतिज्ञा :

1. **धर्मपत्नी मिलित्वैव , ह्येकं जीवनमावयोः।अद्यारभ्य यतो में त्वम् अर्द्धांगिनीति घोषिता** – अर्थात आज से आपको अर्द्धांगिनी घोषित करतें हुये मैं यह प्रतिज्ञा करता हूँ कि , आपके साथ नव जीवन में आपकी देखभाल मैं अपने अंगों की तरह करूँगा।
2. **स्वीकरोमि सुखेन त्वां, गृहलक्ष्मीमीन्ततः। मनयित्वा विधास्यामि, सुकार्याणि त्वया सह** – अर्थात आज से मैं आपको गृहलक्ष्मी के रूप में स्वीकार करता हूँ एवं प्रतिज्ञा करता हूँ कि अपने जीवन के प्रत्येक निर्णय में आपके परामर्श को महत्व दूँगा ।
3. **रूप– स्वास्थ्य, गुणदोषादीन्सर्वतः।रोगज्ञान– विकारांश्च तव विस्मृत्य चेतसः** – अर्थात आपके रूप, स्वास्थ्य, स्वभावगत गुण– दोष एवं अज्ञानजनित विकारों को मैं अपने चित्त में नहीं रखूगाँ । उसके कारण असन्तोष व्यक्त नहीं करूंगाँ एवं स्नेहपूर्वक सुधारने के लिये आत्मीयता बनाये रखूँगा ।
4. **सहचरो भविष्यामि,पूर्णस्नेहः प्रदास्यते । सत्यता मम निष्ठा च, यस्याधरं भविष्यति** – अर्थात मैं प्रतिज्ञा करता हूँ कि मैं अपने वचन का पालन पूरा सत्यनिष्ठा के साथ करूँगा एवं पत्नी से मित्रवत स्नेह रखूँगा ।
5. **पवित्रचित्तेन पातिव्रत्य त्वया धृतम । तथैव पालयिष्यामि पत्नीव्रतमहं ध्रुवं** – अर्थात पत्नी के लिए जिस प्रकार पतिव्रत की मर्यादा कही गयी है, उसी दृढ़ता से स्वयं पत्नीव्रत धर्म का पालन करूँगा। चिन्तन और आचरण दोनों से ही परनारी से वासनात्मक सम्बन्ध नहीं जोडूँगा।
6. **गृहस्यार्थव्यवस्थायां मन्त्रयित्वा त्वया सह। सञ्चालनं करिष्यामि गृहस्थोचित. जीवनमं** – अर्थात गृह व्यवस्था में धर्मपत्नी को प्रधानता दूँगा। आमदनी और खर्च का क्रम उसकी सहमति से करने की गृहस्थोचित जीवनचर्या अपनाऊँगा।
7. **समृद्धि. सुख. शान्तिनां रक्षणाय तथा तव। व्यवस्थां वै करिष्यामि स्वशक्तिवैभवादिभिः** –अर्थात धर्मपत्नी की सुख. शान्ति तथा प्रगति. सुरक्षा की व्यवस्था करने में अपनी शक्ति और साधन आदि को पूरी ईमानदारी से लगाता रहूँगा।
8. **यत्नशीलो भविष्यामि सन्मार्गसेवितुं सदा। आवयोः मतभेदांश्च दोषान्संशोध्य शान्तितः**–अपनी ओर से मधुर भाषण और श्रेष्ठ व्यवहार बनाये रखने का

पूरा. पूरा प्रयत्न करूँगा। मतभेदों और भूलों का सुधार शान्ति के साथ करूँगा। किसी के सामने पत्नी को लाञ्छित. तिरस्कृत नहीं करूँगा।

9. **भवत्यामसमर्थायां विमुखायाञ्च कर्मणि। विश्वासं सहयोगञ्च मम प्राप्स्यसि त्वं सदा** – पत्नी के असमर्थ या अपने कर्त्तव्य से विमुख हो जाने पर भी अपने सहयोग और कर्त्तव्य पालन में रत्ती भर भी कमी न रखूँगा।

कन्या द्वारा लिया जानेवाला प्रतिज्ञा :

1. **स्वजीवनं मेलयित्वा भवतः खलु जीवने। भूत्वा चार्द्धाङ्गिनी नित्यं निवत्स्यामि गृहे सदा** – अर्थात अपने जीवन को पति के साथ संयुक्त करके नये जीवन की सृष्टि करूँगी। इस प्रकार घर में हमेशा सच्चे अर्थों में अर्द्धांगिनी बनकर रहूँगी।
2. **शिष्टतापूर्वकं सर्वैः परिवारजनैः सह। औदार्येण विधास्यामि व्यवहारं च कोमलम्** –पति के परिवार के परिजनों को एक ही शरीर के अङ्ग मानकर सभी के साथ शिष्टता बरतूँगी , उदारतापूर्वक सेवा करूँगी , मधुर व्यवहार करूँगी।
3. **त्यक्त्वालस्यं करिष्यामि गृहकार्ये परिश्रमम् । भर्तुर्हर्षं हि ज्ञास्यामि स्वीयामेव प्रसन्नताम्** – आलस्य को छोड़कर परिश्रमपूर्वक गृह कार्य करूँगी। इस प्रकार पति की प्रगति और जीवन विकास में समुचित योगदान करूँगी।
4. **श्रद्धया पालयिष्यामिए धर्मं पातिव्रतं परमं । सर्वदैवानुकूल्येन पत्युरादेशपालिकाः** – पतिव्रत धर्म का पालन करूँगी , पति के प्रति श्रद्धा. भाव बनाये रखकर सदैव उनके अनूकूल रहूँगी। कपट. दुराव नहीं करूँगी, एवं निर्देशों के अविलम्ब पालन का अभ्यास करूँगी।
5. **सुश्रूषणपरा स्वच्छा मधुर. प्रियभाषिणी। प्रतिजाने भविष्यामि सततं सुखदायिनी** – सेवाए स्वच्छता तथा प्रियभाषण का अभ्यास बनाये रखूँगी। ईर्ष्या, कुढ़न आदि दोषों से बचूँगी और सदा प्रसन्नता देने वाली बनकर रहूँगी।
6. **मितव्ययेन गार्हस्थ्य. सञ्चालने हि नित्यदा। प्रयतिष्ये च सोत्साहं तवाहमनुगामिनी** – फिजूलखर्ची से बचकर मितव्ययितापूर्वक गृहस्थी का संचालन नियमितरूप से करूँगी। उत्साहपूर्वक पति की अनुगामिनी बनने का प्रयास करूँगी।
7. **देवस्वरूपो नारीणां भर्त्ता भवति मानवः। मत्वेति त्वां भजिष्यामि नियता जीवनावधिम्** – नारी के लिए पति देव स्वरूप होता है । यह मानकर मतभेद भुलाकर सेवा करते हुए ,जीवन भर सक्रिय रहूँगी, कभी भी पति का अपमान नहीं करूँगी।
8. **पूज्यास्तव पितरो ये श्रद्धया परमा हि मे। सेवया तोषयिष्यामि तान्सदा विनयेन च**– जो पति के पूज्य और श्रद्धा पात्र हैं ,उन्हें सेवा द्वारा और विनय द्वारा सदैव सन्तुष्ट रखूँगी।

9. **विकासाय सुसंस्कारैःए सूत्रैः सद्भाववर्द्धिभिः। परिवारसदस्यानां कौशलं विकसाम्यहम्** –परिवार के सदस्यों में सुसंस्कारों के विकास तथा उन्हें सद्भावना के सूत्रों में बाँधे रहने का कौशल अपने अन्दर विकसित करूँगी।

आज के परिपेक्ष्य में भी उपर्युक्त अगर वचनों का एवं प्रतिज्ञाओं का आजीवन निर्वाह किया जाये तो विवाह का यह बन्धन लौकिक बन्धन से अलौकिक तारतम्यता में परिवर्तित हो जायेगी । इसकी प्रासांगिकता आज भी अक्षुण्य है ।

आज के समय में तर्को के बिना सत्य को स्थापित नहीं माना जाता है। तो तर्को के अनुसार माता राधा और श्री कृष्ण की कहानी भूतकाल की है जिसपर तर्क करके कोई समाधान नहीं ढूढा जा सकता है । अतः तर्कों में समय वर्बाद करने से अच्छा है कि, हम माता राधा और श्री कृष्ण के अलौकिक प्रेम से प्राप्त संदेश को अपने आचरण में लाकर सुखी सांसारिक जीवन का भौतिक के साथ–साथ आध्यत्मिक आनन्द प्राप्त करें ।

एक स्वभाविक प्रश्न मन में उभरता है कि पति– पत्नी अद्वैत कैसे हो सकतें हैं। क्योकि दोनों के अवसान का समय अलग– अलग हो सकता है। विद्वानों का मानना है कि जब प्रेम अलौकिक होता है तो इसके लिए भौतिक शरीर की आवश्यकता नहीं होती है। अशरीर आत्मा और सशरीर आत्मा का प्रेम बना रहता है,इस प्रकार दो शरीर द्वैत से अद्वैत होकर अपने लक्ष्य की प्राप्ती में लगे रहते हैं। सशरीर कर्म करता है तो अशरीर कर्मप्रेरणा बन जाती है ।

माता राधा एवं प्रभु श्री कृष्ण की प्रेम कहानीयॉ सांकेतिक प्रतित होती है। श्रीमद्भगवत्गीता के अनुसार पृथ्वी पर धर्म की स्थापना के लिए भगवान अवतार लेतें हैं । प्रभु श्री कृष्ण के लिए प्राकृति हीं धर्म की स्थापना हेतु कर्मप्रेरणा है। माता राधा को प्रकृति का स्वरूप आदिशक्ति माना जाता है । कई विद्वानों राधा शब्द की उत्पति आराघ्य शब्द से मानतें हैं एवं माता राधा को कृष्ण का आराध्य बतातें हैं । सभी प्रकार के राधा और श्री कृष्ण की कथाओं से यही निषकर्ष निकलता है कि श्री कृष्ण कर्मयोगी हैं एवं माता राधा कर्म प्रेरणा , जो अविभाज्य हैं। सनातन संस्कृति में धर्मपत्नी को पति का अर्द्धागंनी कहा जाता है , उसका अभिप्राय भी दोनों के बीच की अलौकिक तारतम्यता है । जो सनातन विवाह के वचनों और प्रतिज्ञाओं का पालन कर प्राप्त किया जा सकता है ।

।। श्री राधाकृष्णाय नमो नमः ।।

परिशिष्ट–५
मानसिक संवेग और शारीरिक रोग

कर्मफल सदा भविष्य के गर्भ में होता है। अतः हमारे कर्मफल का हमारे अनुकूल या वीपरीत होने दोनो ही स्थितियों में हम कुछ नही कर सकते हैं। ऐसा प्रायः सभी सनातन ग्रन्थों का मत है, कि हमें अपने कर्मफल पर समान भाव रखना चाहिये। जब हम अपना कर्म केवल वर्तमान में कर सकते हैं, तो भविष्य में आनेवाले किसी भी परिस्थिति के लिये हमें तैयार रहने की जरूरत है ,अर्थात् समभाव रखने की जरूरत है । सामान्यतः साधरण मनुष्य सफलता और असफलता दोनो ही स्थितियों में समान भाव न रखकर विचलित हो हीं जाता है। उसके कर्मफल के कारण विचलन का भाव प्रायः निम्न तीन रूपों में प्रकट होता है, जिसे मानसिक संवेग कहतें है।।

१.क्रोध :– मनोनुकूल फल प्राप्त नही होने पर मनुष्य को क्रोध आता है, जिसका मुख्य कारण है कि , कोई भी साधारण मनुष्य अपनी असफलता के लिये अपने आप को जिम्मेवार नहीं मानता है, वह अपनी असफलता का कारण दूसरे को जिम्मेवार मानता है। फलस्वरूप उसे दूसरे पर वेवजह क्रोध आता है। आर्युवेद के अनुसार क्रोध के कारण शरीर में पीत प्रायः असंतुलित हो जाता है। और यह पीत सम्बन्धी रोग उत्पन्न करता है। जो दीर्घकालिक (Cronic) रोग के लिये उतरदायी है।

२. भय :– किसी कर्म के लिये जब मनुष्य को निर्णय लेना होता है। तो अज्ञान के कारण मनुष्य के मन में द्वन्द्व उत्पन्न होता है। यह द्वन्द हीं भय का कारण होता है। आर्युवेद के अनुसार भय के कारण शरीर का कफ असंतुलित होता है। और यह कफ सम्बन्धी रोग उत्पन्न करता है। यह शरीर में श्वास से जुड़ी समस्याये उत्पन्न करता है।

३. चिन्ता :– उचित समय पर किसी काम को शुरू नही कर पाने के कारण वाछिंत कर्मफल या कर्मसफलता के प्रति सदा सन्देह रहता है। यही सन्देह चिंता को जन्म देता है। आर्युवेद के अनुसार चिन्ता के कारण शरीर का वायु असंतुलित हो जाता है, और यह वायु सम्बन्धी रोग उत्पन्न करता है, यह शरीर में दर्द के रूप में प्रकट होता हैं ।

–:ॐ तत् सत:–

परिशिष्ट—६

श्रीमद्भगवद्गीतामें प्रस्तुत योग एवं अष्टॉग योग

श्रीमद्भगवद्गीतामें कुल 18 अध्याय है,गीता के प्रत्येक अध्याय के नाम में योग शब्द का प्रयोग हुआ है,योग का अर्थ है आत्मा का परमात्मा से जुड़ना। भारतीये मानस पटल पर योग का नाम आतें ही महर्षि पतंजलि के अष्टॉग योग सूत्र प्रतिबिम्बित होता है,जिसके दो भाग हैं :—

१. बहिरंग योग :— इसके अन्तर्गत पाँच अनुष्ठान आतें है।

1. यम, 2.नियम, 3. आसन 4.प्राणायाम 5. प्रत्याहार

२. अंतरंग योग :— इस योग के अन्तर्गत तीन अनुष्ठान आतें है।

1.धारणा, 2. ध्यान, 3. समाधि (इसे संयुक्त रूप से संयम कहते है।)

अब एक प्रश्न मन में उठता है कि, पतंजलि अष्टांग योग में वर्णित योग और श्रीमद्भगवद्गीता में प्रत्येक पाठ में प्रयुक्त योग क्या अलग – अलग हैं, या एक ही हैं,इसे समझने के लिये हमें छन्दोङ्पनिषद के छठे अध्याय का एक महावाक्य को ठीक से समझना चाहिए, महावाक्य है:—**तत् त्वम् असि।** अर्थात् परमात्मा कोई अलग नही वह तुम ही हो। फिर जब आत्मा और परमात्मा अलग – अलग नही है,तो फिर योग का अर्थ आत्मा से परमात्मा का जुड़ना कैसे हो सकता है।

आजकल लोक प्रचार के कारण कुछ प्राणायाम एवं कुछ आसनों के प्रयोग को योग मान लेतें हैं। जो महर्षि पतंजलि के अष्टाँग योग सूत्र के अनुसार केवल वहिरंग योग है। परन्तु बिना आंतरिक यात्रा अर्थात बिना संयम के योग का लक्ष्य समाधि प्राप्त नही हो सकती है।

श्रीमद्भगवद् गीता के ग्यारहवें अध्याय में भगवान श्री कृष्ण के विश्वरूप का वर्णन है, जिसके अन्तर्गत ब्रह्मण्ड़ का सब कुछ उनमें समाहित है,यही बात वेदों में वर्णित पुरुष सुक्त से भी स्पष्ट होता है। अतः ब्रह्मण्ड़ का कुछ भी उनसे अलग नही है। जिससे सिद्ध होता है कि, आत्मा एवं परमात्मा एक ही है। अतः अगर हम यह यह कहते है,कि परमात्मा सबके अन्दर है या आत्मा सबके अन्दर है, तो दोनों ही सत्य है। क्योंकि आत्मा और परमात्मा एक ही है। परन्तु अगर आत्मा और परमात्मा एक ही है, तो फिर आत्मा का परमात्मा से युक्ति कैसे होती है।

अब प्रश्न यह है कि फिर योग है क्या ?

योग का व्यवहारिक अर्थ है , भविष्य के उत्थान के उद्देश्य से वर्तमान स्थिति में अपने पुरूषार्थ द्वारा कुछ जोड़ना *।हमारा शरीर त्रिगुण प्रधान है,वे तीन गुण हैं तम, रज और सत्व। गुरु के माध्यम से तमोगुण युक्त मनुष्य की तमोगुण का स्तर कम हो जाता है,एवं रजोगुण का स्तर बढ़ जाता है। इसी प्रकार रजोगुण युक्त मनुष्य की रजोगुण का स्तर कम हो जाता है एवं सत्वगुण का स्तर बढ़ जाता है। जब सत्वगुण का स्तर बढ़ जाता है। तो आत्मा मुक्ति की ओर अग्रसर हो जाता है।*

*महर्षि पतंजलि ने योग को परिभाषित करते हुए कहते है कि ,****चित्त वृति निरोध (चित्तवृतिनिरोधः) को ही योग कहते है****।*

मन एकाग्र होने पर ही चित् की वृति शान्त हो सकती है, तथा बुद्धि जीव की वह योग्यता है ,जो चित् शान्त होने पर मन को दिशा देनें में समर्थ होती है। अतः **चित्त वृति निरोध** *के लिए बुद्धि का प्रयोग अनिवार्य है । बुद्धि को योग्यता अनुभवों से प्राप्त ज्ञान के विश्लेषण के द्वारा प्राप्त होता है। मानव बुद्धि को शरीर के ज्ञानेन्द्रिय के माध्यम से बाहर का भौतिक ज्ञान प्राप्त होता है।*

पतंजलि के अष्टॉग योग सूत्रो के अनुसार योग के वहिरंग अनुष्ठान से मन आसानी से एकाग्र हो जाता है। जिससे चित्त् शान्त हो जाता है।इस स्थिति में बुद्धि अपने योग्यता के अनुसार भौतिक विषयों पर धारणा बनाती है। परन्तु मनुष्य की यह धारणा योग्य गुरु के अभाव में अपूर्ण या गलत भी हो सकती है । धारणा अंतरंग योग का पहला चरण है। अंतरंग योग का दूसरा चरण है– घ्यान तथा ध्यान वह प्रक्रिया है,जो बुद्धि को अत्यधिक योग्य बनाती है। घ्यान के द्वारा प्राप्त बुद्धि की योग्यता के कारण मन की एकाग्रताकी दिशा अन्तर्मुखी हो जाती है। अंतरंग योग के तीनों धटक धारण, ध्यान एवं समाधि संयुक्त रूप से संयम कहलाती है।

उपनिषद के महावाक्य तत् त्वम् असि के अनुसार गुरु भी परमात्मा है एवं शिष्य भी परमात्मा है, अतः गुरु और शिष्य अलग नही है परन्तु अज्ञान के कारण हम अपने आंतरिक गुरु के आवाज को नही सुन पाते है। महर्षि पतंजलि के अनुसार अपनी धारणा को पुष्ट करने के लिए मनुष्य ध्यान के द्वारा बुद्धि का स्तर को और अधिक योग्य बनाने में सक्षम हो जाता है। इस स्थिति को प्राप्त कर लेने पर कई बार हमें अपनी धारणा अपूर्ण प्रतीत होती है, परन्तुं ध्यान के लगातार अभ्यास से अज्ञान का पर्दा (जो हमारे बुद्धि को सीमित करने की कोशिश करता है,) हट जाता है । जिससे हमें समाधि

की स्थिति प्राप्त हो जाती है। जिसके बाद हमारी बुद्धि की सीमा अन्नत तक विस्तृत हो जाती है। ओर हमें अपने आंतरिक गुरु का साथ मिल जाता है।जिससे हमारे धारणा का परिमार्जन होता रहता है।

जब मनुष्य के बुद्धि की सीमा अन्नत तक विस्तृत हो जाती है। तो अन्नत विस्तार के कारण मनुष्य की बुद्धि अन्नत (परमात्मा) के साथ एकीकार हो जाता है। जब मनुष्य की बुद्धि अन्नत तक विस्तृत होकर अन्नत के साथ एकीकार होने में सक्षम हो जाता है। तो यह योग की अवस्था कहलाती है। समाधि के स्थिति में द्वैत समाप्त हो जाता है, और महावाक्य तत् त्वम् असि में समाहित संदेश अद्वैत की अनुभूति होती है।

श्रीमद्भगवद्गीता में भगवान श्री कृष्ण (परमात्मा) और अर्जुन (अनुराग) के बीच का संवाद का संकलन है। इसके अध्यायों को घ्यान देकर समझने पर यह ज्ञात होता है कि गीता का प्रथम अध्यायअर्जुन विषाद योग में अर्जुन द्वारा तात्कालिक सामाजिक धारणा को ध्यान में रखा गया है,जिसके कारण अर्जुन को विषाद उत्पन्न होता है। अतः अर्जुन विषाद योग अंतरंग योग का प्रथम सोपान धारणा का प्रतिक है। इसके बाद के ६ अध्यायों में श्री कृष्ण अर्जुन को धारणा के परिमार्जन के लिए प्रमुख चार प्रक्रिया (कर्मयोग, साख्ययोग, भक्तियोग और राजयोग) को अच्छी तरह से समझाते हैं।ये चारो प्रकार का योग, अंतरंग योग का द्वितीय सोपान ध्यान के विधि का प्रत्तीक हैं । इसके बाद अर्जुन की बुद्धि अन्नत तक विस्तृत हो जाती है। जिसे अर्जुन को दिव्य दृष्टि का प्राप्त होना बतलाया गया है। एकादश अध्याय में अर्जुन कृष्ण के विश्वरूप में सकल ब्रह्मण्ड़ को देखकर अन्नत के साथ एकीकार हो जाते है। यह अर्जुन की अंतरंग योग का सर्वोतम लक्ष्य समाधि का प्रत्तीक है। अतः जब अर्जुन कृष्ण के विश्वरूप का दर्शन करने में सक्षम हो जाते हैं, तो उनकी द्वैत स्थिति समाप्त हो जाती है। श्रीमद्भगवद्गीता के द्वादश अध्यायसे अष्टदश अध्याय तक के सात अध्यायों में सांसारिक मनुष्यों के धारणा को परिमार्जित करने के लिए गूढ़ ज्ञान श्रीकृष्ण अर्जुन संबाद के रूप में संकलित है। इस प्रकार गीता का प्रत्येक अध्याय अंतरंग योग संयम का ही स्वरूप है। अतः श्रीमद्भगवद्गीताके प्रत्येक अध्याय के नाम में योग शब्द का प्रयोग श्रीकृष्ण अर्जुन संबाद के रूप में संकलित मानव कल्याण के विषय के अभिप्राय को स्पष्ट करता है। महर्षि पतंजलि का अष्टाँग योग के अंतरंग योग तथा श्रीमद्भगवद्गीता में प्रत्येक अध्याय के अन्त में प्रयुक्त योग अलग –अलग नही है। दोनो का एक ही

उद्देश्य है– चित्तवृतिनिरोधः के द्वारा चित्त को स्थिर कर बुद्धि द्वारा मन को एकाग्र कर समाधि तक पहूँचकर अनन्त के साथ एकीकार होना।

अब एक प्रश्न साधारण लोगों के मन में उत्पन्न होता है कि, साधारण मनुष्य को पतंजलि द्वारा प्रस्तुत योग साधना से क्या लाभ होता हैं?

इस प्रश्न का सरल उत्तर है कि,योग साधारण मनुष्य को असाधारण बनाने की क्षमता रखती हैं । क्योंकि उसका चित्त स्थिर एवं मन एकाग्र हो जाता है। फलस्वरूप उसके मन से उसके कर्तव्यों के प्रति दुविधा समाप्त हो जाती है। कर्तव्यों के प्रति दुविधा के समाप्त होते ही कर्मफल के कारण उत्पन्न मुख्य विकार (भय,क्रोध एवं शोक इत्यादि) से मुक्ति प्राप्त हो जाती है। भय, क्रोध एवं चिन्ता नामक विकार का मुख्य कारण मोह है,जो माया का ही स्वरूप है। योग साधना से जब समाधि की स्थिति प्राप्त हो जाती है, तो माया का नाश हो जाता है, अतः मनुष्य मुक्ति को प्राप्त कर लेता है ।

भारत के साधारण जनमानस में यह धारणा है कि, मनुष्य मृत्यु के बाद मुक्त होता है। परन्तु मृत्यु से कोई भी जीव केवल अपने शरीर से मुक्त होता है।जबकि यौगिक साधना के द्वारा मनुष्य को जीवन में ही माया से मुक्ति मिल जाती है। एवं मृत्यु के बाद आत्मा अनन्त में विलिन होकर जन्म मरण के बन्धन से मुक्त हो जातीहै। क्योंकि आत्मा के देह धारण का कारण भौतिक अतृप्ती हीं है।

–:ऊँ तत् सत्:–

चित्त वृति निरोध (चित्तवृतिनिरोधः) को ही योग कहते है।

परिशिष्ट–७

सनातन धर्म के गूढ़ सिद्धान्त

कर्तव्य कर्म – यज्ञ

किसी भी प्राणी का जन्म तीन प्रमुख जीवन के घटकों के साथ होता है। जिससे उसका सम्पूर्ण जीवन प्रभावित होता हैं । और वे प्रमुख घटक है:

❖ शरीर

❖ समाज (माता –पिता, भाई –बहन, एवं अन्य आत्मीय)

❖ प्राकृतिक सम्पदा

सनातन धर्म का मुलभूतसिद्धान्त है–इन तीन घटकों को बिना नुकसान पहुँचाये सतत् विकास की जीवन यात्रा करना। इसे **-SUSTAINABLE DEVELOPMENT**भी कहा जाता है। इसकी उपयोगिता आज भी निर्विवाद है। संसार के वैज्ञानिक आजकल इसकी उपयोगिता को लोगों को समझा रहें हैं।

भारतीय. ऋषि मुनियों ने इस प्रकार के सतत् विकास के लिये जिस पद्धति का निर्माण किया उस पद्धति का ही नाम सनातन पद्धति है। उन्होने इनके उपकार को ऋण बतलाया। एवं इस ऋण को चुकाने के तीन उपक्रम बतलाये।

❖ शरीर के ऋण को चुकाने के लिए: **तप**

❖ समाज के ऋण को चुकाने के लिए: **दान**

❖ प्राकुतिक सम्पदा के ऋण को चुकाने के लिए: **यज्ञ**

सनातन धर्म को समझने के लिय यज्ञ, दान और तप को अच्छी तरह से समझना चाहिए। गीता में वेदोक्त कर्तव्य कर्म करने का उल्लेख आता है। गीता के अनुसार वेदोक्त कर्तव्य कर्म यज्ञ, तप और दान ही है। भारतीय संस्कृति में जो यज्ञ का प्रारूप है, वह यज्ञ, तप और दान का सम्मिलित सांकेतिक क्रिया है, जिसमें **उपवास** शरीर के शोधन का सांकेतिक उपक्रमहै। **हवन** प्राकृतिक सम्पदा के उपयोग के कारण होनेवाले क्षति के पुर्ननिर्माण की सांकेतिक प्रक्रिया है, यज्ञ में किया जानेवाला **दान** सामाजिक आर्थिक संतुलन बनाये रखने के लिये अपरिग्रह का सांकेतिक रूप है।

सनातन धर्म में प्रचलित उपनयन संस्कार के उपरांत साधक को यज्ञोपवित धारण करनें का विधान है।यज्ञोपवित सूत से निर्मित होता है,जिनमे सूत का तीन घेरा होता है। इसका अभिप्राय है कि मनुष्य को जीवन प्रर्यन्त तीनों

ऋणों को हमेशा याद रखकर धर्मानुकूल आचरण करना चाहिये। अर्थात कर्तव्यकर्म करना चाहिए।

श्री मद्भगवत् गीता में सनातन धर्म के इन्ही सिद्धान्तो का विस्तार में वर्णन किया गया है। मौलिक शास्त्रों की एक विषेशता होती है कि,इसमें गूढ़ ज्ञान को सांकेतिक व्याख्या (सांख्य) में माध्यम से प्रस्तुत किया जाता है। जिससे गूढ़ ज्ञान रोचक और सरल हो जाती है। साथ ही साथ समसामयिक न होकर शाश्वत अर्थात् सार्वकालिक हो जाती है। परन्तु इनका एक दोष भी है कि, उन संकेतों का भाव अलग–अलग लोगों के लिय पृथक –पृथक हो सकता है, फलस्वरूप कालान्तर में सांख्य में छुपे गूढ़ रहस्य विरूपित होकर अप्रासांगिक भी माने जा सकतें है।

आजकल यज्ञ धार्मिक अनुष्ठान का एक प्रारूप बनकर रह गया है । इसमे कर्मकाण्ड़ को अधिक महत्व दिया जाता है । विद्वानों का मत है कि, किसी भी यज्ञ में किया जानेवाला कर्मकाण्ड के समसामयिक प्रासांगिकता को भी बताया जाना चाहिए । इससे यज्ञ के प्ररूप में सामयिक प्रासांगिकता के अनुरूप मानव कल्याण के मूल स्वरूप **(SUSTAINABLE DEVELOPMENT)** को ध्यान मे रखकर शोधन संभव है। इस प्रकार यज्ञ से होनवाली मानव कल्याण की गुणवता बढ़ जाती है ।

श्रीमद्भगवत्गीता के अनुसार सनातन धर्म में प्रचलित कर्मकाण्ड़ राजयोग का हीं एक सांकेतिक स्वरूप है । जो साधारण मनुष्य के कल्याण के लिए अनिवार्य है । इसमें कर्मयोग एवं भक्तियोग निहित होता है । यही कारण है कि श्रीमद्भगवत्गीता में कर्तव्यकर्म अर्थात यज्ञ को बहुत अधिक महत्व दिया गया है एवं इसे मानव जीवन के चारो पुरूषार्थ धर्म–अर्थ–काम–मोक्ष को प्राप्त करने का प्रमुख साधन माना गया है । राजयोग का वर्णन श्रीमद्भगवत्गीता के नवम् अध्याय में प्रमुखता से किया गया है ।

–ःऊँ तत् सतः–

संदर्भ ग्रन्थ

१. श्रीमद्भगवद्गीता – गीता प्रेस, गोरखपुर

२. श्रीमद्भगवद्गीता(यथारूप) – इस्कॉन

३. श्रीमद्भगवद्गीता(यथार्थ गीता) – स्वामी अंगदानन्द

४. श्रीमद्भगवद्गीता(गीता रहस्य) – लोकमान्य श्री बालगंगाधर तिलक

५ श्रीमद्भगवद्गीता–डॉ सर्वपल्ली राधाकृष्णन् (भारत के पूर्व राष्ट्रपति)

६. श्रीमद्भगवद्गीता(गीता माता)–महात्मा गाँधी (भारत के राष्ट्रपिता)

७. श्रीमद्भगवद्गीता(गीता प्रवचन)–आचार्य श्री विनोबा भावे

–ःॐ तत् सतः–

www.ingramcontent.com/pod-product-compliance
Lightning Source LLC
LaVergne TN
LVHW041918070526
838199LV00051BA/2657